U0921095

编 委 名 单

PIAO YANG

飘　扬

——云南边疆党的建设一百年

云南省社会科学院◎编著

云南出版集团
云南人民出版社

图书在版编目（CIP）数据

飘扬：云南边疆党的建设一百年 / 云南省社会科学院编著. -- 昆明：云南人民出版社, 2021.6
ISBN 978-7-222-20269-6

Ⅰ. ①飘… Ⅱ. ①云… Ⅲ. ①中国共产党—党的建设—研究—云南 Ⅳ. ①D26

中国版本图书馆CIP数据核字(2021)第112120号

出 版 人：赵石定
统筹策划：周　颖
责任编辑：任建红
装帧设计：刘光火
责任校对：严　玲
责任印制：窦雪松

飘　扬——云南边疆党的建设一百年
PIAOYANG——YUNNAN BIANJIANG DANG DE JIANSHE YIBAI NIAN

云南省社会科学院　编著

出　版　云南出版集团　云南人民出版社
发　行　云南人民出版社
社　址　昆明市环城西路609号
邮　编　650034
网　址　www.ynpph.com.cn
E-mail　ynrms@sina.com
开　本　787mm × 1092mm　1/16
印　张　18.75
字　数　220千
版　次　2021年6月第1版第1次印刷
印　刷　昆明美林彩印包装有限公司
书　号　ISBN 978-7-222-20269-6
定　价　54.00元

如需购买图书、反馈意见，请与我社联系
总编室：0871-64109126　发行部：0871-64108507
审校部：0871-64164626　印制部：0871-64191534

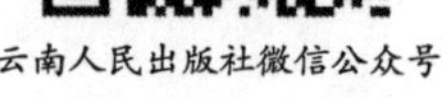

云南人民出版社微信公众号

目 录

CONTENTS

引 言

办好中国的事情，关键在党。1921年7月，在中华民族内忧外患、社会危机空前深重的背景下，在马克思列宁主义同中国工人运动相结合的进程中，中国共产党诞生了。这一开天辟地的大事变，深刻改变了近代以后中华民族发展的方向和进程，深刻改变了中国人民和中华民族的前途和命运，深刻改变了世界发展的趋势和格局。在一百年波澜壮阔的历史进程中，中国共产党由小到大，从弱到强，团结带领人民攻克了一个又一个看似不可攻克的难关，创造了一个又一个彪炳史册的人间奇迹，为中华民族伟大复兴作出了杰出的历史贡献。历史和实践充分证明，什么时候党的建设搞得好，党领导的事业就顺利发展；什么时候党的建设搞得不好，党领导的事业就会遭受挫折。加强党的建设这个优良传统丢不得，丢了就会跌跤；加强党的建设这个重要法宝扔不得，扔了就会打败仗。

高原边疆党旗飘，沧桑巨变显担当。云南地处祖国西南边陲，与越南、老挝、缅甸三国接壤，边境线长4061公里，有25个边境县（市），16个民族跨境而居，是我国世居少数民族最多、特有民族最多、跨境民族最多、人口较少民族最多、民族自治地方最多的边疆省份，战略地位非常突出。作为边疆民族地区，云南始终遵循党和人民的事业发展到什么阶段、党的建设就要推进到什么阶段的基本规律，既紧紧围绕党领导的伟大事业推进党的建设，又通过加强和改进党的建设来推进伟大事业，紧紧围绕不同历史时期的工作任务，大力加强党的自身建设，使党始终成为各项事业的坚强领导核心，领导边疆各族人民取得革命斗争胜利，确立社会主义基本制度，推进改革开放和社会主义现代化建设，与全国同步全面建成小康社会，为在新时代奋力谱写好中国梦的云南篇章，全面建设社会主义现代化提供了坚强保障。

一、云南边疆党的建设的发展历程

实现中华民族伟大复兴是近代以来中华民族最伟大的梦想。中国共产党一百年的历史，就是围绕实现这个伟大梦想，党领导人民进行新民主主义革命、进行社会主义革命和开展大规模社会主义建设、进行改革开放和社会主义现代化建设并取得伟大胜利的历史；是党把马克思主义基本原理同中国具体实际相结合，实现马克思主义中国化，形成、丰富、发展毛泽东思想、邓小平理论、“三个代表”重要思想、科学发展观和习近平新时代中国特色社会主义思想伟大成果的历史；同时也是不断加强自身建设、保持和发展先进性、经受住各种风险考验而不断发展壮大的历史。正是因为中国共产党将自身建设贯穿百年奋进历程之中，在实现伟大梦想的淬炼中锻造得更加坚强有力，才使得我们党永葆生机活力，推动党领导的伟大事业不断前进。自从有了中国共产党，云南发生了翻天覆地的变化。在党的光辉旗帜指引下，1926年11月7日，中国共产党在云南的第一个地方组织——中国共产党云南特别支部成立，标志着以马克思主义为指导的中国共产党，将地处边疆、民族众多的云南引上了一条充满希望和光明的道路。

在新民主主义革命时期，云南地方党组织结合地处边疆、民族众多的实际，在党的建设方面进行了许多积极的探索和实践。在党组织长期处于地下状态、党组织联系的群众由多民族组成、活动区域处于边疆、基层组织和党员分布都相对分散的条件下，通过加强自身建设，增强了党组织的战斗力、凝聚力和影响力，领导边疆各族人民在开展了人民游击战争和群众革命斗争，经受住了严酷考验，实现了云南各族人民的翻身解放，完成了各族人民千百年来梦寐以求的夙愿，云岭大地第一次实现了从黑暗走向光明、从贫穷走向富裕、从专制走向民主、从隔阂走向团结、从落后走向进步的历史性跨越，云南的历史翻开了崭新的一页。

在社会主义革命和建设时期，面对新形势新任务，中共云南省委把中央的方针政策与边疆民族地区的具体实际相结合，提出“公开建党”的要求，云南各级党组织积极适应工作重心从农村转入城市、开始由城市领导农村的重大转变，密切结合民主改革和恢复国民经济的各项工作加强自身建设，通过建立各级党组织，积极发展党员，开展整风整党，领导人民巩固了新生的人民政权，迅速医治了战争创伤，荡涤了旧社会的污泥浊水。认真贯彻党中央“团结第一、工作第二”的工作方针，坚持“慎重稳进、分类指导”，在边疆民族地区建立民族工作领导体制和工作机制，采取“和平协商土改”“直接过渡”等民主改革方式，推进民族区域自治，实现了边疆民族地区从不同社会形态同时进入社会主义社会一跃千年的历史性跨越，使得社会主义基本制度在云南得到全面确立，党员质量和党组织的战斗力也得到了进一步提升，党的政策得到社会各阶层人民的拥护和支持，党在群众中的威信空前提高。党的八大以后，在组织领导社会主义建设的过程中，边疆地区党的自身建设扎实有效，各级党组织经受了锻炼和考验，得到了巩固和发展。

在改革开放和社会主义现代化建设时期，云南在党的十一届三中全会精神指引下实现拨乱反正，重新确立了马克思主义的思想路线、政治路线、组织路线，坚持把推进党的建设新的伟大工程同推进中国特色社会主义伟大事业结合起来，持续加强党的执政能力建设和先进性建设，提升党的领导水平和执政水平，提高党拒腐防变和抵御风险的能力。伴随改革开放的持续深入，云南边疆党的建设开启了新征程，进入一个恢复巩固和快速发展时期。从具体实际出发，不断根据新形势新任务和党的建设面临的新情况新问题，坚持从中国特色社会主义伟大实践中开辟党的建设的宽阔舞台和活力源泉，以改革创新精神加强党的建设，把党的建设的成效体现到边疆地区经济社会发展的各个领域，党的领导得到全面加强，党员队伍不断壮大，党的执政能力和领导水平持续增强，领导核心和战斗堡垒作用充分发挥，党在边疆民族地区的执政基础不断夯实，执政地位不断巩固，成功走出了一条具有云南特色的党建之路，有效保证了云南经济发展、社会和谐、边疆稳定、民族团结。

党的十八大以来，在以习近平同志为核心的党中央坚强领导下，云南深入学习贯彻习近平新时代中国特色社会主义思想和习近平总书记考察云南重要讲话精神，全面贯彻新时代党的建设总要求和新时代党的组织路线，以实现“两个一百年”奋斗目标、谱写好中国梦云南篇章为目标，以坚定理想信念宗旨为根基，以组织体系建设为重点，以“打铁必须自身硬”为要求，以调动各级党组织和广大党员干部的积极性、主动性、创造性为着力点，紧跟党中央全面从严治党步伐，坚定不移加强党的全面领导，敢于直面问题，勇于自我革命，坚持以党的政治建设为统领，全面推进党的政治建设、思想建设、组织建设、作风建设、纪律建设，把制度建设贯穿其中，深入推进反腐败斗争，坚决改变管党治党宽松软状况，切实解决长期困扰云南党的建设关键性全局性问题，不断开辟新境界、探索新路径、实现新突破，一以贯之推进新时代党的建设新的伟大工程，把党要管党、全面从严治党的战略部署进一步推向前进，逐步形成了以习近平总书记新时代党的建设重要论述为指导的党的建设新格局，为全面脱贫和全面建成小康社会、实现高质量发展，开启全面建设社会主义现代化新征程提供了坚强保证。

一百年波澜壮阔，一百年砥砺奋进。在不同历史时期，云南坚持把党中央关于党的建设的目标要求和重大部署与边疆实际相结合，根据承担的历史任务和工作重心的变化，不断加强和改进党的建设，着力使每个基层党组织都成为坚强战斗堡垒、每名党员都发挥先锋模范作用，用党建引领经济社会高质量发展。

二、云南边疆党的建设取得的成就

云南始终坚持把边疆党的建设作为重中之重来抓，努力把握党在边疆民族地区的工作规律，注意汲取基层党组织的鲜活经验和人民群众的无穷智慧，以改革创新精神，采取一系列政策措施，走出了一条符合边疆实际的党的建设路径，云南边疆党的建设取得了丰硕成果，迈上了新的台阶。

（一）政治建设持续加强，党组织和广大党员意志统一、步调一致

旗帜鲜明讲政治是我们党作为马克思主义政党的根本要求。在党的建设总体布局中，政治建设是“灵魂”和“根基”，是管总、管根本的，对党的其他建设具有统领提携、纲举目张的作用。云南始终坚持把党的政治建设摆在首位，站稳政治立场，把准政治方向，坚定政治信念，提升政治能力，在革命、建设、改革的各个历史时期，发挥政治指南针作用，严格落实党中央的路线方针政策和各项决策部署，始终在政治立场、政治方向、政治原则、政治道路上同党中央保持高度一致，确保各项事业始终沿着正确方向发展。

在新民主主义革命时期，云南地方党组织成立后，就把讲政治作为开展革命斗争的根本遵循，不断树立起马克思主义的政治信仰，为中国共产党带领边疆各族人民进行艰苦卓绝的革命斗争指明了政治方向，提供了政治保障。在社会主义革命的建设时期，在党中央的正确领导和有力指导下，云南全面整顿边疆各级党组织，坚决贯彻党中央制定的“团结第一，工作第二”指导方针，在平等互助的基础上依靠民族干部、民族上层人士团结各族人民，有力巩固了新生的人民政权，保证了各项建设事业的顺利开展。改革开放以来，云南坚持边疆各项工作都服从于党的政治领导，服务于党的政治路线，贯彻落实党的决策部署，大力推进了社会主义事业的建设发展。党的十八大以来，认真贯彻落实党中央“把党的政治建设摆在首位”的战略部署，旗帜鲜明加强党的政治建设，以党的政治建设统领党的各项建设，不断提高政治判断力、政治领悟力、政治执行力，不断增强“四个意识”、坚定“四个自信”、做到“两个维

护”，自觉在思想上政治上行动上与以习近平同志为核心的党中央保持高度一致，做到党中央提倡的坚决响应、党中央决定的坚决照办、党中央禁止的坚决杜绝；坚决肃清白恩培、仇和余毒和秦光荣流毒影响，彻底根除一些地方、部门和领域政治生态污染源，为实现高质量跨越式发展、推进新时代中国特色社会主义云南新实践营造风清气正的政治生态和干事创业的优良环境。党的领导获得了云南各族人民的高度认同，边疆人民心向党、听党话、感党恩、跟党走。

（二）理想信念更加坚定，巩固了各族党员干部团结奋斗的思想基础

思想是行动的先导，没有革命的理论就没有革命的行动。注重从思想上建党，是马克思主义政党的鲜明特色、光荣传统和政治优势。我们党历来注重思想建党，重视学习、善于学习，理论联系实际。始终坚持用马克思主义理论教育和武装全体党员，强调党员不仅要在组织上入党，而且更要求党员要在思想上入党，不断用马克思主义思想克服和改造各种非马克思主义思想，永葆党的先锋队性质。同时，勇于突破教条主义束缚，大胆进行理论创新，用马克思主义中国化的最新理论成果武装全党，充分体现了马克思主义与时俱进的理论品质。云南边疆党的建设始终坚持把思想建设作为首要任务，既按质按量完成中央各项工作要求，又紧密结合实际加强分类指导，创造性地开展集中学习教育活动，坚持用马克思主义理论教育和武装全体党员，统一思想、凝聚力量，带领全省各族人民在边疆多民族地区取得了伟大的历史性成就。

在新民主主义革命时期，经过不懈宣传和深入教育，广大党员

的无产阶级意识日益增强，各族人民群众的主人翁意识得到激发，团结教育广大人民群众，为革命活动积蓄了强大力量。在社会主义革命和建设时期，通过开展党内学习教育，有效克服了党内的主观主义、宗派主义和官僚主义等消极思想，有力抵制了资产阶级腐朽思想的侵蚀，提高了各族党员干部的理论素养，提升了党员干部的工作能力。在改革开放和社会主义现代化建设时期，坚持用马克思主义中国化最新成果武装全体党员，通过持续开展党内集中教育活动，广大党员干部进一步解放了思想，提高了思想政治素质，加强了党性修养，提升了理论水平，为改革开放新时期云南现代化建设奠定了坚实的思想基础。

党的十八大以来，通过深入学习贯彻落实习近平新时代中国特色社会主义思想、党的十八大和十九大精神以及习近平总书记考察云南重要讲话精神，扎实开展党的群众路线教育实践活动、“三严三实”和“忠诚干净担当”专题教育、“两学一做”学习教育、“不忘初心、牢记使命”主题教育、党史学习教育等党内集中教育活动，广泛开展“百名讲师上讲台、千堂党课下基层、万名党员进党校”工作，依托云南干部教育“1校12院多基地”，边疆党的建设主要聚焦开展党章、党的宗旨、党规党纪、党史国史、党的优良传统、党风廉政建设等方面的教育培训，教育引导广大党员干部牢记党的宗旨，挺起共产党人的精神脊梁，不断推进习近平新时代中国特色社会主义思想学习教育往深里走、往心里走、往实里走，切实筑牢实现民族伟大复兴的共同思想基础。通过坚持思想建党、理论强党，推动广大党员干部补钙壮骨、培根铸魂，解决好世界观、人生观、价值观这个“总开关”问题，理想信念更加坚定，初心使命进一步筑牢。

（三）党员人才队伍结构不断优化、整体素质不断提升，先锋模范作用得以发挥

党员是党的肌体的细胞和党的活动的主体，党员队伍建设是党的建设基础性工程。云南将加强党员队伍建设一以贯之于党的建设的历程中，在各个历史阶段培养造就了一支总体上适应当时形势任务需要的党员队伍，党的组织体系不断健全，党员人数由少到多，队伍由小到大，结构日益优化，面貌焕然一新，党员素质明显提升。

在新民主主义革命时期，严格按照党员标准非常谨慎地发展党员，对不符合条件的党员，或执行纪律，或开除出党，或教育整顿，重新登记，不够条件的就劝其退党，保障了革命斗争的有效进行。在社会主义革命和建设时期，为适应党执政的需要，按照“公开建党”的要求，重新制定了党组织发展工作的重点和方针，对党员标准、入党手续、入党标准权限等问题作出明确规定，在农村、企业、街道、机关、学校等基层单位有计划、分批发展党员，对不具备党员条件的，劝其退党或开除其党籍。在改革开放和社会主义现代化建设时期，持续改善优化党员队伍结构和分布，按照建设一支“素质优良、结构合理、规模适度、作用突出”的党员队伍要求，做好发展党员工作，吸收各行各业的优秀分子加入党组织，引导广大党员坚定马克思主义信仰、共产主义信念，矢志不移贯彻执行党在社会主义初级阶段的基本路线和基本纲领，在社会主义现代化实践中不断贡献力量。党的十八大以来，坚持把政治标准摆在首位，完善党员发挥作用机制，增强党员教育管理的针对性和有效性，尊重党员的主体地位，切实从精神上激励党员、生活上关心党

员、工作上扶持党员，努力建设一支信念坚定、素质优良、规模适度、结构合理、纪律严明、作用突出的党员队伍，激发干事创业热情，增强党员队伍活力，提高为民服务能力，在建功立业新时代中书写奋斗新篇章。通过持续努力，云南党员队伍得到了不断壮大，党员数量稳步递增，高学历水平、高职业素质的党员人数大幅增加，党员队伍结构逐步改善，年轻党员、女性党员和少数民族党员数量持续增加，党员行业分布和社会覆盖率更加广泛，较好发挥了先锋模范作用。坚持制度创新，构建了具有云南特色的人才政策体系；坚持培引并重，人才数量质量实现双提升；坚持以用为本，人才投身经济社会发展主站场的创新创造创业活力得到激发；实施高层次人才引进计划、培养支持计划和基层人才对口培养计划。

（四）基层党组织全面进步全面过硬，党的执政根基得到夯实

重视党的基层组织建设是我们党区别于其他政党的显著优势。基础不牢，地动山摇。基层党组织是党的肌体的“神经末梢”，是党的全面领导贯彻到基层的重要载体，是党在基层全部工作和战斗力的基础。云南坚持从边疆党的建设特殊性出发，组织建设取得了重大进展和显著成就，为坚持和加强党的全面领导，保持党的先进性和纯洁性，推进党领导的伟大事业取得辉煌成就，实现“组织强、边民富、边疆兴、边防固、边关美”的目标要求提供了坚强组织保障。

在新民主主义革命时期，按照中央要求，云南在农村、工厂、铁路、矿山、学校等设立基层党组织，凝聚各方力量，领导边疆各族人民翻身得解放，从根本上改变了各族人民长期以来被剥削、被压迫的悲惨处境，第一次实现了人民当家作主和民族平等。在社

会主义革命和建设时期，加强各级党组织建设，根据形势和任务的需要，领导各族人民实现了从新民主主义向社会主义的过渡，并在此基础上开始了社会主义建设道路的艰辛探索，各级党组织在曲折中得到了进一步的巩固和发展。在改革开放和社会主义现代化建设时期，坚持以构建和谐边疆为目的，推进“边疆党建长廊”建设，突出重点强班子，持之以恒固基础，团结稳定促和谐，科学发展兴边疆，努力实现党员发展规范化、组织设置科学化、阵地建设正规化、服务方式多样化、制度建设合理化，全面提升边疆党建工作的科学化水平。党的十八大以来，着眼夯实党在边疆民族地区执政基础，把大抓基层作为鲜明导向，强化政治功能，不断提升组织力，坚持标准化、项目化、信息化、专业化“四化”联动，先后实施基层党建推进年、提升年、巩固年、创新提质年和“智慧党建”三年行动计划，常态化开展党委（党组）书记抓基层党建述职评议，不断压实党建工作责任，深化“边疆党建长廊”建设，服务强边固防，不断深化抓党建促脱贫攻坚、促乡村振兴，大力整顿软弱涣散基层党组织，以基层党建引领基层治理，深入开展扫黑除恶专项斗争，推动党的基层组织建设全面进步、全面过硬，使基层党组织成为宣传党的主张、贯彻党的决定、领导基层治理、团结动员群众、推动改革发展的坚强战斗堡垒。在不同历史时期，紧紧围绕党的中心任务和工作大局，与时俱进、改革创新，扎实抓好基层党组织建设，在稳边固边、推动发展、服务群众、凝聚人心的各项工作中充分发挥战斗堡垒作用，显示出强大的创造力、凝聚力和战斗力。

（五）持之以恒正风肃纪，党群干群关系更加密切

党的作风体现着党的宗旨，关系党的形象，关系人心向背，关

系党和国家的生死存亡。党的纪律是党的各级组织和全体党员必须遵守的行为规则，是维护党的团结统一、完成党的任务的保证。严密的纪律和优良的作风是中国共产党团结各族人民，战胜一切敌人的政治优势，是党带领全国人民取得一个又一个胜利的“决胜密码”，也是中国共产党作为马克思主义政党区别于其他一切政党的显著特征。云南不折不扣落实中央、省委关于正风肃纪的重大决策部署，取得了党风政风改进、社风民风转变的重大成果。

在新民主主义革命时期，通过开创并践行党的优良作风，强调“加强纪律性，革命无不胜”的纪律要求，密切了党同各族群众的血肉联系，形成了遵守纪律的意识和观念，在革命斗争取得胜利的历史进程中发挥了重要作用。在社会主义革命和建设时期，通过建立纪律检查机关，开展“三反”“五反”运动，以正确处理人民内部矛盾为主题，以领导班子为关键，以党员干部为基础塑造良好风气，消除了广大党员干部的思想顾虑。大家都能严格执行纪律，坦诚地谈心交心，查找问题改进作风，保持昂扬奋进的精神状态，达到了教育党员、提高思想、端正党风的目的，使党的光辉形象在边疆民族地区深入人心。在改革开放和社会主义现代化建设时期，云南恢复重建了纪律检查机关，党内纪律体系建设更加健全，党内监督得到有效开展。通过端正思想作风，改进工作作风，转变领导作风，扭转了党内纪律废弛、党员自行其是等问题，党在人民群众中的形象得到进一步提高，党同人民群众的血肉联系得到进一步加强，干群关系得到进一步密切，广大党员干部在改革开放各项事业中展示了新形象，创造了新业绩。党的十八大以来，把加强作风建设和纪律建设作为一项严肃的政治任务抓紧抓好、抓出实效，云南始终将纪律和规矩挺在前面，驰而不息纠治“四风”、树新风，巩固拓展落实中央八项规定精神，深入开展全省扶贫领域作风问题专项治理工作，精准有效用好执纪问责利器，一个节点一个节点坚守、一个问题一个问题突破、一个阶段一个阶段推进，从源头上预防和治理各种不良作风，推动全面从严治党不断向纵深发展，不断提高党员的底线意识和作风意识，有力地带动了党风、政风和社会风气的明显好转。在不同历史时期，云南从保持党同人民群众血肉联系的政治高度，充分认识正风肃纪的极端重要性，持续在常和长、严和实、深和细上下功夫，在坚持中深化、在深化中发展，把作风建设和纪律建设不断引向深入。

（六）反腐败斗争取得压倒性胜利，全面从严治党取得重大成果

腐败是人类社会面临的共同敌人。中国共产党的性质和宗旨，决定了党同各种消极腐败现象是水火不相容的。我们党对腐败的危害有着极为清醒的认识，始终保持定力与恒心，坚决遏制腐败滋生蔓延势头，不断深化标本兼治。云南各级党组织始终把反腐败作为一项重要工作，坚决惩治腐败。

在新民主主义革命时期，针对党员干部广泛开展廉洁教育，严惩贪污腐化、肃清贪污浪费，有效遏制住了腐败苗头。在社会主义革命和建设时期，打击贪污腐败，抵制旧社会的恶习和资产阶级腐朽思想的侵蚀，查处了一批党内违纪案件，形成了清正廉洁的党风政风和健康的社会风气。在改革开放和社会主义现代化建设时期，坚持一手抓改革开放、一手抓惩治腐败，把反腐败贯穿于改革开放全过程，不断深化对党风廉政建设和反腐败斗争特点和规律的认识，以建立完善惩治和预防腐败体系为重点，统筹推进教育、制

度、监督、改革、惩治等各方面工作，切实增强了反腐倡廉建设的系统性、协调性和时效性，增强了广大党员干部拒腐防变和抵御风险的能力，有效遏制了腐败现象滋长的势头。党的十八大以来，强调有腐必反、有贪必肃，坚持无禁区、全覆盖、零容忍，坚持重遏制、强高压、长震慑，始终保持惩治腐败高压态势，坚决打赢党风廉政建设和反腐败斗争这场攻坚战、持久战，强化不敢腐的震慑，扎牢不能腐的笼子，增强不想腐的自觉，重点查处了党的十八大以来不收敛、不收手，问题线索反映集中、群众反映强烈，政治问题和经济问题交织的腐败案件；着力解决选人用人、行政审批、工程项目、矿产资源、土地出让等重点领域和关键环节的腐败问题，聚焦环境治理、生态修复领域重点工程，深挖严查污染防治、环境保护问题背后的腐败行为，推动反腐败斗争取得突破性进展和压倒性胜利。党风廉政建设和反腐败斗争永远在路上。一以贯之高度重视党风廉政建设，坚决反对腐败，对腐败的认识从简单作为一种思想、作风问题，发展到对权力的监督和制约的思考；反腐的路径从单一的查办案件，发展到惩防并举、建立和完善惩治和预防腐败体系；反腐的思维也从防范堵漏，发展到通过改革来解决深层次治理问题，同各种腐败行为展开殊死斗争，一举夺取了反腐败斗争压倒性胜利，为各项事业取得历史性成就、发生历史性变革提供了坚强保证。

一百年春华秋实，一百年铸就辉煌。云南始终遵循党和人民的事业发展到什么阶段、党的建设就要推进到什么阶段的基本规律，着眼于以党的自身建设推进社会主义革命、建设和改革的伟大事业，紧紧围绕不同历史时期工作任务，坚持党要管党、从严治党，大力加强党的建设。尤其是党的十八大以来，云南边疆党的建设工作紧跟党中央全面从严治党的坚定步伐，遵循党中央决策部署，结合边疆民族地区实际，探索了一系列具有自身特点的做法经验，选树了一批具有示范引领作用的先进典型，培育了一批各具特色的党建品牌，营造了抓基层、打基础，强党建、重实效的浓厚氛围，使得党的建设质量不断提高。

三、云南边疆党的建设的有益启示

党旗迎风飘扬，云岭凯歌嘹亮。在百年伟大征程中，云南不断深化对党的建设规律的认识，形成了具有边疆特色的党建经验。归结起来就是要以“讲政治”为根本，做到对党绝对忠诚；以“强组织”为主题，发挥战斗堡垒作用；以“建阵地”为载体，夯实边疆执政基础；以“固边疆”为核心，筑牢稳边固边基石；以“聚人心”为关键，服务群众保障民生；以“领发展”为要务，助推转型跨越发展；以“促清廉”为重点，深化正风肃纪反腐。正是依靠这些规律性认识和经验性总结，不断推进党领导各项事业发展的新境界，推动云岭大地发生了历史性变革，取得了历史性成就，创造了历史性辉煌。

走过百年，前赴后继凌云志；奋进新征程，重整行装再出发。在全面建设社会主义现代化国家、实现第二个百年奋斗目标的伟大征程中，摆在我们面前的使命更光荣、任务更艰巨、挑战更严峻、工作更伟大。云南各级党组织和广大共产党员，必将担负起这个光荣而神圣的使命，更加紧密地团结在以习近平同志为核心的党中央周围，持续加强和改进党的建设，进一步增强政治领导力、思想引领力、群众组织力、社会号召力，进一步发挥广大党员的先锋模范作用，践行以人民为中心的发展思想，各族人民在新的历史起点上奋力谱写好中国梦的云南篇章，把边疆党建优势转化为发展优势，把边疆党建资源转化为发展资源，把边疆党建成果转化为发展成果，让党的旗帜永远在祖国的西南边疆高高飘扬。

第一章 政治领边

旗帜鲜明讲政治是马克思主义政党的根本要求。在党的建设总体布局中，政治建设是“灵魂”和“根基”，是管总、管根本的，对党的其他建设具有统领提携、纲举目张的作用。党的政治建设旨在通过正确的政治纲领、政治路线、政治立场、政治目标以及严明的政治纪律，保证全体党员具有高度的政治觉悟，坚持正确政治方向，维护党的团结统一，实现党肩负的政治使命。云南地方党组织成立后，注重以政治建设引领党自身的各方面建设，在革命、建设、改革的各个历史时期，发挥政治指南针作用，严格落实党中央的路线方针政策和各项决策部署，确保各项事业始终沿着正确政治方向发展，充分突出了政治领边的强大作用。

一、确立政治信仰

俄国十月革命的胜利为中国送来了马克思列宁主义，中国共产党的诞生在中国播下了马克思主义信仰的种子，这是共产党人经受住各种考验的精神支柱，也是共产党人永葆政治本色的政治灵魂。随着新文化运动和五四运动的持续高涨，马克思主义在先进知识分子的推崇下进入云南，并得到广泛传播。云南各族人民在马克思主义的指引下，开始了艰苦卓绝的新民主主义革命斗争，并在革命斗争中更加坚定了对马克思主义的崇高信仰。

（一）马克思主义广泛传播

伴随着马克思主义的初步传入到广泛传播，云南先进知识分子和进步青年率先学习和掌握了马克思主义理论武器，并在更大范围和更深程度上促进了马克思主义在云南的传播。在主动学习、接受教育、结合实践、反复对比的过程中，马克思主义的真理光辉逐渐点燃了云南进步人士的革命理想，马克思主义的信仰之种逐步转化为云南进步人士内心深处的信仰认同。

1915年兴起的新文化运动，是中国近代历史上一次空前深刻的思想解放运动。在新文化运动的影响下，云南留日学生张天放等在昆明创办《救国日刊》，省立第一中学学生杨青田等人创办《学生爱国会周刊》，介绍进步思想。云南省政府机关报之一的《义声报》，也专门介绍了14种内地新文化运动的刊物，使新思想和新文化在云南得到了进一步传播①。这些刊物对云南各族人民了解马克思主义、了解无产阶级革命家的经历、了解无产阶级革命斗争实况等起到了重要作用。为适应先进知识青年的思想需要和革命斗争的需要，云南边疆各地在这一时期成立了亚新书店、日新书店等，并以此引介和传播了《共产党宣言》《关于费尔巴哈的提纲》《国家与革命》《政治经济学批判序言》《哲学的贫困》《反杜林论》《共

① 中共云南省委党史研究室：《中国共产党云南历史 第一卷（1926—1950）》，云南人民出版社2018年版，第16页。

产主义ABC》等大量有关马列主义的图书[①]，极大地促进了马克思主义对青年知识分子的积极影响。新文化运动在云南边疆的兴起，开始冲破封建主义的思想禁锢，极大活跃了先进分子的思想。

1919年爆发的五四运动，拉开了中国新民主主义革命的序幕，也加速了马克思主义在云南的广泛传播。一是在响应五四运动中传播马克思主义。当时在北京读书的云南籍学生王复生、王有德、施滉等人，奋勇投身运动。省立第一中学的杨青田、段融生、张四维、张舫等人闻讯后立即起草和制作了题为《缘起》的传单，动员全社会迅速声援北京学生的斗争，得到了广大青年学生和人民群众的普遍响应。随后，昆明召开了规模和声势都史无前例的万人国民大会，通过了大会宣言和致全国及在巴黎的中国专使的通电[②]，表达了对无产阶级运动的支持。二是报纸书刊成为传播马克思主义的思想阵地。《滇声报》等进步出版物先后刊发文章，对马克思列宁主义和俄国十月革命作出高度评价，在云南知识界、文化界，特别是在青年知识分子群体中产生了很大影响。三是学生社团成为传播马克思主义的前沿阵地。1924年底，省立第一中学图书馆管理员李国柱，以“唤醒云南青年”为宗旨，在省立第一中学进步学生中秘密组织了“云南青年努力会”[③]，成为领导云南青年革命运动的核心力量。1925年秋，以在北京高等学校就学的滇籍中共党员为骨干，在北京成立了“云南革新社”，社员逐步成为云南边疆党的建设的重

① 中共云南省委党史研究室：《中国共产党云南历史 第一卷（1926—1950）》，云南人民出版社2018年版，第17页。

② 中共云南省委党史研究室：《中国共产党云南历史 第一卷（1926—1950）》，云南人民出版社2018年版，第22页。

③ 中共云南省委党史研究室：《中国共产党云南历史 第一卷（1926—1950）》，云南人民出版社2018年版，第30页。

要骨干力量。四是结合实际用马克思主义指导革命斗争。在宣传马克思主义的同时，云南早期共产党人还积极用之指导和开展革命活动，动员云南各界群众，“唤起一般被压迫民族齐赴阵场”[①]，与当地封建军阀进行斗争。云南早期共产党人还特别注重结合边疆的民族特色，用少数民族语言、矿山中流行的曲调、传统历史故事等，编创了《农民四字经》《走厂调》《月叹穷》《十二杯酒》[②]等读物或歌曲，使党的主张和革命理想在云南广泛传播，也促使了马克思主义的信仰之种生根发芽。

对马克思主义的学习宣传，促进了先进知识青年、革命志士、各族人民群众的政治觉醒，逐步树立起对马克思主义的崇高信仰。首先，马克思主义信仰在云南先进知识分子中生根。正在北京大学读书的云南籍学生王有德、王复生、王德三加入了马克思学说研究会，承担马克思主义理论的翻译工作和传播工作。中国共产党成立后，王复生、王德三等进步青年正式加入中国共产党。云南先进知识分子的入党行动诠释了他们对马克思主义的信仰。其次，马克思主义信仰在云南早期革命志士中生根。云南籍的中国共产党早期党员在上海、北京、广州等地参加了各地党的早期革命活动[③]，用实际行动为传播马克思主义作出了突出贡献。伴随马克思主义的传播，早期共产党人根据云南少数民族的分布及其民族特点，领导各族人民成立了武装游击队、农民协会组织、工人运动团体等组织，向各

① 中共云南省委党史研究室：《中国共产党云南历史　第一卷（1926—1950）》，云南人民出版社2018年版，第32页。

② 中共云南省委党史研究室：《中国共产党云南历史　第一卷（1926—1950）》，云南人民出版社2018年版，第80—81页。

③ 中共云南省委党史研究室：《中国共产党云南历史　第一卷（1926—1950）》，云南人民出版社2018年版，第29页。

族人民群众进行了马克思主义理论的宣传教育，努力把思想武器变成群众手里的物质武器，开展了如火如荼的革命斗争，使马克思主义理论更加深入人心。云南各界人士的强烈入党意愿及其实际行动表明，他们对马克思主义的掌握已由理论认同上升为信仰认同，并逐步成为马克思主义的忠实信仰者和实践者。

（二）理想信念锤炼意志

理想信念的确立不是一蹴而就的。除了通过理论的学习教育增强对马克思主义的思想认同之外，还需要结合实践检验真理的科学性和价值性，以达到对马克思主义的实践认同。云南地方党组织在历时24年的革命斗争中饱经风霜，深受磨炼，迅速成长，用行动表达了对马克思主义的高度认同。经过血雨腥风的革命洗礼，重视在斗争中学习和检验马克思主义理论，全省党员对马克思主义的信仰更加坚定。

八七会议结束后，中共云南特别委员会把工作中心转移到在全省各地农村和滇越铁路及沿线工矿开展武装斗争的革命实践中。面临异常严峻的斗争形势，中共云南地方组织在昆明的工作完全转入地下，秘密发展了党和工会的组织，秘密开展了武装反抗斗争，一批革命分子也为马克思主义信仰献出了年轻的生命。大革命失败后，云南地方党组织汲取了武装斗争问题上的经验教训，重新调整斗争策略，在工人群众中开展组织工作，发展得力干将，组成查尼皮游击队、苗族农民武装、中国工农革命军第一师[①]等，在蒙自、文山、屏边等地开展武装革命斗争。在武装革命斗争中，充分彰显出

① 中共云南省委党史研究室：《中国共产党云南历史　第一卷（1926—1950）》，云南人民出版社2018年版，第98页。

云南边疆共产党员对马克思主义信仰的无比坚定。在地下斗争的特殊环境里，通过马克思主义理论学习与革命斗争的相互结合，进一步体悟到马克思主义的科学真理，并在信仰力量的感召下推动了党的工作。

从抗日民族统一战线在云南的建立，到全省各族人民进行顽强的抗日斗争，再到抗日战争的全面胜利，党领导的云南各族人民抗日救亡运动节节取胜。云南学界在青年党员的牵头下宣传抗日救亡，开展统战工作，涉及交通、金融、建筑、工商等企业及文化教育等行业；云南文化界形成了爱国、民主、进步为主流的革命文化氛围；云南商界迅速配合抗日救亡进行军工生产、修路开道、发展运输、提供物资等；云南妇女群团组织参加战地服务、抢运伤员、收容难童、实施保育等，形成一支重要抗战力量。云南各族人民在积极投身抗日救亡运动的过程中，在全省各地建立了党的工作据点，切实加强了云南边疆党的建设工作。即便在抗日战争的特殊时期里，始终要求各级党组织和广大党员不断提高马克思主义理论水平，使革命的火种在云南边疆熊熊燃烧，使马克思主义信仰绽放出真理光芒。

抗日战争胜利后，紧紧围绕“和平、民主、团结”开展工作。进入解放战争阶段，为消除国民党残余军队，党中央高瞻远瞩，对野战军进军云南作出周密部署。在野战军入滇歼敌的过程中，云南按照党中央的指示，密切协同南下野战军、边纵部队、起义部队团结斗争，完成了西南边疆追歼逃敌的作战任务。全省各级党组织积极响应边区党委号召，全力进行迎军支前工作，为迎军筹集粮秣、赶制军工用品，载歌载舞，夹道欢迎野战军。在云南省地师以上领导干部会议上，陈赓宣布：“解放军和云南人民、云南的党会师了，云南从今天起已完全获得解放了。”[①]这意味着云南在党的领导下进入历史新纪元。

在新民主主义革命时期，云南党的政治建设在逐步确立和不断坚定马克思主义信仰的过程中，迎来了新的历史曙光。马克思主义信仰燃烧起云南早期共产党人及各族人民群众的希望之种，形成轰轰烈烈进行革命斗争的燎原之势，在马克思主义信仰的指引下，云南早期共产党人带领各族人民群众奏响了新民主主义革命的嘹亮凯歌，赢得了云南全境的解放。云南广大党员和人民群众对中国共产党的信仰更加坚定了，也更加心悦诚服地选择和认同了中国共产党的领导。

二、贯彻党的方针政策

在中国共产党的坚强领导下，经过艰苦卓绝的革命斗争，云南各族人民终于迎来了彻底解放。1950年，以召开云南省地师以上领导干部会议为标志，云南进入了社会主义探索的历史新阶段，边疆各族人民进入当家作主的历史新纪元。这一时期，云南各级党组织坚决执行党的路线方针政策和中央决策部署，维护了党中央的权威，保证了党中央的政令畅通，有力巩固了党在边疆地区的执政地位和执政基础。

（一）有力增强民族团结

解放初期，敌我矛盾、民族矛盾、阶级矛盾在云南相互交织，

① 中共云南省委党史研究室：《中国共产党云南历史　第一卷（1926—190）》，云南人民出版社2018年版，第539页。

形势错综复杂。帝国主义和国民党残余军队加重了敌我矛盾；民族之间存在着少数民族与汉族严重隔阂的民族矛盾；少数民族内部仍存在着剥削压迫的阶级矛盾。云南边疆地区既是少数民族的聚居地区，又是敌我斗争的焦点地区。因此，维护边疆地区的团结就成为云南解放后众多任务中的首要任务。针对边疆的特殊实际，党中央高瞻远瞩，制定了“团结第一，工作第二”的方针，为云南解放后的工作指明了方向，充分发挥了政治引领边疆建设发展的显著优势。

1950年3月4日创刊的《云南日报》发表了题为《加强团结建设新云南》的发刊词，大力宣传“团结第一，工作第二”的工作方针，强调做好云南的工作，首要的是抓好团结。在政权移交和接管工作中，遵照“团结第一，工作第二”的工作方针，坚持“态度诚恳，遇事商量，困难公开”的原则，实行协商接管，合理安排起义人员，团结一切可以团结的力量，推进接管工作的顺利完成。在征粮剿匪、镇反肃特中明确提出“团结起来，共同对敌，联防自卫，防匪保家”的号召，把军事进剿、清匪反霸、减租退押、征粮征税、统战工作、群众工作结合起来，统一指挥，形成了强大的团结合力，为实现党在边疆的全面执政和全面领导开创了良好局面。

在昆明市军管会成立大会上，陈赓号召负责政权移交和接管工作的干部都要贯彻“团结第一，工作第二”的工作方针，为全面展开军事接管工作奠定了总基调，并在较短时间内建立起过渡性的军事管理体制，有效稳定了社会秩序，组织并恢复了生产生活，从根本上保证了全省各项事业步入正轨。省委从成立之初就坚决贯彻“团结第一，工作第二”的方针，把本地干部、外来干部、起义人员团结在一起，为推动全省大团结开了好头。在全省各级党政机构组成人员的安排上，9名省委委员包括野战军和西南服务团干部4人，中共中央选调回云南工作的滇籍干部2人，边纵、地下党干部3人，实现了各类干部的合理搭配。在其他各级党政机构组成人员的安排上，外来干部和边纵、地下党干部也在人员结构上形成了平衡。在团结卢汉起义人员上，通过思想教育、民主协商、待之以礼、相见以诚，顺利开展了军事接管和民主建政等工作。

根据毛泽东同志的提议，省委按照四条原则努力消除民族隔阂："一是要'准备受冷淡'，二是要'决心赔不是'，三是'一切听人家'，四是工作中万一和兄弟民族发生矛盾和误解，要'先做自我检讨'。"[①]并且，结合民族工作的具体实际，制定了"民族和睦，加强民族团结，消除历史造成的隔阂，工作稳步前进""通过上层，联系群众；依靠群众，团结上层""民族团结，双方满意，大家欢迎""做好事，交朋友"等具体工作的原则和方法，疏通了民族关系，调解了民族纠纷，化解了民族矛盾，缓解了民族隔阂，加强了对少数民族特别是民族代表人士的团结工作，充分体现了团结的精神。同时，通过中央访问团到云南和少数民族参观团到全国的活动，使各族群众受到了深刻的民族平等、民族团结教育，极大地促进了边疆各族人民对中国共产党的衷心拥护和真诚爱戴，增进了边疆各族人民的团结意识。在民族团结的基础上，有力推进了少数民族地区各项民主改革，推进了边疆各项事业不断前进。

在"团结第一，工作第二"的方针指引下，云南边疆各级党组织及广大党员立足少数民族众多、历史遗留问题复杂、多重矛盾交织的具体实际，积极开展团结工作，以民族事务上的团结和谐促进了政治上的团结统一。

① 苏红军：《党的光辉照边疆　边疆人民心向党》，《云南日报》2019年1月4日。

（二）民主改革慎重稳进

从1953年开始，省委积极贯彻党在过渡时期的总路线，开始实行社会主义三大改造。根据边疆民族地区还不能完全适应社会主义制度的实际，认真落实党中央的“慎重稳进”的民族工作方针。通过疏通民族关系、实行民族区域自治、大力教育和培养少数民族干部、采取特殊政策等途径促进了边疆的建设发展，建立了新型的民族关系，开创了民族工作的良好局面。

新中国成立后，中央人民政府政务院召开政务会议并提出民族工作“慎重稳进”的方针，为云南制定了切合实际的民族政策，为有序开展云南的民族工作，巩固和扩大党在边疆民族地区的工作基础和群众基础指明了方向和道路。1950年，省委提出“首先是联络感情，搞好关系，十分谨慎稳重，长期工作，切忌性急”的基本原则，并按照党中央指示慎而又慎、稳而又稳地开展各项工作，云南在新旧政权的交替中基本保持了团结稳定的局面。

按照党中央的统一部署和“慎重稳进”的方针，云南采取系列措施保证了这一方针的顺利推进。一是从政治上高度重视“慎重稳进”方针对云南开展工作的指导意义。省委建立了民族工作领导体制和工作机制，加强了政治领导。在领导机制上，成立了由党政军各有关部门负责同志组成的省委边疆工作委员会，指导和检查省级各有关部门涉及边疆的工作。在工作机制上，每月召开一次省委边委会议，听取有关部门的工作汇报并研究方针政策问题。同时，严格按照党的请示报告制度向上级组织和党中央及时作出请示汇报，规范了党的民族政策在全省的贯彻执行。二是从思想上克服各种形式的急躁冒进。在认真总结局部地区冒进引发混乱的经验教训基础上，纠正了急功近利的工作思路和工作方法，成立了滇西、滇南工作委员会，在省委领导下，统一协调滇西、滇南地区党、政、军、民的组织力量，保证了在当时特定环境下党在云南边疆地区一切工作的稳步开展。三是从具体工作上坚持了分类指导的原则。在分析研究全省各地少数民族的主要情况后，把全省分为“内地民族杂居区”和“有土司制度的边沿区”。在“内地民族杂居区”，组织设立民族民主联合政府；在“有土司制度的边沿区”，暂时保留土司制度。在征粮、土地革命、民主改革等工作中，根据坝区、山区、缓冲区、和平协商区的区别，分类征粮、分类土改、分类改革。在引导边疆各族人民建立社会主义制度的过程中，针对少数民族内部的分层需要和特殊诉求，按照合作社规模不宜过大、建设节奏不宜过快的工作原则，确保了“慎重稳进”的方针得以贯彻落实，保证了社会主义改造在云南边疆的推进和实现，彰显了党的方针的引领作用。

在“慎重稳进”方针的指引下，云南边疆各级党组织及广大党员以“稳”字为主导推进党的各项事业建设，确保了云南社会主义建设的力度、规模、节奏等，都在慎之又慎的基调上实现了平稳过渡，体现出党的政治建设中坚持整体推进与分类指导的有机统一。

（三）贯彻党的八大精神

随着1956年社会主义改造的基本完成，社会主义基本制度在我国初步确立。同年召开的党的八大作出了党和国家的工作重点必须转移到社会主义建设上来的重大战略决策，制定了在综合平衡中稳步前进的经济建设方针。在全国掀起全面建设社会主义的浪潮中，广大党员和各族人民积极贯彻落实党的八大精神，以党的自身建设带动各项事业蓬勃发展。

各级党组织和广大党员集中学习党的八大精神。省委高度重视党的八大精神的学习贯彻，在党的八大结束后就发出《关于学习和宣传党的第八次全国代表大会文件的决定》[①]，对如何加强学习、如何贯彻落实提出了具体要求。各级干部把学习党的八大精神当作思想政治理论学习的重要政治任务。历时5个月开展集中学习，深刻领会党的历史经验，党的路线、方针、政策，党的优良作风，从思想上克服主观主义、官僚主义、宗派主义的侵蚀，进一步提高马克思主义理论水平，树立实事求是和谦虚谨慎的作风，调动一切积极因素进行社会主义建设。省委召开扩大会议，重点研究了在干部和群众中传达贯彻党的八大精神的问题。教育引导统一党内外思想、凝聚党内外共识，继续保持和发扬主动性，把党的八大精神和社会主义建设新任务结合起来，把党的八大精神和云南社会主义建设事业结合起来，推动云南与全国一道加快社会主义建设的步伐。

结合云南省第一个五年计划积极营造舆论氛围。作为党的思想宣传阵地，《云南日报》有效地引导了全省上下对党的八大精神的学习热潮和实践热潮。1957年，《云南日报》发表了《满怀信心迎接新的胜利》的社论，全面引导广大党员和人民群众在超额完成第一个五年计划的基础上坚定信心跟党走，认真学习和贯彻执行党的八大精神，进一步激发全省人民的积极性和创造性，在良好的舆论氛围和干事氛围中推动了社会主义事业的广泛实践。

把党的八大精神贯穿于全省社会主义建设事业。贯彻落实党的八大精神，具体体现在党对农业建设、工业建设、社会事业、农垦

① 中共云南省委党史研究室：《中国共产党云南历史 第二卷（1950—1978）》，云南人民出版社2018年版，第250页。

事业等方面的有力领导。在农业建设问题上，省委印发了《关于农业合作社分配工作的意见的报告》《关于目前农村工作几个问题的指示》[①]等政策文件，在科学分析当时农业实情的基础上提出了科学指导；在工业布局问题上，提出“工业要为农村经济服务，并与农业相结合”的发展方针，这是对我国是农业大国、云南省是以农业为基础进行生产生活的实际情况作出的科学把握，以及提出的科学工作原则；在社会事业问题上，制定了《1956年—1967年云南省教育事业规划》[②]《云南省传染病管理办法实施细则》[③]《关于职工“向科学进军”的情况报告》[④]等政策措施，确保了云南的教育、文化、科技、卫生等事业逐步迈向社会主义事业的轨道；在农垦事业问题上，根据云南的产业优势成立国营橡胶农场，并在建厂过程中结合群众路线，团结当地民族群众发展生产，增加收入，密切联系。总之，在贯彻党的八大精神过程中，云南边疆各级党组织和广大党员真正领会了中央精神，认真落实了中央精神，最终所取得的有益成果充分证明了各族人民选择中国共产党的正确性，以及中国共产党领导云南边疆繁荣发展的正确性。

在党的八大精神的指引下，云南各级党组织及广大党员带领各族人民群众围绕发展生产力的任务要求，积极推进社会主义制度在云南的确立和建设，体现出党的政治建设中顶层设计与落地见效的

① 中共云南省委党史研究室：《中国共产党云南历史 第二卷（1950—1978）》，云南人民出版社2018年版，第252页。

② 中共云南省委党史研究室：《中国共产党云南历史 第二卷（1950—1978）》，云南人民出版社2018年版，第256页。

③ 中共云南省委党史研究室：《中国共产党云南历史 第二卷（1950—1978）》，云南人民出版社2018年版，第259页。

④ 中共云南省委党史研究室：《中国共产党云南历史 第二卷（1950—1978）》，云南人民出版社2018年版，第260页。

有机统一。

在社会主义革命和建设时期，党的政治建设始终在党的领导下沿着正确的方向阔步前进。各级党组织及广大党员干部在认真领会党的大政方针精神实质的基础上，充分结合少数民族众多和民族情况复杂的具体实际，聚焦解放初期社会主义建设的突出问题，积极宣传、贯彻、落实党的方针政策，开辟了云南社会主义建设事业的新天地，充分体现出党的强大政治领导力。

三、执行党的路线决定

党的十一届三中全会的胜利召开，标志着中国共产党自身建设进入新的历史时期。改革开放以来，党中央着眼于在长期执政和改革开放条件下党面临的各种风险考验，提出了推进党的建设新的伟大工程的时代命题。云南始终围绕经济社会发展的中心工作，切实推进党的建设新的伟大工程，推动了拨乱反正的全面完成，促进了改革开放的深入推进，确保了中央各项决策部署的落地落实落细，体现了党对云南全面领导的政治优势。

（一）全面实现拨乱反正

党的十一届三中全会后，省委及时传达了全会精神，从“两个凡是”的精神桎梏中解放出来，领导全省各族人民群众认真贯彻落实全会通过的决议，实现了思想路线的拨乱反正，推动云南各方面事业走上正确道路。

党的十一届三中全会后，思想、政治、组织等领域的拨乱反正全面展开，尤其是通过指导思想的拨乱反正，一方面对经济建设和阶级斗争问题上的“左”倾错误进行认真清理，另一方面对毛泽东同志的历史地位和毛泽东思想的科学体系作出科学评价，使党和国家的工作重点转移后，能够坚定地沿着改革开放和社会主义现代化建设的正确道路不断前进，进入社会主义现代化建设的新时期。

党的十一届三中全会召开后，省委立即开展全会公报学习讨论，领会公报精神。随后，按照中宣部《关于传达、宣传十一届三中全会精神应注意的几个问题》，省级部门结合云南实际从多个方面推进拨乱反正的全面完成。一是通过加强思想政治教育，从根本上纠正了“左”的和右的两种错误倾向，把广大党员干部和人民群众的思想认识指引到实事求是的思想路径上。全省各级党组织开展了学习宣传活动，对十一届三中全会精神作出了反复深入的学习和实事求是的领会，平反了冤假错案，妥善处理了16个重大历史遗留问题[①]。二是制定了《对当前农村几项经济政策问题的调查情况和我们的意见（初稿）》《关于加强农作物种子工作的意见（初稿）》《关于积极发展社队员采育立场的意见（初稿）》《关于抓好肥料建设的意见（初稿）》《关于加快农业机械化步伐用好农机专项无息贷款的意见（初稿）》[②]5个文件，力促云南农业和经济发展步入正常轨道。三是各级党委成立了纪律检查委员会。根据中央纪律检查委员会的要求，各级纪委把维护党规党法，切实搞好党风作为根本任务，针对官僚主义、权力过分集中、家长制、干部领导职务终身制和形形色色的特权等现象，有计划、有步骤而又坚决彻底地改革。四是推动全省教育文化等各项社会事业恢复发展。在党的领

① 中共云南省委党史研究室编：《云南改革开放二十年》，云南民族出版社1998年版，第11页。

② 中共云南省委党史研究室编：《云南改革开放二十年》，云南民族出版社1998年版，第5页。

导下，云南各领域各行业各部门开始有计划、有步骤地解决各项问题，包括安置知识青年、解决农村基层干部待遇、调整社会关系、整顿企业、做好信访工作、加强统一战线工作、推动考古工作、大力培养民族干部、制定环境保护法规保护生态环境等，从具体工作的正常开展和健康发展中推动拨乱反正的全面完成。五是开展真理标准的讨论补课。《云南日报》在1979年8月发表了《一定要补好真理标准的讨论这一课》[①]，建议在全省范围内重新认识真理标准问题。全省各级干部在轮训班、读书班、学习班上加强学习讨论，摆正了对真理标准问题的认识，实事求是地制定出符合云南实际的政策。六是平反冤假错案、落实政策工作。从1975年开始，至1992年结束，前后经历了17年，涉及32万人次的"文化大革命"前历史遗留问题和"文化大革命"中的冤假错案全部获得解决和平反。云南在全面完成拨乱反正的过程中，确保了党的路线决定得到准确理解和正确执行，也充分体现出党对云南作出政治领导的正确性。

经过拨乱反正，云南边疆党的政治建设呈现出蓬勃发展的生机和活力。在改革开放这一正确的战略决策部署下，云南党组织的政治认识及政治行动恢复到正常发展的轨道上。

（二）深入推进改革开放

进入改革开放和社会主义现代化建设时期，在党的思想路线的指引下，云南把党的建设和改革开放结合起来，使党的政治建设在思想解放中不断加强，成为推动各项工作发展的重要保证。

党的十一届三中全会后，省委及时召开学习贯彻党的十一届三

① 中共云南省委党史研究室编：《云南改革开放二十年》，云南民族出版社1998年版，第39页。

中全会精神的会议，在党内外掀起学习贯彻改革开放战略决策的高潮。1979年1月，省委召开全省县委书记会议，传达学习党的十一届三中全会精神和中央工作会议精神。同月出台了《关于当前学习、宣传党的十一届三中全会公报的意见》，提出按照把党的工作重点转移到现代化建设上来的战略部署，坚持马克思主义的思想路线在工作上立即贯彻落实，积极解决农业问题，健全党内外的民主生活，加强法制学习教育，保持安定团结的政治局面。随后，1980年3月，省委召开三届二次全会，重点贯彻党的十一届五中全会精神，研究坚持党的领导，提高党的战斗力的问题，通过加强党的自身建设来推进改革开放在云南的实践。省委作了《加强党的建设，加快我省社会主义现代化建设的步伐》《加强党的建设，适应四化建设的需要》①的报告，并在具体工作中进行了领导班子的整顿和调整；在省地县委党校恢复党课教育制度，开展党员党性教育；在全省党员干部中学习贯彻《关于党内政治生活的若干准则》和党章修改草案；逐步实现了领导干部年轻化、知识化、专业化；增强党内团结，在四化建设问题上进一步巩固了思想共识的基础，凝聚起改革开放的思想共识。

在推进改革开放各项工作的实践进程中，省委从政治高度对改革开放的战略决策作出了深刻认识，在第六次、第七次、第八次省党代会上反复强调改革、开放、发展的重大现实意义，提出“加快发展是云南最大的政治”②，把发展当作云南经济社会建设最根本的政治任务。同时，从政治高度对云南实施改革开放的战略决策作出

① 中共云南省委党史研究室编：《云南改革开放二十年》，云南民族出版社1998年版，第72页。

② 中共云南省委党史研究室编：《云南改革开放三十年历史经验》，云南人民出版社2008年版，第6页。

了工作部署，把服务中心工作与坚持党建工作联系起来、把坚持党的领导与人民当家作主统一起来、把坚持总体部署与分类指导结合起来，立足云南基本省情，制定了促进云南实现跨越式发展的目标导向、政策导向和实施机制，在利用既有优势和整合现有资源的基础上拓展了经济、政治、文化、社会等方面的发展空间，显示出云南发展的强劲后劲。正是善于从政治上顺应大势、谋划大事，云南边疆才在改革开放的快车道上疾驰而前，享受到改革开放的红利福祉。

云南各级党组织在领导改革开放和社会主义现代化建设的过程中，充分发挥政治核心的引领作用，使得经济发展稳步推进、人民生活水平有较大改善、民族团结进步、边疆持续繁荣稳定、各项事业全面快速发展。这一时期，云南边疆改革事业在党的领导下从经济领域转向社会各个方面，其主要内容包括：加快政府职能的转变；深化以国有企业为中心的经济体制改革；推进社会事业各项改革，深化教育、文化体制改革，加强公共文化设施和服务体系建设；统筹城乡协调发展，加快社会主义新农村建设；转变经济发展方式，走新型工业化道路；积极融入区域经济发展潮流扩大开放，对外开放空间不断拓展，使云南成为中国面向南亚东南亚的开放前沿；民生、民族等问题摆上重要议事日程，社会主义市场经济体制初步建立和完善。云南改革开放所取得的成就，充分体现出党在边疆民族地区的方针政策得到全面落实和深入推进。

在改革开放伟大实践中，云南边疆各级党组织及广大党员按照改革开放的战略部署，从严肃党内政治生活着手进一步加强和改进了自身的政治建设，推动党的政治建设进入了新的历史高潮。

（三）中央部署落实落地

坚持党的领导就要体现在把中央决定落到细处、落到实处，才能把党的领导优势转化为服务云南边疆建设发展的实际效能。为此，云南各级党组织和广大党员干部坚持学习和认真领会党的历次代表大会精神、党的自身建设有关决定、党的各项工作相关政策，确保了党中央决定在云南的畅通无阻和有力实施。

党的历次代表大会精神落细落实。一是落实党的十二大精神。在学习讨论中自上而下制定出符合自己实际的经济社会发展长远规划，主抓经济和科学技术工作，主抓人才培养工作，按照部门职能全面开创社会主义现代化建设新局面。二是落实党的十三大精神。认真学习关于社会主义初级阶段的理论，以及经济发展战略、经济体制改革、政治体制改革、改革开放中党的建设、坚持和发展马克思主义等方面的长远性指导方针，并把十三大精神转化为加强和改善党的领导、行政体制改革、全省精神文明建设等具体实践。三是落实党的十四大精神。深入学习领会邓小平同志关于建设有中国特色社会主义的理论，认真总结党的十一届三中全会以来14年的实践经验，动员党员干部和各族人民加快改革开放和现代化建设步伐，紧跟全国一起夺取有中国特色社会主义事业的更大胜利。在党的十四大精神引领下，云南各级党组织和广大党员一方面加强了自身建设，不断强化政治学习、提升自身素质、加强反腐倡廉；另一方面在党的领导下实现了乡镇企业、边境贸易、计划生育、能源生产、统战工作等方针政策的落实。四是落实党的十五大精神。认真学习党的十五大精神，高举邓小平理论伟大旗帜，把思想和行动统一到建设有中国特色社会主义事业中，与全国同步把中国特色社会主义事业全面推向二十一世纪。五是落实党的十六大精神。全面贯彻“三个代表”重要思想，继往开来，与时俱进，全面建设小康社会，加快推进社会主义现代化，为开创中国特色社会主义事业新局面而奋斗。边疆广大党员干部在“三个代表”重要思想引领下加强了党性教育和党性修养，从思想、组织作风、制度、反腐倡廉建设等方面体现共产党的先进性和纯洁性，并成为各行各业的先锋模范，带领各行各业蓬勃发展。六是落实党的十七大精神。认真学习党的十七大报告，高举中国特色社会主义伟大旗帜，以邓小平理论和“三个代表”重要思想为指导，深入贯彻落实科学发展观，继续解放思想，坚持改革开放，推动科学发展，促进社会和谐。各级党组织和广大党员根据科学发展观的精神内涵，从改进自身领导方式和执政方式着手，采取科学思路和科学办法分析形势、谋划规划、指导实践、开展工作，以此带动云南边疆各项事业有了质的提升。各级党组织和广大党员对党的历次代表大会精神的落细落实，充分体现了对党中央的坚决维护。

党的自身建设有关决定落细落实。一是落实重大事项请示报告的相关决定。加强对此项制度的重点宣传、广泛宣传、持续宣传，不断提高党员干部的思想认识；进一步完善领导干部外出管理制度；进一步建立健全领导干部的廉政档案；建立了领导干部重大事项承诺制度、廉政谈话制度、定期报告制度及婚丧喜庆事宜报批制度，坚持把领导干部报告个人重大事项作为每年领导班子民主生活会和领导干部述职述廉的重要内容。二是落实党管干部原则的相关规定。认真贯彻执行党中央颁布的《党政领导干部选拔任用工作条例》，坚持“任人唯贤、德才兼备”的用人原则，围绕推进干部工作科学化、民主化、规范化，不断深化干部人事制度改革。2000年以来，先后出台了《云南省差额选拔任用正职领导干部暂行办法》等40多个法规性文件[①]，加强了对干部选拔任用管理等全过程的监督，实现了干部人事制度改革从重点突破向整体推进的转变。三是落细党对意识形态领域领导的相关规定。坚持不懈地用马克思主义中国化最新理论成果武装全党、教育人民、凝聚人心，通过开展社会主义荣辱观学习实践活动、公民道德建设工程、群众性精神文明创建活动方式等，牢牢把握舆论导向，不断加强宣传工作，巩固了党在意识形态领域的领导权。四是落实加强和改进党对群团组织领导的相关决定。加强和改进党对工会、共青团、妇联等群团组织的领导，制定了《中共云南省委关于加强和改进新时期工会、共青团、妇联工作的意见》，形成领导班子亲自抓，分管领导具体抓的领导格局。充分发挥了党的群众工作的政治优势，有效激发了工青妇群团组织服务云南建设发展的独特作用。各级党组织和广大党员对党的关于自身建设的相关决定的落细落实，充分体现了对党的建设的重要决策的有力执行。

党的民族工作决策落细落实。一是落实做好团结各族人民群众的决策部署。党的十一届三中全会结束后，就“瑶山事件”和“沙甸事件”等民族矛盾，党中央作出要加强民族团结的指示，省委从执行党的民族政策、加强民族团结、稳定边疆、巩固国防的定位出发，采取积极措施解决了局部民族矛盾。1981年，省委发出关于贯彻执行中央书记处批准的《云南民族工作汇报会纪要》[②]，各级党委毫不动摇地按照党中央方针政策，继续做好回族地区的工作。并

① 中共云南省委宣传部：《辉煌云南70年》，人民出版社2019年版，第181页。

② 中共云南省委党史研究室编：《云南改革开放二十年》，云南民族出版社1998年版，第119页。

以此为契机进一步清除“左”的影响，同时纠正了其他方面的错误倾向，保证党的民族政策得到正确理解的全面贯彻。此后，每年都持续推进民族政策的再教育，不断提高党员干部做好民族工作的能力水平，不断赢得民族群众对党的信赖认可。二是落实大力培养民族干部的决策部署。为落实党中央培养民族干部的指示，省委成立民族工作领导小组，提出培养少数民族干部的具体意见，从民族经费中拨出专项专款，编印了《云南民族干部语文通用教材》，兴办民族干部学校，开展民族干部培训教育、任用民族干部就职挂职，充分赋予了少数民族的自治权利，极大地鼓舞了民族干部的积极性和创造性，也为推动云南建设发展提供了干部保证。三是落实加快民族地区经济发展的决策部署。按照党中央对民族地区经济发展的工作部署，切实加强了对云南边疆地区的经济扶持，特别是对贫困地区给予政策、资金、物资、科技、人才等方面的综合扶持，充分利用当地资源开展产业建设、科技兴农、扩大沿边交往、增加对民族地区文化教育事业投入等，促使民族贫困地区的经济有了较大发展，云南广大农村实现了民族团结、人心安定、社会稳定的良好局面。各级党组织和广大党员对党的民族工作决策的落细落实，凸显出党的政治领导对维护边疆民族地区的民族团结、民族平等、民族繁荣具有不可比拟的优势。

在贯彻落实党中央历次党代会精神、党的自身建设有关决定、党的民族工作相关政策的过程中，云南边疆党的政治建设朝着更加坚定党的全面领导、更加拥护党的路线方针、更加有力落实党的决策部署的正确方向前进。

在改革开放和社会主义现代化建设时期，云南在党的十一届三中全会精神指引下全面完成拨乱反正，加速步入改革开放的快车道，沿着党中央的政治路线坚定不移地执行党的重大决策部署以及党在云南的方针政策，带领边疆各族人民积极投入到改革开放的伟大事业中，取得了改革开放的伟大成就，共享了改革开放的伟大成果，充分彰显出党的高超政治智慧和强大政治力量。

四、以政治建设为统领

党的十八大以来，习近平总书记反复强调加强党的政治建设的重大意义，作出了把政治建设摆在首位的重要论断。各级党组织和广大党员认真贯彻落实中央精神，以政治建设为统领全面推进云南边疆党的建设各项工作，不断提高政治判断力、政治领悟力、政治执行力，增强“四个意识”、坚定“四个自信”、做到“两个维护”，把对党忠诚、为党分忧、为民造福作为根本政治担当，转化为领导高质量发展、推动云南主动服务和融入国家发展战略的生动实践。

（一）“两个维护”强化政治领导

党的政治建设在新时代党的建设的总体布局中居于统领地位，是马克思主义执政党建设理论的重大创新，体现了中国共产党对自身建设规律的把握和自身建设优势的沿承，凸显了新时代党的建设新特征。在党的政治建设中，最根本的就是坚持和加强党的领导，首要任务就是坚决做到“两个维护”，即坚决维护习近平总书记党中央的核心、全党的核心地位，坚决维护党中央权威和集中统一领导，不断完善坚定维护党中央权威和集中统一领导的各项制度，不断健全党中央对重大工作的领导体制，始终在政治立场、政治方向、政治原则、政治道路上同以习近平同志为核心的党中央保持高度一致。

建立健全强化党的全面领导的体制机制。事在四方，要在中央。坚持和加强党的全面领导，最重要的是坚决维护党中央权威和集中统一领导；坚决维护党中央权威和集中统一领导，最关键的是坚决维护习近平总书记党中央的核心、全党的核心地位。各级党组织和广大党员把做到“两个维护”作为明确的政治准则、根本的政治要求，做到在思想上高度认同，政治上坚决拥护，组织上自觉服从，行动上紧紧跟随，始终保持以习近平同志为核心的党中央的绝对忠诚。教育引导各级党组织和广大党员干部从历史和现实、理论和实践、国内和国际的结合上深刻认识、强化认同，不断增强拥护核心、跟随核心、捍卫核心的思想自觉政治自觉行动自觉，始终同以习近平同志为核心的党中央保持高度一致，做到党中央提倡的坚决响应、党中央决定的坚决执行、党中央禁止的坚决不做。按照《中共中央关于加强党的政治建设的意见》，云南各级党组织和广大党员以党章为根本依据，不断完善保障“两个维护”的制度机制，严格执行《关于新形势下党内政治生活的若干准则》《中国共产党重大事项请示报告条例》《中共中央政治局关于加强和维护党中央集中统一领导的若干规定》等党内法规，有效贯彻执行党的路线方针政策，不断完善党中央重大决策部署和省委工作要求贯彻落实的督查问责机制。根据《中国共产党地方委员会工作条例》，各级党组织和广大党员结合边疆的地方实际，加强和改进党的工作，提高党的执政能力和领导水平，充分发挥了党总揽全局、协调各方的领导核心作用，重点解决带全局性、战略性、前瞻性的重大问题。坚决贯彻党的理论和路线方针政策；坚持立党为公、执政为民，认真践行党的宗旨和群众路线；坚持解放思想、实事求是、与时俱进、求真务实，结合实际创造性开展工作；坚持民主集中制，实行集体领导和个人分工负责相结合的制度；坚持党要管党、从严治党，始终保持党的先进性和纯洁性；坚持在宪法和法律范围内活动，依据党章和其他党内法规履职尽责；坚持党对一切工作的领导，在党的领导下对云南建设发展的重大理论和重大实践问题把方向、管大局、作决策、保落实；坚持通过法定程序使省委主张转化为地方性法规政令，转化为促进云南建设发展的政策引导和政策保障；坚持加强对全省宣传思想文化的领导，牢牢掌握意识形态工作领导权和话语权，进一步维护边疆意识形态安全；坚持党管干部原则，按照干部管理权限和干部选拔任用规定为服务云南建设发展选好人、用好人；坚持发挥党组在人大、政府、政协、法院、检察院、人民团体等组织中的领导核心作用；坚持加强对群团工作和统战工作的领导，动员、组织、团结广大党员和各族人民凝聚起共谋发展、共增福祉、共享成果的思想共识，汇集起共同实现党的目标任务的强大合力。

贯彻落实习近平总书记考察云南重要讲话精神。党的十八大以来，习近平总书记两次考察云南并发表重要讲话，为新时代云南发展找准了方向、打开了视野、指明了路径。2015年1月，习近平总书记考察云南并作出重要指示，要求云南要“主动服务和融入国家发展战略，闯出一条跨越式发展的路子来，努力成为我国民族团结进步示范区、生态文明建设排头兵、面向南亚东南亚辐射中心，谱写好中国梦的云南篇章”①。各级党组织和广大党员始终牢记习近平总书记的深切嘱托，在各自岗位上努力把美好蓝图一步步变为现实。按照建设民族团结进步示范区的要求，牢牢把握各民族“共

① 云南省社会科学院：《辉煌云南70年·大事记》，云南人民出版社2019年版，第317页。

同团结奋斗、共同繁荣发展”的民族工作主题，始终坚持“在云南，不谋民族工作就不足以谋全局”的指导思想；坚持“各民族都是一家人，一家人都要过上好日子”的信念，把发展作为促进民族团结进步的总钥匙；坚持把民族团结作为生命线来守护，建设各民族共有精神家园；坚持各民族一律平等，依法处理民族事务，推进边疆民族地区治理体系和治理能力现代化；全面加强党对民族工作的领导，认真落实民族区域自治制度；深入实施兴边富民工程、“直过民族”和人口较少民族脱贫攻坚、改善沿边群众生产生活条件行动计划；深入实施民族团结进步创建工程，促进各族群众全面小康同步、公共服务同质、法治保障同权、精神家园同建、社会和谐同创，全面完成脱贫任务，确保了全面小康路上一个民族都不掉队。按照建设生态文明排头兵的要求，通过打响蓝天、碧水、净土三大保卫战，大力推进大气污染防治，全面开展工业企业大气污染综合治理、煤炭消费减量替代等工作；以革命性的举措推动湖泊的保护治理，彻底转变“环湖造城、环湖布局”的发展格局、“就湖抓湖”的治理格局、“救火式治理”的工作方式和“没有钱就不治理”的被动状态；稳扎稳打推进土壤污染防治，守住七彩云南这片美丽净土。坚持“山水林田湖草是一个生命共同体”的理念，以最高标准、最严制度、最硬执法、最实举措，实施天然林保护、退耕还林还草、国土山川大绿化、生态文明示范创建等工程。脱贫攻坚取得全面胜利后，将原来集“边疆、民族、山区、贫困”四位一体的省情，重新赋予“边疆、民族、山区、美丽”的新内涵，按照“生态美、环境美、山水美、城市美、乡村美”的标准建设美丽云南，用实际行动践行了“绿水青山就是金山银山”的理念，筑就了生态文明建设的高地。按照建设面向南亚东南亚辐射中心的要求，主动服务和融入“一带一路”建设，聚焦和平、开放、繁荣、创新、文明“五路”目标，做好政策、设施、贸易、资金、民心“五通”文章，出台了一系列重要政策，为辐射中心建设提供了坚强的政策保障；加快与周边国家互联互通的基础设施网络建设，与周边国家真正从“远亲”变为“近邻”；聚焦产能合作，加快实施“走出去”战略，与境外企业共同推进重大项目建设；加强人文交流，沟通南亚东南亚的民心桥梁更加稳固，进一步深化了全方位、多领域、深层次的更高水平对外开放。2020年1月，习近平总书记再次考察云南并发表重要讲话，对云南的区位再次把脉，为新时代云南的高质量跨越式发展再次指明了方向。习近平总书记强调要“正确认识和把握云南在全国发展大局中的地位和作用，坚决贯彻党中央重大决策部署，统筹推进稳增长、促改革、调结构、惠民生、防风险、保稳定工作，努力在建设我国民族团结进步示范区、生态文明建设排头兵、面向南亚东南亚辐射中心上不断取得新进展，谱写好中国梦的云南篇章。[①]”省委率先认真学习了此次习近平总书记考察云南重要讲话精神，并在全省掀起学习宣传教育高潮，深刻把握了习近平总书记考察云南重要讲话的精神实质和科学内涵，推促云南广大党员干部和各族人民群众切实把学习成果转化为高度的政治认同，转化为推动云南各项事业发展的强大力量。

通过坚持和加强党的全面领导，做到“两个维护”，推动习近平总书记考察云南重要讲话精神的贯彻落实，云南党的政治建设更加突出了讲政治的根本性要求，沿着中国特色社会主义的政治方向把各级党组织的政治建设引向深入，切实增强了广大党员干部的政治意识。

---

① 《牢记嘱托　持续奋进　谱写中国梦的云南篇章》，《云南日报》2020年1月23日。

（二）政治认同铸牢政治信仰

加强党的政治建设，必须坚持马克思主义指导地位，坚持用习近平新时代中国特色社会主义思想武装全党、教育人民，夯实思想根基，牢记初心使命，凝聚同心共筑中国梦的磅礴力量。

坚持用党的科学理论提升政治认同。在新时代，紧随党中央开展的党的群众路线教育实践活动、“三严三实”和“忠诚干净担当”专题教育、“两学一做”学习教育、“不忘初心、牢记使命”主题教育、党史学习教育等活动，坚持思想建党，坚持学思用贯通、知信行统一，推动广大党员干部全面系统学、深入思考学、联系实际学，推动党内教育从“关键少数”向广大党员拓展、从集中性教育向经常性教育延伸，推动广大党员干部加强理论学习，不断提高马克思主义理论水平，不断增强“四个意识”、坚定“四个自信”、做到“两个维护”，筑牢信仰之基、补足精神之钙、把稳思想之舵，使广大党员干部进一步凝聚团结在习近平新时代中国特色社会主义思想的旗帜下。

坚决站稳政治立场强化政治认同。政治立场事关根本。各级党组织和广大党员始终以党的旗帜为旗帜、以党的方向为方向、以党的意志为意志，始终坚定马克思主义立场，坚持党性和人民性相统一，坚决站稳党性立场和人民立场。在云南开展各项工作推动各项事业发展的过程中，以人民为中心，立党为公、执政为民，树立起真挚的人民情怀，把人民放在心中最高位置，始终相信人民，紧紧依靠人民，把人民对美好生活的向往作为奋斗目标。想问题、作决策、办事情时都从人民利益出发，崇尚实干、勤政为民，把精力和心思用在稳增长、促改革、调结构、惠民生、防风险、保稳定上，着力解决人民群众最关心最直接最现实的利益问题，努力让人民群众有更多获得感、幸福感、安全感。把对党负责和对人民负责高度统一起来，始终做到在党言党、在党忧党、在党为党，任何时候都同党同心同德。

坚定执行党的政治路线落实政治认同。党在社会主义初级阶段的基本路线，是党和国家的生命线、人民的幸福线，必须坚决捍卫、坚定执行。越是面临严峻复杂的国际国内形势，越是处于中华民族伟大复兴的关键时期，越要保持清醒头脑和战略定力。云南在全面贯彻执行党的政治路线过程中，始终把以经济建设为中心同坚持四项基本原则、坚持改革开放两个基本点统一于中国特色社会主义在云南的伟大实践，全面贯彻实施新时代中国特色社会主义基本方略，统筹推进“五位一体”总体布局和协调推进“四个全面”战略布局，为实现“两个一百年”奋斗目标不懈努力。始终坚持从党的政治路线出发，坚决执行党中央的大政方针，有力推进党和国家事业发展重大战略、重大任务、重大工作战略部署落地生根。在确定工作思路、工作部署、政策措施时，自觉同党的政治路线对标对表、及时校准偏差。同时，坚决同一切违背、歪曲、否定党的政治路线的言行作斗争。

通过强化政治信仰教育增强政治认同，政治建设突出了信仰建设的时代主题，从政治高度把握国内外复杂形势和云南边疆的机遇挑战，在持续不断的政治教育中增进政治认同，彰显信仰力量，开创发展新局。

（三）政治历练提高政治能力

加强党的政治建设，关键是要提高各级各类党组织和党员干部的政治能力。必须进一步增强党组织政治功能，彰显国家机关政治属性，发挥群团组织政治作用，强化国有企事业单位政治导向，不断提高党员干部特别是领导干部政治本领。通过加强政治历练提高政治能力，取得了显著成效。

着力增强党组织政治功能。各级党委在党中央和上级党委领导下，全面领导本地区经济社会发展，全面负责本地区党的建设，为边疆地区的建设发展做出了科学规划、进行了方案设计、提出了指导意见。广大基层党组织通过“党建+”多种形式有效提升了组织力，突出了政治功能、强化了政治引领，在很大程度上解决了软弱涣散问题；通过自身规范化和标准化建设担负起直接教育党员、管理党员、监督党员和组织群众、宣传群众、凝聚群众、服务群众的职责，在推动重大任务完成上充分发挥了把方向、管大局、保落实的领导作用。党的各级纪委进一步强化了党内监督专责机关的职能定位，全面监督执纪问责。党的工作机关发挥出党委参谋助手的作用，服务党委决策、抓好决策落实。党员不断强化党的意识和组织观念，自觉做到思想上认同、政治上依靠、工作上服从、感情上信赖、组织上更加用心有力。

充分彰显国家机关政治属性。始终把旗帜鲜明讲政治作为机关党建的首要任务和核心内容，注重强化地方各级人大机关、行政机关、政协机关、监察机关、审判机关、检察机关等地方各级机关党的领导，依法实施经济社会管理活动，坚决贯彻落实党的基本理论、基本路线、基本方略，积极主动地将党的领导主张和重大决策部署转化为地方法规和政策政令，转化为对经济社会管理的部署安排和工作活动，转化为领导体制、工作机制和管理方式方法的创新，转化为推动经济社会发展的实际效果，有效防止和纠正了把政治与业务割裂开来、对立起来的错误认识和做法，推动实现政治和业务融为一体、高度统一。各级机关在学习贯彻习近平新时代中国特色社会主义思想、始终同以习近平同志为核心的党中央保持高度一致、贯彻落实党中央各项决策部署上成为干在实处、走在前列的表率。

积极发挥群团组织政治作用。注重发挥群团组织的政治作用，加大对各类群团组织进行政治动员、政治引领、政治教育工作力度，自觉承担起引导群众听党话、跟党走的政治任务，切实增强群团组织的政治性、先进性、群众性。各群团组织严格贯彻落实《中共中央关于加强和改进党的群团工作的意见》，认真履行政治职责，充分发挥联系人民群众的桥梁和纽带作用。坚定不移坚持党的领导，坚定不移走中国特色社会主义群团发展道路，不折不扣落实党中央关于群团改革的决策部署，坚持“党建带群建”，把党的理论路线方针政策贯彻落实到群团工作的全过程各方面。

切实强化国有企事业单位政治导向。注重把好国有企事业单位的政治导向，认真落实党中央关于推进国有企事业单位改革发展的决策部署，对云南边疆的国有企事业单位加强政治引导，切实加强本单位党的建设工作，保证本单位的规划部署工作和部门具体工作都始终坚持正确的政治方向，取得良好的政治效果。

不断提高党员干部政治本领。通过理论培训、扶贫实践、挂职锻炼、走访调研等政治能力训练和政治实践历练，切实提高了党员干部把握方向、把握大势、把握全局的能力和辨别政治是非、保持政治定力、驾驭政治局面、防范政治风险的能力，自觉在党和国家工作大局下想问题、做工作。善于从政治上研判形势、分析问题，做到观察分析形势考虑政治因素、出台政策措施重视政治影响、部署推进工作把握政治要求、处置敏感问题防范政治风险。同时，特别注重强化党员干部政治担当。把对党忠诚、为党分忧、为党尽职、为民造福作为根本政治担当，坚持原则、认真负责，面对大是大非敢于亮剑，面对矛盾敢于迎难而上，面对危机敢于挺身而出，面对失误敢于承担责任，面对歪风邪气敢于坚决斗争。勇于挑重担子、啃硬骨头、接烫手山芋，向顽瘴痼疾开刀，敏于发现问题，敢于直面问题，善于解决问题，结合实际创造性地推动工作，切实担负起管党治党之责、推动发展之责、深化改革之责、维护稳定之责、脱贫攻坚之责、乡村振兴之责。

通过加强多种形式的政治历练，广大党员尤其是领导干部的政治能力得到显著提升，政治建设突出了对党员干部队伍建设的高度重视，也反映出对党员干部政治能力越来越高的要求，越来越严的标准。

（四）肃清流毒净化政治生态

政治生态好，党内就会正气充盈，人心就会舒畅；政治生态不好，党内就会邪气横生，人心就会涣散。营造风清气正的党内政治生态是加强党的建设的基础性工作，也是云南高度重视和强化落实的重大政治任务。党的十八大以来，各级党组织和广大党员干部认真贯彻落实“着力维护风清气正的政治生态”的要求，通过浚其源、涵其林、养正气、固根本，锲而不舍、久久为功，为修复净化党内政治生态持续发力，既刮骨疗毒又涵养新风，以正风肃纪刷新吏治，使一度遭受严重破坏的党内政治生态得到修复净化、持续向好发展。

严肃党内政治生活。严格按照《关于新形势下党内政治生活的若干准则》的要求，从思想上和行动上成为共产主义远大理想和中国特色社会主义共同理想的坚定信仰者和忠实实践者，做党的基本理论、基本路线、基本方略的贯彻者和拥护者，做全心全意为人民服务的公仆，不断增强了党内政治生活的政治性。针对改革发展的新形势和信息化时代带来的新变化新挑战，各级党组织和广大党员干部积极适应时代变化和发展诉求，积极运用互联网、大数据等新兴技术，不断创新党组织活动内容方式，推进“智慧党建”“云上党建”，不断增强了党内政治生活的时代性。严格执行党的组织生活制度，提高“三会一课”质量，认真落实谈心谈话、民主生活会和组织生活会、民主评议党员和主题党日等制度，坚持和完善重温入党誓词、党员“政治生日”等政治仪式，不断增强了党内政治生活的原则性。坚持以整风精神开展批评和自我批评，建立健全民主生活会列席指导、及时叫停、责令重开、整改通报等制度，不断增强了党内政治生活的战斗性。

严守党的政治纪律和政治规矩。把坚决做到“两个维护”作为首要政治纪律，持续深入开展忠诚教育，督促监督联系单位党委（党组）组织广大党员、公职人员集中收看《激浊扬清在云南》《一抓到底正风纪》《涵养政治生态的青山绿水》《黄昏绝唱》《迷途难返的“头人”》《腐殇》等警示教育片，把《党的十九大以来查处违纪违法党员干部案件警示录》《云南省省管领导干部违纪违法典型案例》等警示教育读本作为党员领导干部的必读书目，用身边的案件教育身边的人，充分发挥查办案件的治本功能。督促监督联系单位党委（党组）认真开展“忠诚可靠、守纪有为”专题教育和“知纪明规懂法”党纪法规宣传教育活动，以“纪律宣讲”和“闭卷测试”作为重要方式，用纪律和规矩管住“大多数”。举办全面从严治党专题辅导和任职廉政谈话。采取集中辅导和分类辅导的办法，到监督联系部门开展以“全面修复和重构风清气正的政治生态”为题的专题辅导。坚持给监督联系部门新任、调整、新进干部进行廉政谈话，打好“政治疫苗”，做好“政治保养”，确保新任干部在从政道路上走好第一步、走好每一步。开展“守纪律、讲规矩”模范机关创建和先进个人评选活动。严肃查处违反政治纪律和政治规矩的行为，严肃查处“七个有之”问题，有力清除了污染云南党内政治生态的因子。

发展积极健康的党内政治文化。通过加强党内政治文化建设，坚持“三严三实”，大力弘扬社会主义核心价值观，大力弘扬和践行忠诚老实、公道正派、实事求是、清正廉洁的价值观。充分利用“一二·一”运动纪念馆、扎西会议纪念馆、滇西抗战博物馆、杨善洲干部学院等各类爱国主义教育基地和党性教育基地，加强对广大党员干部的教育和熏陶。构建清清爽爽的同志关系、规规矩矩的上下级关系、干干净净的政商关系。推动中华优秀传统文化和云南优秀民族文化创造性转化、创新性发展，发扬革命文化，弘扬社会主义先进文化。坚持激浊扬清，集中开展政治攀附、造谣诬告等破坏党内政治文化突出问题专项整治，坚决抵制庸俗腐朽的政治文化。通过教育引导有效遏止了关系学、厚黑学、官场术、潜规则等封建糟粕的影响，有效防止了个人主义、分散主义、自由主义、本位主义、好人主义价值观的渗透，有效剔除了宗派主义、圈子文化、码头文化及“土司”文化、“族群”意识等庸俗腐朽思想的蔓延。

突出政治标准选人用人。坚持党管干部原则，贯彻新时期好干部标准，注重选拔任用牢固树立“四个意识”、自觉坚定“四个自信”、坚决做到“两个维护”、全面贯彻执行党的理论和路线方针政策、忠诚干净担当的干部，对政治不合格的干部实行“一票否决”，已经在领导岗位的坚决调整。根据新修订的《党政领导干部选拔任用工作条例》，出台实施了《云南省领导班子和领导干部政治素质考核考察办法（试行）》和《云南省干部政治素质档案管理办法（试行）》，强化对干部政治素质的深入考察考核，坚决把政治上的“两面人”挡在门外。严格执行《干部选拔任用工作监督检查和责任追究办法》，持续匡正选人用人风气，坚持不懈整治选人用人上的不正之风，对违规违纪行为发现一起查处一起，对“带病提拔”的干部实行倒查，对政治标准把关不严的严肃处理。对私自干预下级或者原任职地方和单位选人用人的，记录在案并严肃追究责任。

永葆清正廉洁的政治本色。坚持反腐败无禁区、全覆盖、零容忍，坚持重遏制、强高压、长震慑，重点查处党的十八大以来不收敛、不收手，问题线索反映集中、群众反映强烈，政治问题和经济问题交织的腐败案件，严肃查处违反中央八项规定精神的问题，坚决惩处黑恶势力“保护伞”，持续保持反腐败高压态势。坚持有纪必执，有违必查，充分运用监督执纪“四种形态”，抓早抓小、防微杜渐，扎细扎密扎牢不能腐的制度笼子，加强对权力运行的制约和监督，切断利益输送链条。针对管人管钱管物管项目的单位和岗位，不断查找廉政风险点，通过科学管理、严格监督和发挥巡视巡察利剑作用，切实管住权力。坚持举办纪检监察特色文化走廊系列展览，以“廉”为主题，征集展览具有地方特色的摄影、美术、手工作品等，让纪检监察干部接受革命传统和爱国主义教育，营造崇尚廉洁的人文氛围。组成清风宣讲团，围绕党风政风、巡察监督、案件查办、红色文化等主题，进机关、进社区、进企业、进校园、进公共场所讲纪释纪，使廉政教育深入人心。这一系列活动增强了边疆广大党员干部不想腐的自觉，教育引导了党员干部特别是高级领导干部进一步明大德、守公德、严私德，带头加强党性修养，牢固树立法治意识、制度意识、纪律意识，强化自我约束，陶冶道德情操，注重家庭家教家风建设，自觉做廉洁自律、廉洁用权、廉洁齐家的模范。

针对白恩培、仇和、秦光荣流毒给云南党的建设和经济社会发展带来的重创，围绕政治生态的修复、净化、建设，打出“组合拳”，坚决清淤排污除毒，彻底肃清秦光荣流毒给党员、干部造成的“思想之乱”“意识之乱”“价值观之乱”影响。

党的十八大以来，云南在深入推进新时代党的建设新的伟大工程过程中，把政治建设摆在了首要位置，着重突出了政治建设的引领功能。通过强化政治领导、增强政治认同、提高政治能力、净化政治生态，不断加强和改善了党的政治建设，充分发挥了党的政治建设引领云南高质量跨越式发展的显著优势。

党的政治建设是党的根本性建设，决定党的建设方向和效果。回顾中国共产党在云南不断推进政治建设的百年历程，在任何历史时期，党的政治建设都始终处于党的自身建设这一伟大工程的统领地位，并且始终发挥着引领云南建设发展的重要功能，为推进云南各项事业的发展提供了政治保障。云南党组织一经成立，就把讲政治作为开展革命斗争的根本遵循，不断树立和增强马克思主义的政治信仰，为中国共产党带领边疆各族人民进行艰苦卓绝的革命斗争指明了政治方向，提供了政治保障。云南解放以后，在党中央的正确领导和有力指导下全面整顿各级党组织，积极贯彻落实党的大政方针，巩固了新生的人民政权，保证了各项建设事业的顺利开展。

改革开放以来，坚持各项工作都服从于党的政治领导，服务于党的政治路线，贯彻落实党的决策部署，大力推进了中国特色社会主义在云南的实践。党的十八大以来，各级党组织以政治建设为统领，不断提高政治判断力、政治领悟力、政治执行力，增强“四个意识”、坚定“四个自信”、做到“两个维护”，自觉在思想上政治上行动上与以习近平同志为核心的党中央保持高度一致，充分彰显出以党的政治建设为统领，持续加强云南边疆党的建设的重大实践价值。党的光辉照边疆，边疆人民心向党。经过卓有成效的政治建设，党的领导获得了各族人民的高度认同，边疆人民心向党、听党话、感党恩、跟党走的决心更加坚定。

第二章 思想筑边

思想是行动的先导，没有革命的理论就没有革命的行动。注重从思想上建党，是马克思主义政党的鲜明特色、光荣传统和政治优势。中国共产党自成立之日起就把马克思主义确定为指导思想，鲜明地写在自己的旗帜上，并坚持在与中国具体实际相结合的过程中不断丰富和发展马克思主义，先后形成了毛泽东思想、邓小平理论、“三个代表”重要思想、科学发展观和习近平新时代中国特色社会主义思想，使之成为武装广大党员和人民群众思想头脑的有力武器，成为推进中国特色社会主义伟大实践的科学指南。云南边疆各级党组织始终牢牢抓住思想建党和理论强党这一重要内容和强大优势，立足边疆实际、结合边疆特色、找准边疆需要，不断加强理论武装，以思想建设凝聚起广泛共识，为云南革命、建设和改革提供了重要的理论支撑和思想保证，彰显出思想筑边的强大优势。

一、注重思想建党

中国共产党的先进性首先体现在指导思想上的先进性。运用马克思主义理论武装头脑和指导实践，就是其先进性的重要体现，也是保持其先进性的基本原则。云南党组织把思想建党和理论武装当作重要任务，在马克思主义理论的指导下解放思想、冲破教条束缚、克服思想禁锢，逐步掌握了无产阶级革命斗争的基本原则和策略方法，最终在党的领导下取得了革命斗争的伟大胜利。

（一）马列主义指导实践

在新民主主义革命时期，随着马克思列宁主义在云南的广泛传播，早期云南共产党人在对比各种社会思潮、政党学说、革命理论的基础上，逐渐为马克思列宁主义的真理性和实践性所折服，从而在思想上实现了自愿接受到自觉运用的根本性转变。

在云南地方党组织成立之前，云南进步青年就通过接触新文化运动中兴起的各种社会思潮而关注到马列主义。在深受封建专制压迫和封建思想禁锢之苦后，民主、平等、自由等思想观念的兴起和传播激发了云南进步青年的思想解放，并在五四运动的推动下进一步增强了冲破思想束缚的诉求。通过创办《滇潮》《曙滇》《云南学生联合会会刊》《救国日刊》《滇声报》等46种报刊图书杂志，搭建了传播马列主义的平台，极大地活跃了进步青年、知识分子、革命人士的思想，埋下了马克思主义的思想种子。

在中国共产党指导下，云南早期革命人士在前往上海等地进修学习或奔赴法国等地勤工俭学的过程中，接受到比较正统的马克思主义教育，特别是马克思主义关于无产阶级政党革命斗争的学说，并在实践中深化了对马列主义的认识，就形成了对马列主义的思想认同。回到云南后，王复生、张伯简、施滉、王德三、范士融、姚宗贤等人积极宣传马列主义的无产阶级革命斗争思想以及中国共产党的思想理论主张，自觉地开启了马列主义的宣传教育，并有意识地运用马列主义指导云南边疆地区的革命斗争。一是通过深入地研究相关理论，把握思想认识上的正确性，力求不偏不倚地理解和运用马列主义。二是通过深刻地把握云南实际，把马克思主义普遍真理与革命斗争的具体问题具体情况结合起来，力求用正确的思想促成正确的行动。三是在革命斗争中及时纠正“左”、右倾错误思想。在开展武装斗争中，早期革命者面对盲动主义、机会主义、保守主义等“左”、右倾思想苗头和思想主张，都敏锐而及时地觉察到并进行思想上的整顿，从而有力地稳定了局面，促使革命运动朝着胜利方向推进。通过运用马克思主义指导实践，为在黑暗中摸索的各族人民带来了光明前景，为云南的革命斗争提供了正确的指导思想。

（二）无产阶级意识改造思想

先进的思想不会自发地在头脑中产生，必须通过理论灌输和宣传教育获得认知、提高认识。为了更广泛地团结和凝聚各族人民群众投入到革命斗争中来，云南早期党组织及党员干部通过多种形式的教育，在党内外进行了无产阶级意识教育，不断加强党员干部和人民群众的主观世界改造，引导他们从思想上认识无产阶级的历史使命和获得自身解放的条件，把掌握无产阶级的思想武器转变为掌握革命斗争的物质武器。

开办专业训练班改造思想。通过开办政训班和党团员训练班，开展党的组织工作、宣传工作、职工运动、妇女运动、兵士运动、党团关系及青年工作的方针政策学习研究，使党内许多同志更加深入理解了马克思主义的世界观人生观价值观，继而掌握了无产阶级的阶级属性和使命任务，思想认识水平得到极大提升。

组织研究讨论马克思主义理论及其相关思想主张。通过开办农民运动讲习班、工农干部训练班、工人训练班等，开展社会发展史、马克思主义哲学、阶级斗争学说的学习教育，向各族人民群众宣传了无产阶级的历史地位和历史作用，充分肯定了各族人民群众的智慧和力量，鼓励他们为摆脱压迫、实现解放、获得自由、全面发展而努力斗争。

持续进行唯物史观和党的群众路线的思想教育。坚持党性与人民性相统一，引导党员干部端正思想认识，不断强化为人民服务的根本宗旨，在团结教育群众中密切党群关系，在领导革命斗争中取得各族人民群众的普遍信任，从而引导他们自觉接受马克思主义的世界观和方法论，并自愿加入中国共产党，走上革命道路。

在新民主主义革命时期，经过不懈宣传和深入教育，共产党员的无产阶级意识日益增强，各族人民群众的主人翁意识得到激发，团结教育了广大人民群众，为革命活动积蓄了强大力量，也为新民主主义革命的最终胜利筑牢了共同的思想基础。

二、推动理论强党

思想建设作为党的一项基础性建设，为党的建设奠定思想基础，提供理论指导和精神动力。云南和平解放后，省委高度重视各级党组织和广大党员的思想建设，通过加强对干部的教育培训和理论武装，边疆各级党组织和广大党员的理论修养不断提高。

（一）毛泽东思想武装头脑

毛泽东思想是马克思列宁主义基本原理同我国革命具体实际

相结合的产物，是中国共产党和中国人民历尽艰辛获得的宝贵精神财富。1951年2月，中央发出《中央关于加强理论教育的决定的通知》，要求“各级党委宣传部的首要职能是领导或推广马克思列宁主义、毛泽东思想的宣传。”1951年10月12日，《毛泽东选集》第一卷正式出版并在全国发行，这成为当时社会政治生活中的一件大事。10月27日，省委出台《关于认真宣传〈毛泽东选集〉出版的决定》，向各族人民群众宣传《毛泽东选集》的出版发行。随着1952年4月、1953年4月《毛泽东选集》第二、三卷的出版，党员干部和各族各界群众掀起了广泛学习毛泽东著作的热潮，毛泽东思想作为中国革命和建设的指导思想在云南得到了广泛传播。1964年，中央发布了《中共中央关于县级以上干部学习毛主席哲学著作的决定》。1964年11月，省委发出通知，要求全省县级以上干部在1965年上半年前以毛泽东的四篇哲学著作为主要学习内容。1965年7月，省委宣传部召开全省宣传工作会议，要求宣传部门把组织学习和宣传毛泽东思想作为自己的首要职责。1966年6月，省委发出《关于进一步组织干部和群众学习毛主席著作的意见》。从此，云南掀起了广泛长期地学习毛泽东著作的运动。

通过学习毛泽东著作，云南各族人民增强了对毛泽东思想的理解和掌握，并将毛泽东思想创造性地运用到推动社会主义建设的实践中。

（二）学习社会主义建设理论

理论是实践的先导，是行动的指南。1953年以后，为适应国家进入社会主义建设的需要，云南在全省干部中组织社会主义建设理论的学习。1956年1月，省委组织部制定《关于理论教育工作的初步规划》，要求理论学习按高中初三级进行学习，其中高、中级按中央规定的政治经济学、哲学、苏共党史、中央党史、党的建设课程顺序学习，初级组按党的基本知识、理论常识、政治常识的课程顺序学习。1956年11月8日，省委发出《关于学习和宣传党的第八次全国代表大会文件的决定》，各级干部把学习党的八大精神当作思想政治理论学习的一项重点，全体党员特别是领导干部认真学习党的八大精神，运用整风运动的精神联系工作和思想实际进行对照检查。1958年6月，省委印发《为贯彻执行党的社会主义建设总路线在干部中普遍开展学习毛主席著作运动的通知》，要求县以上干部系统学习毛泽东同志关于社会主义建设的理论。1960年1月27日，省委印发《关于组织党的领导干部学习政治经济学的意见》，要求领导干部必须以批判的、比较的方法学习，反对教条主义。各级领导干部以毛泽东思想为指导，以苏联《政治经济学教科书》为线索，联系我国的实践和马克思、恩格斯、列宁有关政治经济学著作，对照起来学。

通过对社会主义建设理论的学习，广大党员弄清了政治经济学的一些基本范畴，普遍加深了对社会主义建设的认识，理论素养得到了极大提高。

（三）真理标准问题大讨论推动思想大解放

真理标准问题大讨论是“文化大革命”结束后以反对个人崇拜、纠正“左”的错误而开展的全国性思想解放的讨论。1978年5月10日，中共中央党校内部刊物《理论动态》发表了《实践是检验真理的唯一标准》。1978年5月11日，《光明日报》以特约评论员名义发表了《实践是检验真理的唯一标准》这篇文章。5月13日，《云南日报》对文章进行了全文转载，全省上下开始了真理标准问题的大讨论。8月下旬至11月，通过省委宣传部召开理论和实践问题讨论会、省委党校第一期干部轮训班组织讨论会、省委在昆明召开理论座谈会等活动，把真理标准问题的大讨论引向深入。《云南日报》也相继刊登真理标准问题大讨论的文章，促使真理标准问题大讨论在全省广泛深入地开展。

通过开展真理标准问题的大讨论，打开了广大干部群众的思想闸门，对清理“左”的错误影响，从“两个凡是”的精神枷锁下解放出来，实现思想路线的拨乱反正，推动云南实现工作重点转移的历史性转折奠定了思想基础。

在社会主义革命和建设时期，重点通过开展党内理论教育，有效克服了党内的主观主义、宗派主义和官僚主义等消极思想，有力抵制了资产阶级腐朽思想的侵蚀，提高了各级党员干部的理论素养，提升了党员干部的工作能力，为开展社会主义建设奠定了坚实的思想基础。

三、夯实共同思想基础

党的理论创新每前进一步，党的理论武装工作就跟进一步。中国共产党历来注重思想建设，坚持用马克思主义中国化最新理论成果武装全党，坚持用科学理论和革命精神教育党员干部为实现共同目标而奋斗。党的十一届三中全会以来，云南各级党组织创新理论学习的形式和载体，通过开展党内教育活动，让广大党员干部系统学习马克思列宁主义、毛泽东思想和中国特色社会主义理论体系，持续推动思想理论水平的提升工作。

（一）“三基本”教育打牢思想根基

20世纪80年代末到90年代初，苏联解体，东欧剧变，国际社会主义运动遭遇挫折，其中重要的一条原因就是执政的共产党自身建设出现了重大失误，忽视了党与人民群众的血肉联系，淡忘了手中的权力是由人民所赋予。总结苏联解体、东欧剧变的经验教训，针对国内形势发生的变化，党中央作出了加强党的建设的决策，重点是进一步密切党群关系，树立正确的权力观。1990年初，云南省委作出《关于组织全省各级党政机关干部下基层和转变作风，进一步密切联系群众的决定》，将下基层办实事作为转变领导作风的突破口，当年组织了12.5万人次县以上机关干部，深入农村、企业、学校为群众办实事活动。1990年3月7日，出台《关于建立健全在职干部学习制度和轮训县以上领导干部的通知》，提出以党校为阵地，用整风的方法、批评与自我批评的武器，分期轮训县以上领导干部，重点学习马克思主义基本理论、党的基本路线、党的基本知识这“三基本”的理论，牢固树立马克思主义世界观和人生观，增强全心全意为人民服务的宗旨意识。省地两级党校先后开办“三基本”教育培训班150多期，共轮训县以上领导干部8000多人。[①]

通过“三基本”教育，党与人民群众的血肉联系得以进一步密切，在党员领导干部中强化了权力是人民群众赋予的群众观点，为进一步推进改革开放的伟大事业奠定了坚实的群众基础，深刻改造了广大党员干部的世界观，得到了中央领导和有关部门的充分肯定。

① 中共云南省委党史研究室：《中共云南省委大事纪略（1950年2月-2013年12月）》，第93页。

（二）“三讲”教育提升干部素质

为认真贯彻落实《中共中央开展以“讲学习、讲政治、讲正气”为主要内容的党性党风教育的意见》精神，1998年12月25日，省委按照全国深入开展“三讲”教育电视电话会议的部署，决定1999年集中一段时间，在县级以上党政领导班子和领导干部中，用整风的精神开展以“三讲”为主要内容的党性党风教育，并下发《关于在县级以上党政领导班子、领导干部中深入开展以“讲学习、讲政治、讲正气”为主要内容的党性党风教育的意见》（以下简称《意见》）。《意见》指出，讲学习、讲政治、讲正气是一项长期的任务，任何时候都不能松懈。“三个代表”重要思想是对中国共产党近80年的历史经验和国际共产主义运动历史经验的科学总结，是对马列主义、毛泽东思想、邓小平理论的继承和发展，内容丰富，内涵深刻，在深入学习、理解的基础上，联系实际，努力实践，认真贯彻落实。同时，把学习“三个代表”重要思想和学习马列主义、毛泽东思想、邓小平理论结合起来。把“三讲”教育和深入开展党风廉政建设紧密结合起来，通过学习，增强拒腐防变、遵纪守法的自觉性。抓住重点、难点问题，抓住影响当地改革和发展的重大问题，理清经济发展的思路。坚持边整边改，抓住群众反映最强烈的问题，认真分析其原因，采取有针对性的措施认真加以解决。“三讲”教育中，明确地把坚定理想信念作为认真解决的第一个问题。许多领导干部自觉联系思想实际，特别是联系自己对一些大是大非问题的认识和在关键时刻的表现，认真剖析世界观、人生观和价值观，力求在思想上、理论上有所提高。

通过“三讲”教育和抓好整改落实，广大党员干部普遍受到了一次马克思主义教育、一次严格的党内政治生活锻炼和民主集中制再教育、一次群众观点群众路线的再教育，进一步坚定了理想信念，提高了贯彻执行党的路线方针政策和改造主观世界的自觉性，增强了政治意识、大局意识、责任意识和民主法制意识，振奋了精神，转变了作风，促进了各项工作的开展。

（三）“三观”学习教育增强工作能力

为把学习贯彻“三个代表”重要思想新高潮不断引向深入，使广大党员干部进一步树立科学发展观、正确政绩观和马克思主义群众观，真正做到立党为公、执政为民，动员和激励广大群众积极投身于全面建设小康社会的伟大实践。2004年7月，云南省委下发了《关于在全省开展科学发展观、正确政绩观和马克思主义群众观学习教育活动的通知》，决定在广大党员干部中开展“三观”学习教育活动。活动紧紧围绕建设绿色经济强省、民族文化大省和中国连接南亚东南亚国际大通道的目标，以及扎扎实实打基础、突出重点抓生态、调整结构创特色、依靠科技增效益、改革开放促发展的发展思路，积极引导干部群众牢固树立以经济建设为中心的思想，冲破妨碍发展的思想观念，改变束缚发展的做法和规定，革除影响发展的体制弊端，不断完善工作思路，推出新举措，落实新措施，全面理解、深刻把握科学发展观的基本内涵和实践要求，充分认识国家宏观调控政策给云南带来的发展机遇，坚决贯彻国家宏观调控政策，克服困难，乘势而上，加快发展。牢固树立马克思主义的群众观，真正体现立党为公、执政为民的本质要求和求真务实的精神，权为民所用，情为民所系，利为民所谋，把科学的发展观和正确的政绩观落到实处，维护好最广大人民群众的政治、经济和文化各方面的利益，推动各项工作健康发展。

通过开展“三观”学习教育活动，广大党员干部做到了与农民群众同吃同住同劳动，向农民传播先进的、科学的生产生活方式，宣传环保知识，调查了解“三村”建设情况；进一步转变了作风，加深了与农民群众的思想感情，密切了干群关系；磨炼了意志，思想认识得到升华。[①]

（四）“解放思想大讨论”促进观念大变革

随着改革开放和社会主义现代化建设的推进，云南先后开展多次解放思想大讨论，以促进党员干部思想大解放。

1995年，云南省委决定在全省开展新时期“解放思想”大讨论，引导党员干部群众破除一切不利于改革开放和发展生产力的思想障碍，大胆开拓创新，破除“等靠要”的旧习惯、旧思想，树立社会主义市场经济的观念，增强竞争意识、商品意识、效益意识。1999年11月，省委办公厅下发《关于在全省开展以改革开放为动力，“调整结构、开拓市场、搞活流通”为主题的解放思想、更新观念大讨论的通知》，紧紧围绕深化改革、扩大开放、加快发展，在全省城乡广泛开展以“调整结构、开拓市场、搞活流通”为主题的新一轮解放思想大讨论。2000年4月，省委召开解放思想大讨论专题会议，下发《关于加强三个结合，更加广泛深入地开展解放思想、更新观念大讨论的通知》，要求各级党组织把解放思想、更新观念大讨论与西部大开发战略紧密结合起来，把“解放思想、更新观念”大讨论与“三讲”教育紧密结合起来，把解放思想、更新观念大讨论与当前工作紧密结合起来。2001年，省第七次党代会决定

---

① 黄小军主编：《云南党的建设70年》，云南人民出版社2020年版，第45页。

在全省开展新一轮“思想大解放，促进大发展”大讨论活动，扫除一切不利于改革开放和生产力发展的思想障碍。全省党员干部以“三个代表”重要思想为立足点、出发点和归宿点，以“三个有利于”作为判断一切工作是非得失的根本标准，大胆闯、大胆试，创造性地贯彻党的方针政策。2008年4月，省委召开全省开展“解放思想、深化改革、扩大开放、科学发展”大讨论动员大会，随即在全省掀起新一轮解放思想热潮，以思想大解放促进改革大深化、开放大推进、经济大发展、社会大和谐，开创云南又好又快发展的新局面。

通过开展思想大讨论，广大干部群众思想观念得到解放，创新意识和竞争意识得到进一步强化，广大领导干部的精神状态得到有力提升，为云南发展提供了更加高昂的精神动力。通过开展党内教育活动和解放思想大讨论，各级党组织和广大党员干部提高了思想素质，加强了党性修养，端正了工作作风，全面加强了党的思想建设，进一步筑牢了各族人民团结奋斗的共同思想基础。

（五）科学发展观学习教育更新发展观念

党的十六大以来，以胡锦涛同志为总书记的党中央立足社会主义初级阶段基本国情，总结我国发展实践，借鉴国外发展经验，适应新的发展要求，提出了科学发展观这一发展中国特色社会主义必须坚持和贯彻的重大战略思想。为了更好地学习贯彻科学发展观，中央决定从2008年9月开始，用一年半左右时间，在全党分批开展深入学习实践科学发展观活动。2008年9月27日，云南省委召开深入学习实践科学发展观活动暨第一批学习实践活动动员大会，对活动作出全面部署。

学习实践活动紧紧围绕“促进科学发展、维护边疆安宁、增进民族团结、构建和谐云南”的目标，着眼于构建“建立完善经济社会发展评价指标体系、干部政绩考核评价体系、职能部门目标责任体系”三大体系，着眼于构建“建立健全城乡统筹发展机制、产业导向机制、资源配置机制、务实高效的行政管理机制、环保约束机制、民生保障机制、社会维稳促和机制、创新创业激励机制、科学民主决策机制、廉政建设长效机制”十项长效机制，着力解决影响和制约云南科学发展的“一些党员干部贯彻落实科学发展观自觉性不高的问题；发展质量、效益不高的问题；城乡、区域差距拉大的问题；资源浪费和环境污染突出的问题；社会建设滞后的问题；改革开放不到位的问题；体制机制不健全的问题；不善于维护社会稳定和谐的问题；领导科学发展能力不强的问题；干部作风不正的问题”十个方面的突出问题，努力开创科学发展的新局面。活动先后分三批开展。

通过深入开展学习实践科学发展观活动，科学发展的理念进一步深入人心，影响和制约科学发展的突出问题得到进一步解决，民生问题进一步得到改善，民族团结和边疆安宁的良好局面得到进一步巩固。

在改革开放和社会主义现代化建设时期，通过持续开展党内教育活动，广大党员干部进一步解放了思想，提高了思想政治素质，加强了党性修养，端正了工作作风，提升了理论水平，为改革开放时期各项事业的发展奠定了坚实的思想基础。

四、补足精神之“钙”

进入新时代以来，云南始终坚持把党的思想建设放在党的建设基础性地位，把深入学习贯彻习近平新时代中国特色社会主义思想作为首要政治任务和长期工作主题，突出抓好党性教育，着力拧紧党员干部理想信念“总开关”，推进党内集中教育学习活动，教育引导广大党员干部牢记党的理想信念宗旨，挺起共产党人的精神脊梁，教育引导广大党员干部坚定理想信念，筑牢信仰之基，补足精神之“钙”，把稳思想之舵，解决好世界观、人生观、价值观这个“总开关”问题，不断补钙壮骨、立根固本，推动习近平新时代中国特色社会主义思想扎根边疆，切实筑牢团结统一的共同思想基础。

（一）党的群众路线教育实践活动密切党群关系

群众路线是我们党的生命线和根本工作路线。开展党的群众路线教育实践活动，是我们党在新形势下坚持党要管党、从严治党的重大决策，是顺应群众期盼、加强学习型服务型创新型马克思主义执政党建设的重大部署，是推进中国特色社会主义的重大举措，对保持党的先进性和纯洁性、巩固党的执政基础和执政地位，对全面建成小康社会，具有重大而深远的意义。

2013年6月18日，党的群众路线教育实践活动工作会议在北京召开，对全党开展教育实践活动进行部署。6月26日，省委常委会讨论通过了《中共云南省委关于在全省深入开展党的群众路线教育实践活动的实施方案》。7月3日，召开党的群众路线教育实践活动动员大会，标志着云南第一批党的群众路线教育实践活动正式启动。广大党员干部以严肃的态度、坚定的决心，扎实有效地开展好教育实践活动。共有4个省级班子、136个省直单位、2182个厅处级领导班子、1.85万名处级以上领导干部、1.21万个基层党组织和23.81万名党员参加这次教育实践活动。[①]

强化领导带头、从严督导两个保障，坚持高标准严要求组织开展活动。省委常委班子带头开展党的群众路线教育实践活动，省委主要领导先后十多次主持召开常委会研究部署教育实践活动，带头深入基层、深入群众，到困难多、矛盾大的地方，面对面纳真言、听意见、征建议，带头到联系点调研指导、参加专题组织生活会，为全省党员干部作出行动示范。其他省级领导也以身作则，既当好活动的组织者、推进者、监督者，又自觉以普通党员身份把自己摆进来。所有省级党员领导干部分别确定1个省直单位、1个县作为教育实践活动联系点，并通过开展专题调研、民情访谈，指导联系点认真搞好学习教育，深入查找突出问题，扎实抓好整改落实，这种示范作用带动了各单位教育实践活动的深入扎实开展。参加第一批教育实践活动单位的党委（党组）主要负责同志，认真贯彻中央精神和省委要求，以高度的思想自觉和行动自觉，切实承担起“第一责任人”的责任，亲自参与、靠前指挥，形成了一级做给一级看、一级带着一级干、层层抓落实的工作格局。严格督导从严把关。在开展党的群众路线教育实践活动中，省委共派出18个督导组，对第一批教育实践活动单位进行全程督导。督导组把从严督查、从实指导作为督导工作的重要遵循，敢于较真碰硬、敢于唱黑脸，坚持每周两次分析评估并报告督导单位活动情况，以无缝链接、紧密对接

① 中共云南省委党史研究室：《中共云南省委大事纪略（1950年2月—2013年12月）》，第93页。

的方式，把中央和省委的部署要求不折不扣贯彻落实到位。各单位党委（党组）针对下属单位和内设机构的情况，也结合实际派出督导组，从严开展督导，及时把工作压力传导到了每一个参加教育实践活动的单位和党员，保证教育活动严肃开展。通过随机调研推动工作落实。省委领导带头开展随机调研，到联系点、到基层、到机关和企事业单位，贴近群众、听取意见、搞好示范、推动工作。省委教育实践活动办公室适时开展随机调研，先后派出多个调研组开展三轮随机调研。根据调研情况，对一些单位发出“补课”通知，“补课”通知全部由省委领导同志签名后直接发给单位一把手，起到了很好的督促指导作用。同时，对许多单位的专题民主生活会准备情况也进行了调研督查和分析评估，并对多个单位的专题民主生活会进行了抽样指导，确保了专题民主生活会的质量。在此基础上，对一些单位整改落实、建章立制工作进行随机抽查，重点调研各单位整改落实情况和干部群众对教育实践活动的满意度，从而保证了第一批教育实践活动每个环节的工作质量。

狠抓学习教育、听取意见两个基础，在不断提升思想认识中找准差距不足。省委多次召开省委常委会议或专题会议，认真学习中央工作会议、中央政治局专门会议和十八届三中全会精神，深刻领会党的十八大以来习近平总书记提出的一系列新思想、新观点、新论断、新要求，精心研读《论群众路线——重要论述摘编》《厉行节约反对浪费——重要论述摘编》《党的群众路线教育实践活动学习文件选编》等学习材料。省委理论中心组用近一周时间进行学习研讨，开展了马克思主义群众观点和群众路线专题讨论。在“云南网络党建”网站开通“云南省群众路线在线学习网”，展示教育实践活动成果，增强学习教育的实效；在省委党校举办了六期专题研讨班，对全省两千多名厅级领导干部和县（市、区）党政正职进行集中轮训。同时，开展活动的各单位坚持把学习教育贯穿始终，采取主要领导讲党课、专题报告、研讨交流、集中轮训等多种方式，原汁原味学习中国特色社会主义理论体系、党章、党的十八大报告、十八届三中全会报告、习近平总书记一系列重要讲话精神等中央、省委规定的学习内容，深刻学习领会马克思主义群众观点的基本内容和党的群众路线的丰富内涵，认真解决好世界观、价值观、人生观这个“总开关”问题。以杨善洲等先进典型为生动教材抓好理想信念教育。以杨善洲、高德荣同志等先进典型为生动教材，开展理想信念、党性党风党纪和道德品行教育，教育引导党员干部以先进为榜样，照镜子、找差距、明方向。在省委理论中心组学习会上，省级党员领导干部以“弘扬杨善洲精神、走好群众路线”为主题，带头开展学习杨善洲精神专题讨论。省委常委集体到善洲林场开展体验式教育，现场感思杨善洲同志为民务实清廉的价值追求和政治品格，带头对照先进、查找“四风”方面存在的突出问题。组织开展“坚持群众路线教育、提高群众工作水平、维护群众利益”为主题的专题研讨，寻找原因，从贯彻群众路线方面查找问题，深刻反思信息公开度不够、群众参与不广泛、回应不够及时、应对方法单一等问题，认真讨论如何进一步做好新时期群众工作的办法措施。同时，开展活动的各单位结合实际，组织马克思主义群众观点和党的群众路线专题学习讨论，积极开展案例分析，使广大党员干部更加深刻地认识到坚持群众路线的重要意义，进一步增强坚持群众路线的自觉性和坚定性。以实行干部直接联系群众制度为抓手推进实践锻炼。在教育实践活动中，全面推行县以上机关干部直接联系群众制度，包括省级领导在内的五十余万名干部直接联系群众近四百万户。修订完善《云南省干部直接联系和服务群众制度》，全面推行深入实际、深入基层、深入群众和领导蹲点联户、部门挂钩联户、干部结对联户、建卡经常联户“三深入四联户”制度。全省下派近两万名干部驻村开展工作，其中近万人担任村（社区）党组织常务书记。广大干部纷纷走出机关大楼、走出文山会海，下基层、接地气，带着深厚感情、敬畏之心，原汁原味体察民情民生，真心实意解决民忧民困。开展活动的各单位结合实际，通过采取专题辅导、到反腐倡廉警示教育基地接受警示教育、到“红色教育”基地接受党性教育、到生产一线与群众同吃同住同劳动接受体验教育等灵活多样、务实管用的方式，教育引导党员干部进一步增强政治定力和实践能力，践行根本宗旨、树立担当精神、激发改革勇气，打牢破“四风”、转作风、促发展的思想基础。采取多种方式广泛深入听取意见建议。省级领导带头开门纳谏，各级干部挂号“问诊”于民，采取个别走访、问卷调查、随机调研、召开座谈会、开通专线电话、网上公开征求意见等方式，以宽广的胸襟、诚恳的态度广泛听取意见建议，切实找准“四风”方面存在的突出问题。省委先后召开多个座谈会，梳理出“四风”方面的意见建议两百多条；省委常委班子成员先后主持召开座谈会、进行个别走访、下基层调研四百余次，征求到各种意见建议七百余条。同时，广大党员领导干部采取自选线路、自带行李、轻车简从，一竿子插到底的方式，直接面向基层党员、干部和群众了解真实情况，虚心听取基层党员和干部群众对解决“四风”问题的意见建议，原汁原味获取第一手资料，找准群众反映最强烈、最不满意、最期盼解决的问题。另外，参加第一批教育实践活动的各单位分别通过座谈、访谈、登门拜访、网络征求、问卷调查等形式，广泛征求机关干部、基层群众、服务对象、离退休老同志和“两代表一委员”的意见建议，为查摆问题、开展批评奠定了扎实的基础。

抓实查摆问题、开展批评两个关键，贯彻整风精神、开展积极健康的思想斗争。深入查找存在的问题，做到找准找实。开展活动的各单位领导班子和班子成员坚持以问题为导向，以理论理想、党章党纪、民心民声、先辈先进为镜，通过群众提、自己找、上级点、互相帮、集体议等方式，深入对照检查在“四风”方面存在的突出问题。省委主要领导亲自主持撰写常委班子对照检查材料，多次召开常委会议反复研究，并提交省委九届六次全委会征求意见，先后进行大幅度修改。开展活动的各单位领导班子和领导干部也严格按照标准要求，认真撰写对照检查材料，查摆“四风”方面的突出问题，深刻剖析思想根源，逐条提出整改措施，为开好专题民主生活会做好充分准备。真诚开展交心谈心，做到谈深谈透。坚持主要领导与班子成员逐一谈、班子成员相互之间真诚谈、班子成员与分管部门负责同志主动谈、省委督导组与所督导单位的领导班子成员深入谈“四个必谈”，凝聚共识、谈通思想、解开扣子、扫清顾虑。省委主要领导带头与省级领导干部开展谈心谈话，省委常委之间、省委常委与分管部门负责人之间开展谈心交心。开展活动的各单位也按照要求认真开展了谈心谈话，并列出了相互批评意见“清单”。通过深入扎实的谈心交心，为召开高质量的专题民主生活会打下了扎实的思想基础。认真开展批评与自我批评，做到动真碰硬。在精心研究部署，周密细致制定方案，深入扎实做好充分准备的基础上，省委常委班子用两天时间召开了高质量的专题民主生活会，以习近平总书记指导河北省委常委班子专题民主生活会时的重要讲话精神为重要遵循，紧紧围绕保持党的先进性和纯洁性，按照“照镜子、正衣冠、洗洗澡、治治病”的总要求，以为民务实清廉为主题，以“反对‘四风’、服务群众”为重点，密切联系思想和工作实际，以整风精神深入开展批评和自我批评，深挖思想根源，提出整改措施，自我批评时敢于揭短亮丑、正视问题，不遮掩问题、回避矛盾，相互批评时开门见山、直奔主题，讲真心话、大实话，达到了“团结—批评—团结”的目的，为全省作出了示范。开展活动的各单位认真贯彻学习教育不扎实不召开、“四风”问题不聚焦不召开、谈心交流不充分不召开、对照检查材料不深刻不召开、整改措施不具体不召开“五个不召开”的要求，精心组织召开领导班子专题民主生活会。按照中央活动办有关要求，围绕“学习教育是否扎实、查摆问题是否聚焦、自我剖析是否深刻、谈心交心是否充分、开展批评是否认真、边查边改是否见效”六个方面，及时组织开展“回头看”，并对谈心交心不深入、对照检查缺项漏项、整改措施不够具体等问题进行了督促整改。各单位领导班子专题民主生活会结束后，各基层党支部（总支）或党小组参照领导班子的做法，及时组织召开了专题组织生活会，广大党员领导干部作为普通党员纷纷参加了所在支部的专题组织生活会。

抓牢整改落实、建章立制两个根本，以解决“四风”方面突出问题取信于民。始终坚持边学边查边改。围绕中央八项规定精神和省委十项规定的贯彻落实，在学习教育、听取意见环节提出边学边查边改的八项措施，坚决解决办事难审批难落地难的“三难”问题、坚决治理会议多文件多活动多评比多“四多”的问题、坚决清理整治公务用车违规行为、坚决清退各类会员卡、坚决停止新建楼堂馆所和清理办公用房、坚决清理议事协调机构、坚决规范领导干部秘书配备、坚决改进调查研究方式方法。各单位认真分析梳理征求到的意见建议，围绕反对“四风”，结合实际制定边学边查边改措施。坚持先易后难，从身边存在的问题和群众反映强烈的突出问题改起，用“钉钉子”精神一项一项促整改，一项一项抓落实，实现了找问题与抓整改的有机衔接。从严从实推进整改落实。坚持领导带头改。省委常委会多次研究省委常委班子整改方案，从6个方面围绕16项工作提出推进落实的具体措施，明确了目标任务、责任内容、牵头领导、责任单位和工作时限，集中力量一项一项整改。省委领导带头把自己摆进去，既担负起个人整改落实的责任，又主动认领班子整改任务，以身作则，真抓真改，示范推动整改落实。省级党员领导干部都制定了个人整改方案，明确具体整改措施，对照整改承诺一件一件抓整改，改一件成一件，为全省各级领导干部整改落实作出示范。各部门各单位认真落实“一把手”负责制，研究制定领导班子整改方案，提出整改措施，坚持开门搞整改。把省委常委班子整改方案印发到各州（市）、县（市、区）和省直单位，主要内容在《云南日报》上公开；把省委专项整治方案的具体落实措施及牵头领导、责任单位、配合单位、工作时限等逐项在省级主要媒体公开；把省委制度建设计划方案印发各州（市）和省直单位。其他领导班子的“三个方案”都在本系统和一定范围的干部群众中进行公开，及时将整改的进展情况、阶段性成果等向群众通报，并通过民主评议、民意调查等方式让群众监督和评判，把整改落实全过程置于群众监督之下。紧密结合实际立规矩建制度。对照中央关于制度建设的4个方面14项具体要求，与全省党内法规和规范性文件清理工作相衔接，对全省近10年来出台的涉及“四风”方面的制度规定进行了全面清理，切实做好制度建设的“废、改、立”工作。各单位通过自查、抽查、督查等方式，及时发现和解决制度执行中的问题，着力纠正有令不行、有禁不止、无视制度的问题，坚决维护制度规定的严肃性、权威性。进一步畅通了信访、新闻、网络、电话等监督渠道，让群众监督制度建设执行情况。

为期近16个月的党的群众路线教育实践活动，犹如一股强劲、持续的清风，带来的是焕然一新的干部作风和务实高效的为民行动，提高了党员干部的思想认识，将“为民务实清廉”的时代形象鲜明镌刻在祖国的西南边疆。

（二）“三严三实”专题教育转变干部作风

2014年3月9日，习近平总书记在参加十二届全国人大二次会议安徽代表团审议时，明确提出“三严三实”的要求，强调各级领导干部都要树立和发扬好的作风，既严以修身、严以用权、严以律己，又谋事要实、创业要实、做人要实。“三严三实”要求是共产党人最基本的政治品格和做人准则，也是党员、干部的修身之本、为政之道、成事之要。“三严三实”要求体现了新时期共产党人的人生观、价值观、事业观、权力观，是共产党人特别是党员领导干部必须遵守的从政规范和做人品格。从理想信念、服务宗旨、作风养成、廉洁自律等方面对党员领导干部进行党性教育，根本出发点就是贯彻落实“三严三实”的总要求。

以学习教育为重点，准确聚焦，云南于2015年1月5日部署启动了“三严三实”和“忠诚干净担当”专题教育，率先进行了经常性教育的探索实践。省委在实践中准确理解和把握中央精神，切实结合云南实际，科学谋划，注重实效，以领导干部为主要对象，制定了切实可行的方案，以上率下层层推进，典型引领正反兼顾，制度保障严格规范，深入开展专项整治，取得了阶段性成果。4月10日，中央办公厅印发《关于在县处级以上领导干部中开展“三严三实”专题教育方案》；4月21日，中央召开“三严三实”专题教育工作座谈会，全面部署“三严三实”教育活动。4月24日，省委常委会传达学习了中央“三严三实”专题教育工作座谈会议主要精神，对全省贯彻意见和下步工作进行了研究，审议通过了《关于在县处级以上领导干部中开展“三严三实”和“忠诚干净担当”专题教育实施方案》。由于专题教育准确把握重点，工作扎实有效，中央部署传达后全省各级党组织和县处级以上领导干部把不折不扣贯彻落实中央精神与云南前期先行启动开展的“三严三实”和“忠诚干净担当”专题教育实现了有机融合、无缝对接。

围绕思想建党，抓好专题研讨。专题教育始终重视思想上建党，着力清除不严不实，不忠诚、不干净、不担当的思想根源。按照中央要求，细化了专题学习研讨步骤，从严把握学习研讨的质量和进度。重点以严以修身，加强党性修养，坚定理想信念，把牢思想和行动的“总开关”；严以律己，严守党的政治纪律和政治规矩，自觉做政治上的“明白人”；严以用权，真抓实干，实实在在谋事创业做人，树立“忠诚干净担当”的新形象这3个专题开展学习研讨。省委明确要求，组织开展3个专题的学习研讨时，每个专题至少要开展2次集中学习，既要有重点发言，又要有交流互动。按照中央、省委要求，各地各单位坚持把学习教育放在首位，从严把握学习研讨的进度和质量，按照每2个月开展1个专题、每个专题2次学习研讨的要求扎实有效推进。省委理论中心组共开展集中学习研讨5次，全省各地各单位第一专题、第二专题的4次学习研讨全部完成。截至2015年10月底，共有13个州市，75家省直单位，88个县（市、区）完成了“严以用权”专题第1次集中学习研讨，第三专题第2次集中学习研讨在2015年11月下旬完成。

坚持领导带头，层层推动落实。中央明确提出“三严三实”专题教育要坚持以上率下、示范带动，云南在中央部署之前就已经体现出这一特点。在中央部署后，4月30日，省委主要领导带头讲了专题党课，同时明确要求各地各单位要在2015年5月底以前完成领导干部讲党课启动开局工作。为确保专题党课质量，采取“一月一讲”方式，安排省委副书记和部分省委常委给全省厅级干部和部分县处级干部讲党课。为保证党课学习质量，由组织部门对下级党委（党组）书记的党课提纲进行审核把关，确保做到“两个联系”“三个讲清楚”。如在第二专题学习研讨中，省委聚焦“严守党的政治纪律和政治规矩”这一主题，集中学习研讨前省委常委班子先后4次开展典型案件反思教育，5次召开案件通报会，深刻总结反思，汲取教训，引为鉴戒。各地在开展专题教育中始终坚持领导带头，层层推动落实，取得了良好的效果。

强化典型引领，抓实案例教育。用好正反两方面典型是开展学习教育的重要载体。一方面学习《优秀领导干部先进事迹选编》，以先进典型为镜，对照学习笃行；另一方面学习《领导干部违纪违法典型案例警示录》，以反面典型为戒，深刻汲取教训。省委组织部在全省先后印发了《“关于在专题教育中深入开展向高德荣同志学习的通知》《关于在“三严三实”和“忠诚干净担当”专题教育中大力学习弘扬杨善洲精神的通知》。孔繁森、杨善洲、高德荣等为正面典型，以周永康、薄熙来、徐才厚、苏荣、令计划以及白恩培、仇和、张田欣、沈培平等为反面典型开展学习研讨，认真把自己摆进去、把职责和工作摆进去、把思想摆进去，从榜样中汲取力量，从教训中得到警醒。

坚持问题导向，解决突出问题。在专题教育中把问题意识和问题导向贯穿始终，不折不扣贯彻中央要求，知行合一，把净化思想与解决存在的问题结合起来，推动各级领导干部转变作风。在全省“三严三实”和“忠诚干净担当”专题教育专题党课暨推进会上，深刻检查了当前云南一些领导干部身上存在的8种病，深刻剖析了违背“三严三实”和“忠诚干净担当”要求的严重危害，要求各级领导干部认真对照8种病，深入查找存在的突出问题。在专题教育学习过程中，始终坚持问题导向，把查摆和解决问题贯穿专题教育全过程。各地区各部门各单位县处级以上领导班子和领导干部认真对照习近平总书记指出的“七个有之”“五个必须”“五个绝不允许”，对照“三严三实”和“对党忠诚、个人干净、敢于担当”，坚持把自己摆进去，把职责和思想摆进去，深入查找执行党的政治纪律和政治规矩、组织纪律和廉政纪律等方面存在的突出问题。各地在对照问题自查自找的基础上，广开言路，拓宽渠道，深入基层，采取多种形式查找问题。查找问题是为了解决问题，紧盯“不严不实”的问题和具体表现，从具体问题抓起、改起，用解决问题的成果来检验专题教育的成效。在实践中各地结合教育实践活动查摆出来的问题进行深入整改，进行了多样的探索实践。

狠抓严规执纪，开展专项整治。为了巩固和扩大从严治党的成果，深刻解决党建面临的新问题，推动全省党风、政风的持续、根本好转，重塑风清气正、海晏河清的政治生态，省委针对云南政治生态中存在的突出问题，大力进行专项整治，并制定出台相关政策，严规执纪，不断扎紧制度的笼子。在全省范围持续开展“六个严禁”专项整治和“为官不为”治理，着力解决领导干部在修身、用权、律己、谋事、创业、做人方面存在的突出问题。省委办公厅、省政府办公厅于2015年1月26日印发了《云南省深入开展“六个严禁”专项整治工作方案》，在全省深入开展“严禁领导干部违规插手干预工程建设、严禁领导干部违规插手土地征用、严禁领导干部违规插手矿产资源开发利用、严禁领导干部违规使用扶贫救灾和社保资金、严禁领导干部收受‘红包’、严禁违反党的组织人事纪律”的“六个严禁”专项整治。省委组织部于2015年6月24日印发了《关于在“三严三实”和“忠诚干净担当”专题教育中深入治理“为官不为”问题的通知》，对做事不负责、遇事不担责、守土不尽责等“为官不为”、不敢担当等问题进行集中专项治理。2015年8月22至23日，省委召开九届十一次全会，讨论通过了《中共云南省委关于落实全面从严治党要求建设忠诚干净担当高素质干部队伍的决定》，紧紧围绕重构风清气正政治生态、建设忠诚干净担当高素质干部队伍这一目标，肃清不良影响，解决突出问题，严肃党风党纪，完善制度机制。通过专项整治和严规立纪，对查摆问题不深、不实、不具体，整改问题不行、不力、不彻底甚至明知故犯、边改边犯的领导班子及领导干部进行严肃处理，推动边学边查边改不断深入。

完善工作机制，加强组织监督。在充分发挥党委（党组）主体责任，发挥领导班子和领导干部带头作用，发挥纪检机关和宣传部门职能作用，协同推进专题教育的基础上，着重健全完善了组织部门牵头组织实施的工作机制。一是部领导牵头，分片联系各州市和省直各单位，进行全覆盖的督促指导。二是各处室齐抓共管、协同推进，在部内明确了综合组、联络组、宣传组3个工作组，做好专题教育各项具体工作。三是建立5项机制，确保工作落实，即：随机调研制度；列表督查制度；分析研判制度，定期不定期对各地各单位专题教育开展情况进行分析研判；审核把关制度，对党课提纲、专题民主生活会方案、党性分析材料等重要文稿文件进行审核把关；宣传引导制度，组织引导好专题教育的宣传舆论工作。不断强化督促检查，在抓落实上下功夫。全省各级党委（党组）也不断完善工作机制，各级组织部门普遍建立分片联系制度，会同各部门齐抓共管，把专题教育不断引向深入。

这次党性教育突出一个“实”字，脚踏实地，真抓实干，谋实事，出实招，切实把能否达到“三严三实”要求作为党性教育是否取得成效的试金石，重点解决理想信念动摇、信仰迷茫、精神迷失、宗旨意识淡漠、党的组织和纪律观念弱化等问题。树立忧患意识，强化问题意识，具备创新意识，为培养“忠诚干净担当”的好干部提供坚强的党性保证。

（三）“两学一做”学习教育实现常态化制度化

推进“两学一做”学习教育常态化制度化，是坚持思想建党、组织建党、制度治党紧密结合的有力抓手，是不断加强党的思想政治建设的有效途径，是全面从严治党的战略性、基础性工程。2016年2月，为深入贯彻落实党的十八届六中全会精神，持续推动全面从严治党突出“关键少数”并向基层延伸，党中央作出了推进“两学一做”学习教育常态化制度化的重要决策部署。按照中央要求，4月7日，省委决定在各级党组织、广大党员中深入开展“学党章党规、学系列讲话，做合格党员”学习教育，结合实施“基层党建推进年”，推动党内教育从“关键少数”向广大党员拓展、从集中性教育向经常性教育延伸，取得了显著成效。

以上率下，领导干部带头学、带头做。为抓好抓实“两学一做”学习教育，省委严格按照中央的决策部署，增强看齐意识，从自身抓起。从省委、省政府和省级党员领导干部做起，带领各级领导机关、领导班子、领导干部走在前列、当好表率，把学习教育抓好、抓实、抓到位。省委常委领导班子示范在前，严格党内组织生活，以普通党员身份参加所在党支部组织生活会，参加所在党支部“两学一做”学习教育集中学习讨论，带头学习党章党规、学习习近平总书记系列重要讲话特别是考察云南重要讲话精神，带头讲党课，带头规范交纳党费，用实际行动影响带动全省上下扎实开展学习教育。省委常委同志共为基层和所在支部讲党课37次，带动各级领导干部讲党课31865场次。全省各级党组织主动作为，推动学习教育在4个省级班子、138个省直单位和16个州（市）、129个县（市、区）、1391个乡镇（街道）、15.7万个基层党组织、257.47万名党员中扎实开展。①主要负责同志带头联系思想工作实际谈认识谈体会，为党员干部讲党课；领导干部普遍以普通党员身份参加所在党支部的组织生活，到所在支部和所联系的基层党组织讲党课，与基层党员一起重温入党誓词，开展讨论交流。通过领导干部以身作则率先垂范，使全面从严治党逐渐成为全省党员干部的思想自觉和行动自觉，为筑牢党在边疆民族地区的执政基础提供了坚强保证。②

深入一线，加强活动督促指导。为开展好活动，各级党组织先后成立了督导组，分别负责对州市县、省直机关、省管企业和高校等督促指导。党委（党组）负责同志结合分管部门分管领域工作，采取建立联系点等方式，从制定学习计划、确定讨论专题、创设实

① 《用心用力抓细抓实——云南开展“两学一做”学习教育综述》，《光明日报》2017年1月23日。

② 《用心用力抓细抓实——云南开展“两学一做”学习教育综述》，《光明日报》2017年1月23日。

践载体等方面对基层党组织进行具体指导。一些州（市）主要负责同志逐一约谈下属党委（党组）书记，一些地方党委和组织部门制定市、县委书记抓学习教育责任清单，编印党支部书记工作指南、党员应知应会手册，培训基层党组织负责人当好“明白人”、抓实学习教育。各级党组织普遍采取召开推进会、随机抽查、现场观摩、知识测试、工作点评等方式，掌握进展情况，交流做法经验，发现和解决问题，督促落实省委要求。

结合实际，开展形式多样的学习教育。“两学一做”学习教育期间，省委出台了《关于开展党章党规“进党校、进课堂、进媒体”学习教育活动的实施意见》，在全省开展“三进”学习教育。一是进党校。抓住领导干部这个“关键少数”，把学习教育贯穿在党校教育全过程，定期举办党章党规教育专题集中轮训，在各类进修和培训类班次设置专门的党章党规教育必修课，培养党章党规教学骨干教师，编印适合党员领导干部使用的专用教材或辅导材料等。主体班次教学中党性教育课不低于总课时的20%；在各班次的教学安排中，理论教育和党性教育课不低于总课时的70%，其中党性教育课不低于总课时的20%，每个班次都专门设置了“党性教育单元”。二是进课堂。通过加强课堂主渠道教学，加强学校的业余党校、团校党章党规教育，加强实践教育和校园廉政文化建设，循序渐进地将学习教育有机融入青少年学生的教育中，使青少年学生在潜移默化中树立守纪律讲规矩的意识和观念。三是进媒体。各级各类媒体积极报道各地区各部门开展学习教育的动态情况与做法经验，提高全社会对学习教育的知晓率和参与度，帮助广大党员干部学习领会，增强学习教育的渗透力和感染力。各地区各部门各单位注重发挥党支部主体作用，以“三会一课”等党的组织生活为基本形式，组织和引导党员真学深学。党支部普遍做到每2至3个月开展1次集中学习，党小组每月开展1次集体学习。有的地方还针对老党员、“两新”组织党员和流动党员实际，采取配送便携式收音机、利用班前班后时间组织学习、发放“口袋书”等方式，确保制度落地、学有效果。

以学促做，推动党员担当尽责。各行业各领域党组织普遍结合实际，搭建党员发挥作用的实践载体。通过以学促做，充分发挥党支部的主体作用，推动广大党员提振精气神、展示新作为，把合格的标尺立了起来，把先锋形象树了起来，用一个个具体行动折射出“两学一做”学习教育的成果。2016年，因连续降雨导致山体滑坡、泥石流、山洪等地质灾害接连发生，给人民群众生命财产造成了巨大损失。昆明、曲靖、玉溪等14个州市、52个受灾县市区将防汛救灾一线作为“两学一做”学习教育的现场和考场，切实做好防大汛抢大险救大灾的各项准备，党员干部带头投入抢险工作，组建党员突击队，切实做到有灾情的地方就有党旗、有党旗的地方就有主心骨。省委办公厅部署“两学一做”学习教育工作时要求广大党员干部立足岗位，认真履行工作职责。要时刻铭记党员身份，立足岗位职责，以强烈的事业心和高度的使命感，以严谨细致的作风，高标准、严要求创造出一流的业绩、展现一流的风貌，做“四讲四有”好党员、好干部。

通过深入开展“两学一做”学习教育，云南全面从严治党工作不断取得实效，基层党组织建设不断深化，党员领导干部对习近平治国理政新理念新思想新战略领会掌握更加深刻，党的意识和组织观念得到普遍增强。

（四）“不忘初心、牢记使命”主题教育锤炼党性

开展“不忘初心、牢记使命”主题教育是在新时代把党的自我革命推向深入，用习近平新时代中国特色社会主义思想武装头脑、指导实践，推动全党更加自觉地为实现新时代党的历史使命不懈奋斗的重大决策部署。2019年5月31日，中央召开“不忘初心、牢记使命”主题教育工作会议，决定以县处级以上领导干部为重点，在全党开展“不忘初心、牢记使命”主题教育。2019年6月6日，云南省“不忘初心、牢记使命”主题教育工作会议在昆明召开，会议对云南开展“不忘初心、牢记使命”主题教育作出具体部署，全省分二批扎实开展了“不忘初心、牢记使命”主题教育。

高位推动确保“不忘初心、牢记使命”主题教育组织部署有力。成立了由省委书记任组长的省委主题教育领导小组，省长、省委副书记、省委宣传部部长、省委组织部部长、省纪委书记、省委秘书长任副组长，15个部门主要负责同志为小组成员，切实加强对全省主题教育工作的领导。为保障各项工作稳步推进，省委组建了省委主题教育领导小组办公室，下设5个工作小组，集中精干力量推动全省主题教育开展；组建16个省委巡回指导组，对全省第一批主题教育开展进行全程督促指导，全程参与106家厅局级单位主题教育。制定了《云南省委关于开展“不忘初心、牢记使命”主题教育的实施意见》，结合云南实际提出4个方面10条具体工作任务。在此基础上，制定出第一批主题教育单位工作参考计划表，梳理出各单位需要做的32项工作任务和具体要求，以及巡回指导组工作任务和方法，保障主题教育任务清晰、方向不偏、标准不降。先后通过《省委常委班子“不忘初心、牢记使命”主题教育征求意见建议

工作方案》《省委常委班子“不忘初心、牢记使命”主题教育第二次集中学习暨调研成果交流会工作方案》《关于在“不忘初心、牢记使命”主题教育中开展突出问题专项整治的工作方案》等相关文件，加强组织领导和制度约束。

学深悟透笃行习近平新时代中国特色社会主义思想。围绕贯彻落实习近平新时代中国特色社会主义思想这条主线，省委领导班子带头开展学习，以“党的政治建设、全面从严治党、理想信念、宗旨性质、担当作为、政治纪律和政治规矩、党性修养、廉洁自律”等8个方面为重点，列出专题开展学习研讨交流。2019年6月13日下午，省委理论学习中心组举行集中学习研讨，强调要认真学习贯彻习近平总书记关于“不忘初心、牢记使命”的重要论述和向杨善洲同志学习的重要讲话精神，以杨善洲同志为镜子，以杨善洲精神为动力，自觉加强党性修养，忠诚践行初心使命，做党和人民满意的好党员好干部。省委常委班子举办4次理论中心组学习和2次集中学习，以上率下推动全面系统学。省级领导班子围绕“什么是初心”“什么是使命”“如何守初心、担使命”和中央要求的8个方面开展了40场专题研讨。106家厅局级单位开展专题研讨487场次。省人大常委会党组、省政府党组、省政协党组领导班子共举办理论中心组学习11次；第一批106家厅局级单位共举办理论中心组学习367次、读书班196次。[①]通过研讨交流，准确把握了习近平新时代中国特色社会主义思想内在逻辑和科学体系，准确理解习近平新时代中国特色社会主义思想既是马克思主义中国化最新成果，中国特色社会主义理论体系的重要组成部分，又是一个主题鲜明、逻辑严谨、

① 《找准精神坐标 凝聚前进动力——云南省第一批“不忘初心、牢记使命”主题教育工作综述》，《云南日报》2019年9月12日。

系统完整的科学理论体系。对于这样一个系统完备的科学理论体系，学习起来必须全面、系统、关联，全方位学、无死角学，才能领略这一思想的基本轮廓和总体面貌，准确把握内在逻辑和科学体系，深刻感受强大的真理力量和实践伟力，从而进一步加深对其时代意义、理论意义、实践意义、世界意义的理解，加深对其基本精神、基本内容、基本要求的理解，切实增强政治认同、思想认同、情感认同。

以调查研究解决问题和推动工作。“不忘初心、牢记使命”主题教育期间，云南认真学习贯彻习近平总书记关于在全党大兴调查研究之风的重要指示精神，紧扣党的十九大重大决策部署和云南省委部署安排，全面开展“抓重点、补短板、强弱项”大调研活动。省委常委同志带头扑下身子、沉到一线“解剖麻雀”，了解民情、掌握实情。省委主要领导分别牵头领题调研，其他常委同志结合分管工作全面参与，针对党的建设、经济发展、脱贫攻坚3个方面的重点难点问题，先后深入40多个县（市、区）基层一线，进村寨问难、进学校问需、进企业问计、进服务单位问效，在基层发现问题、在一线推动工作。调研结束后，召开调研成果交流会，11名常委同志就11个调研课题逐一进行交流，分析查找突出问题，提出对策措施。省人大常委会党组、省政府党组、省政协党组和第一批106家单位党委（党组）着眼解决实际问题，精心制定调研方案，聚焦问题短板，列出调研主题，由领导班子成员带队，采取一线走访、蹲点调研、座谈交流等方式听民意、剖原因、找思路，发现并解决了一批群众反映强烈的突出问题。各单位结合工作实际，各级领导干部沉下去了解民情、掌握实情，拿出破解难题的实招、硬招，推动各项决策部署落实落地。

深刻检视问题直面和修正错误。严格按照主题教育总要求，结合工作实际，认真对照习近平新时代中国特色社会主义思想和党中央决策部署，深入查找在增强“四个意识”、坚定“四个自信”、坚决做到“两个维护”方面存在的差距；认真对照习近平总书记对云南工作重要指示，深入查找在贯彻落实方面存在的问题；认真对照党章党规，深入查找在知敬畏、存戒惧、守底线方面存在的差距；认真对照初心使命和人民群众新期待，深入查找在群众观点、群众立场、群众感情、服务群众方面存在的差距；认真对照先进典型，深入查找在思想觉悟、能力素质、道德修养、作风形象方面存在的差距，真正在主动检视自我、自觉修正错误中锤炼党性修养。通过畅通渠道、广开言路，采取调研听取意见、座谈征求意见、发函征求意见、面向社会公开征集意见、梳理中央反馈意见5种途径，主动了解问题，充分听取意见。第一批主题教育开展以来，省委常委班子共征求到意见建议244条，常委同志共征求到意见建议680条；106家厅局级单位在调研中听取意见8905条，召开座谈会2471场、征求意见建议7365条，发放征求意见表12950份、征求到意见建议13115条，面向社会征集意见建议1506条；2310家单位召开专题会议，查找问题7.3万多条。[①]各级领导班子结合学习调研中发现的问题、对照党章党规找差距发现的问题、干部群众反映的问题、上级巡视考核中反馈和指出的问题等，全面梳理和汇总、列出问题清单，为抓实整治整改提供了“靶子”。

结合实际抓好突出问题整治。坚持把整改落实、解决问题作为检验主题教育实效的重要标准，把“改”字贯穿始终，紧紧围绕推

① 《找准精神坐标 凝聚前进动力——云南省第一批“不忘初心、牢记使命”主题教育工作综述》，《云南日报》2019年9月12日。

动党中央重大决策部署和习近平总书记重要指示批示精神落实落地抓好整治工作，牢固树立和践行以人民为中心的发展思想，围绕脱贫攻坚、产业就业、教育医疗、社会保障、环境保护、扫黑除恶等民生问题和群众关切，认真解决群众的操心事、烦心事、揪心事，有效解决了一大批重点、难点、热点问题，以实实在在的改变赢得群众、赢得民心。按照党中央关于主题教育部署安排和专项整治工作要求，结合云南实际，在中央8个专项整治基础上，开展了“选人用人风气不正、导向不明、政治生态不好问题”专项整治和“领导干部利用名贵特产、特殊资源谋取私利问题”专项整治，按照“一项整治、一名常委、一套班子、一抓到底”的思路，成立专项整治工作组，制定开展专项整治工作总方案，配套制定10个实施方案，细化具体整治任务，制定具体整改措施。结合云南实际，聚焦白恩培、秦光荣、仇和余毒问题，专项整治，派出调研组对16个州市党政班子、省管领导班子的运行情况和省管领导干部履职情况进行全覆盖调研了解和分析研判。专项整治改出了干部新风貌，改出了发展新变化，改出了群众获得感。[①]

通过扎实开展“不忘初心、牢记使命”主题教育，广大党员在学懂弄通做实习近平新时代中国特色社会主义思想上取得了新成效，党员干部思想政治和党性作风普遍受到了深刻洗礼，各族群众最急最忧最盼的一些突出问题得到了有效解决，主题教育中激发出来的工作热情和奋斗精神转化成了实实在在的发展成效，广大党员、干部进一步筑牢了信仰之基、补足了精神之“钙”、把稳了思想之舵，得到了广大群众的充分认可和社会各界的积极评价。

---

① 《2019年云南省宣传思想工作综述》，《云南日报》2020年1月14日。

（五）党史学习教育汲取奋进之力

2021年是中国共产党成立100周年。为从党的百年伟大奋斗历程中汲取继续前进的智慧和力量，深入学习贯彻习近平新时代中国特色社会主义思想，巩固深化“不忘初心、牢记使命”主题教育成果，激励全党全国各族人民满怀信心迈进全面建设社会主义现代化国家新征程，党中央决定在全党开展党史学习教育。党史学习教育开展以来，云南深入学习贯彻习近平总书记在党史学习教育动员大会上的重要讲话精神，结合自身实际，统筹谋划，精心部署，周密组织，以高度的政治自觉、务实的工作举措、扎实的工作作风推动党史学习教育取得实效。

提高政治站位，确保中央关于党史学习教育的各项要求落到实处。省委高度重视，对习近平总书记发表的重要讲话和中央党史学习教育领导小组下发的通知，省委书记都第一时间作出批示安排，省委常委班子都第一时间进行集体学习，先后3次组织召开会议研究部署工作，紧扣“四个目标要求”，落实“五个规定动作”，坚持“三个贯穿始终”，推动全省党史学习教育有力有序开展。一是以上率下带动。成立由省委书记任组长，省委副书记及相关常委任副组长，省直有关部门主要负责人任成员的省委党史学习教育领导小组，切实加强对全省党史学习教育工作的领导。省委党史学习教育领导小组下设办公室，抽调精干力量集中办公，确保日常工作高效有序运转。省委主题教育领导小组及办公室多次召开会议，传达学习中央有关会议和文件精神，研究部署主题教育工作。结合中央要求和云南实际，制定《省委常委班子开展党史学习教育实施方案》，提出9个方面21项任务，以坚持更高标准、更高要求为全省各地各部门作出示范。二是分级分类指导。研究出台《关于开展党史学习教育的实施方案》《关于认真贯彻习近平总书记在党史学习教育动员大会上的重要讲话精神的通知》《关于开展党史学习教育工作方案》等文件，从组织机构、学习内容、进度安排、学习方式、宣传引导等各个方面，对各级党委（党组）开展党史学习教育的各项目标任务作出细化安排。针对基层党组织和“两新”党组织实际，分别出台2个工作方案，加强分类指导。三是从严从实督导。省委党史学习教育领导小组办公室派出5个调研督导组分赴9个地州和部分省直机关单位调研，了解掌握学习教育推进情况。省委派出16个巡回指导组，采取审阅方案、列席会议、调阅材料、随机调研等方式，督促指导各地各单位学习教育稳步有序推进。

坚持深学深悟，推动学习党的历史与感悟思想伟力相统一。坚持规定动作和自选动作相结合，采取特色鲜明、形式多样的学习教育方式，推动各级党员干部自觉用习近平新时代中国特色社会主义思想武装头脑。一是聚焦重点学。把学习习近平总书记党史学习教育动员大会重要讲话精神和习近平《论中国共产党历史》作为学习教育的“纲”，将习近平总书记考察云南重要讲话精神纳入党史专题学习。省委理论学习中心组集中学习，省委常委班子到威信县扎西会议旧址、省政府党组领导班子到蒙自市查尼皮村中共云南一大会址，开展“传承红色基因　弘扬奋斗精神”现场学习体验活动，接受革命传统教育。二是及时跟进学。在组织党员干部持续学习领会习近平总书记在党史学习教育动员会重要讲话精神的同时，引导广大党员干部跟进学习习近平总书记在中央政治局会议、中央党校中青班开班式、全国两会团组讨论上的重要讲话精神；跟进学习习近平总书记考察福建、广西、河南等地重要讲话精神；跟进学习习近平总书记给《文史哲》编辑部全体编辑人员的回信等。三是深入宣讲学。组建党史学习教育省委宣讲团，分赴各州（市）、省直部门、高等院校等46家单位集中宣讲，并与干部群众、青年学生进行互动交流、座谈宣讲；整合大众宣讲团、“云岭百姓宣讲团”“云岭青年宣讲团”“大学生宣讲团”等资源，用好“农民理论家宣讲团”“聂耳社区宣讲团”品牌。四是创新方式学。发挥线上资源优势，用好“学习强国”云南学习平台、“智慧党建”和云岭先锋APP、云南省干部在线学习等新媒体平台，组织全省广大党员干部收听收看微党课、微网课，增强党史学习教育的吸引力和感染力。紧贴青少年学生特点，将党史学习教育融入思政课，打造优质视频党课线上共享。

坚守人民立场，推动为民办事走深走实。突出分类分层次实施，引导各级党组织和广大党员干部在解决老百姓的烦心事中践行初心使命，让人民群众从身边事中感受民生温度，用实际行动检验党史学习教育成效。一是精准调度。制作《“我为群众办实事”计划、清单落实情况调度图》、《“我为群众办实事”工作推进情况调度图》，实施挂图作战。坚持每周调度工作进度，掌握特色亮点；每半月调度重要活动、重要会议、领导批示等情况，形成大事记；每月调度工作落实情况，形成综合情况报告；每季度召开调度会，进行阶段性工作部署。二是精细调研。结合党中央及省委部署正在做的事情，组织各级领导干部深入开展调研，充分听取群众意见，聚焦群众“急难愁盼”的现实问题，坚持上下联动，抓紧整改解决，切实为群众办实事解难题。三是抓实载体。各地结合实际，把“干部规划家乡行动”和“双报到双服务双报告”等制度，作为“我为群众办实事”的重要载体，推动实践活动向基层延伸。

注重服务大局，确保开局起步行稳致远。坚持把学史力行与贯彻习近平总书记考察云南重要讲话精神、推动云南高质量跨越发展结合起来，全力践行“一个跨越”“三个定位”“五个着力”“四个突出特点”“四个方面重点工作”等要求，立足新发展阶段、贯彻新发展理念、融入新发展格局，推动云南“十四五”起好步、开好局。一是现场指导布新局。把召开州（市）现场办公会作为党史学习教育的一项重要工作，聚焦各州（市）发展特点和全省区域发展不平衡不充分问题，从产业发展、基础设施、乡村振兴等7个重点领域“菜单”中分期分批开展调研、查找问题，逐一现场指导州（市）找准自身所处位置和未来构建新发展格局中的目标定位，推动形成主体功能明显、优势互补、高质量发展的区域发展布局。以开展党史学习教育为契机，广泛开展“万名干部规划家乡”行动，安排各级领导干部深入基层、深入一线，帮助规划家乡建设宏图愿景，利用3年时间，全面完成全州行政村、农村社区村庄规划编制工作，帮助选准产业项目、制定规划措施，推动落实巩固脱贫攻坚成果“一平台、三机制”。二是聚焦短板抓提升。着眼巩固拓展脱贫攻坚成果同乡村振兴有效衔接，省财政厅印发衔接推进乡村振兴补助资金管理办法和继续支持脱贫县统筹整合使用财政涉农资金的通知，省扶贫办出台《关于巩固脱贫成果和完善帮扶机制的实施意见》和《关于建立防止返贫监测和帮扶机制的实施办法》，筑牢防止返贫网。各级党组织普遍围绕推动高质量发展、实施乡村振兴战略、提高社会治理水平、改善人民生活品质等中心任务，谋划开展工作。三是强边固防保稳定。围绕经济社会发展大局和强边固防任务，将党史学习教育与推动抗灾救灾、疫情防控、强边固防结合起来，果断有力应对瑞丽疫情、大理漾濞地震等突发事件，切实增强党史学习教育针对性和实效性。

用好红色资源，着力发挥边疆民族地区特色优势。坚持对标对表中央“规定动作”与发挥边疆民族地区特色优势相统一，在做好“规定动作”的基础上，注重方式方法创新，充分发挥云南红色资源的独特优势，因地制宜开辟“第二课堂”，推动红色资源火起来、红色人物亮起来、红色精神扬起来、红色基因传下来。一是用好革命遗址，牢记红色初心。充分运用革命旧址、博物馆、纪念馆、展览馆和各类纪念设施，专门梳理出扎西会议纪念馆、杨善洲干部学院、查尼皮党性教育基地等71条省级示范线路，就近就便开展学习体验活动和主题党日等活动，让旧址遗迹成为党史“教室”，让人们身临其境学习革命传统、牢记红色初心。省委常委班子到威信县扎西会议旧址开展“传承红色基因·弘扬奋斗精神”学习体验活动，瞻仰扎西红军烈士陵园、向革命先烈敬献花篮、参观扎西会议旧址和纪念馆、重温入党誓词、讲授党课等活动，示范引领全省用好红色遗址遗迹。二是讲好红色故事，传承红色基因。围绕讲好习近平总书记考察云南指出的“五个故事”，深入挖掘党史资源，编辑出版“中国革命传统云南故事干部教育读本”《云岭红色故事100讲》等书籍，在全省范围内开展“红色故事大家讲”系列活动，组织广大党员、干部和群众听红色故事，讲红色故事，加深对党的历史的理解和把握，传承百年大党积淀的红色基因。三是学习先进典型，赓续精神血脉。突出用身边人讲身边事，用身边事教育身边人，传承中国共产党员精神谱系，赓续共产党人精神血脉。四是投身伟大实践，厚植爱党情怀。结合边疆民族地区实际，策划部署“永远跟党走”系列群众性教育活动，引导边疆党员群众在打好打赢脱贫攻坚战、全面建成小康社会、抗击新冠肺炎疫情的伟大实践中，加深对党史的理解、增进对党的认同、感悟我们党与各族人民的血肉联系，厚植爱党情怀，唱响“拥护核心·心向北京”的主旋律。

抓好宣传教育，积极营造学习教育良好氛围。充分发挥新媒体优势作用，统筹新闻、文艺、社会、宣教等各类宣传资源，全媒出击、四级联动，构建立体化矩阵式党史学习教育传播大格局，营造党史学习教育浓厚氛围。一是做强新闻宣传。依托人民日报、新华社等重要主要媒体，统筹各级各类媒体及“学习强国”云南学习平台，发挥主流媒体和网络传播平台优势，通过开设专题专栏、开展主题采访、推出融媒产品、加强言评阐释和对外宣传等，营造浓厚氛围。二是做精文艺宣传。组织编写一批重点出版物，举办系列文艺演出，创作推出一批党史题材的优秀文艺作品，举办系列展览，更好凝聚人心。三是做细社会宣传。坚持正确政治方向和社会舆论导向，充分利用大型户外广告牌、LED电子显示屏、宣传栏等户外宣传阵地，协调各方力量在全省各地的主要道路、重要位置等设置标语、广告，推动党史学习教育深入人心、抬头可见。三是深化“四史”教育。以党史学习教育引领“四史”宣传教育，以“四史”宣传教育促进党史学习教育，坚持热在基层、热在群众，灵活运用新时代文明实践中心、学校、社区、基层党支部等阵地，推动“四史”教育深入群众、深入社区、深入农村、深入人心。

通过开展党史学习教育，广大党员干部进一步加深了对中国共产党为什么能、马克思主义为什么行、中国特色社会主义为什么好的深刻理解，夯实了对党忠诚的思想根基，增强了“两个维护”的政治自觉，强化了共产党员的优良品德，推动了履职尽责的使命担当，以实际行动和优异成绩庆祝建党100周年。

（六）推动习近平新时代中国特色社会主义思想扎根边疆

党的十八大以来，以习近平同志为核心的党中央紧密结合新的时代条件和实践要求，取得重大理论创新成果，形成了习近平新时代中国特色社会主义思想，从理论和实践结合上系统回答新时代坚持和发展什么样的中国特色社会主义、怎样坚持和发展中国特色社会主义。用习近平新时代中国特色社会主义思想武装头脑、指导实践、推动工作，是做好一切工作的重要前提。云南边疆把学习贯彻习近平新时代中国特色社会主义思想作为首要政治任务和长期工作主题，运用多种方式方法，不断推进习近平新时代中国特色社会主义思想学习教育往深里走、往心里走、往实里走，推动党的创新理论“飞入寻常百姓家”，在巩固思想自觉的基础上不断增强政治自觉和行动自觉。

开展“万名党员进党校”教育培训。以提高党员政治觉悟和履职能力为重点，采取分级负责、分层实施、分领域推进方式，广泛开展“百名讲师上讲台、千堂党课下基层、万名党员进党校”培训工作，推动党员进乡镇（街道）及以上党校接受至少3天集中培训，引导广大党员自觉用习近平新时代中国特色社会主义思想武装头脑、指导实践、推动工作。“万名党员进党校”培训把习近平新时代中国特色社会主义思想、党的十九大精神、党章三个主题作为必修课，规定3个方面内容培训时长不得低于各次培训班总时长的三分之一。各地各单位在“万名党员进党校”培训中，严格落实“三个必修课”要求。针对普通党员接受集中培训、系统培训少的问题，把普通党员作为重点培训对象，明确要求各地各单位普通党员进乡镇（街道）及以上党校脱产集中培训不得低于党员总数的20%，实现了党员接受集中培训、全省党员培训全覆盖的目标。省级采取纳入季度综合督查、随机抽查电子台账、月报表跟进等方式，及时纠偏提醒，适时掌握进度，确保培训对象始终聚焦普通党员。各单位积极性高涨，结合培训条件，纷纷主动提高培训比例。同时，各地各单位通过对党员开展培训，辐射带动300余万名群众学习，推动习近平新时代中国特色社会主义思想进企业、进农村、进机关、进校园、进社区，引领边疆各族人民心向党、听党话、跟党走、感党恩。①

鼓励基层创新学习方式。在推进党的创新理论“飞入寻常百姓家”的过程中，开展了多形式分层次的学习宣传，收到了良好效果。坚持党员领导干部讲党课制度，各级党委（党组）书记每年至少要分别为联系挂钩单位和所在党支部党员讲1次党课，坚持党支部书记带头讲、普通党员轮流讲、邀请先进典型现身讲、邀请党务专家专题讲，确保基层党支部每季度至少组织开展1次党课。党课内容贴近党员、贴近实际，不搞照本宣科。广泛运用微型党课、故事党课、“双语”党课、互动式情景式党课等方式，增强党课的吸引力和感染力。积极学好用好《习近平谈治国理政》（一、二、三卷）、《习近平新时代中国特色社会主义思想三十讲》《习近平新时代中国特色社会主义思想学习纲要》《习近平新时代中国特色社会主义思想学习问答》等重要读本。红河州建立了乡土能人宣讲团、文艺宣讲团、“五老”宣讲团、民族语宣讲团、电影放映宣讲团、广场舞宣讲团、志愿服务宣讲团等各类形式的宣讲团200余支；德宏州在民族“五用”宣讲的基础上，形成了“宣讲规模小型化、宣讲内容精准化、宣讲形式多样化、宣讲语言鲜活化、宣讲队伍群

① 《云南：以“万名党员进党校”培训推动习近平新时代中国特色社会主义思想扎根边疆》，人民网，2018年8月1日。

众化”的“五化”方法；迪庆州在州、县、乡、村开展“新时代感恩教育”宣讲活动，引领边疆人民心向党、听党话、跟党走、感党恩；腾冲市成立了由“五老”人员、基层宣讲员、少数民族干部和文艺骨干组成的艾思奇百姓宣讲团，形式多样地宣传习近平新时代中国特色社会主义思想和党的方针政策。多个州市针对本地区少数民族汉语水平不高的实际，用民族干部宣讲、用民族语言讲解、用民族文字阐释，同时将新思想编排融入歌曲、小品、快板、舞蹈等文艺作品，开展巡回宣讲，让新思想“飞入寻常百姓家”，形成干部群众学习新思想、领悟新思想、践行新思想的浓厚氛围。教育系统把习近平新时代中国特色社会主义思想进教材、进课堂、进师生头脑作为当前首要政治任务，推动落实“三全育人”工作，云南大学和云南师范大学教育科学与管理学院分别入围全国“三全育人”综合改革试点院校和院系；积极推进青年马克思主义者培养工程，充分发挥大学生宣讲团作用，高校青年的思想政治素质得到提升；深入开展“双百双进”活动，持续开展“共筑中国梦·同绘彩云南”高校百场形势政策报告会，开展“学习新思想千万师生同上一堂课”活动，不断打牢青年学生成长成才的思想基础。

发挥主流媒体引领作用。加强媒体传播手段和话语方式创新，发挥融媒体优势，集中开展习近平新时代中国特色社会主义思想和党的十九大精神宣讲宣传。云南日报报业集团“采访下基层宣讲在一线”全媒体记者团队先后走进德宏、楚雄等州市的民族村寨，与各族干部群众一道开展学习交流，专门制作可视可感的新媒体产品，被乡亲们“扫码带走”。云南广播电视台多个频道频率各显身手，制作播出一系列上接“天线”、下接“地气”的节目。《云岭先锋》杂志社建设了党建书苑、党建书屋、党建书架等党建读、学、用平台，覆盖省市县乡村5级党组织和各领域党组织。泰文《湄公河》、缅文《吉祥》、云桥网等外宣期刊、网站各辟蹊径，积极对外宣介习近平新时代中国特色社会主义思想和党的十九大精神。各地文艺院团创作了一大批文艺作品，以文化大篷车为载体，用梅葛、三弦舞等地方戏曲、民族歌舞等形式，深入基层宣传习近平新时代中国特色社会主义思想和党的十九大精神，深受群众欢迎。

以“互联网+”助力理论学习。针对山区面积大、交通不便的实际，云南边疆各级党组织主动拥抱大数据、融入互联网，在全国率先实施“互联网+党建”行动计划，投入资金3.12亿元建成“云岭先锋”服务站16146个。通过采取电脑、电视、手机“三屏互动”方式，将远程教育由单一学习平台转型升级为综合服务平台，实现了综合服务平台县、乡、村三级网络全覆盖、平台全覆盖；通过云岭先锋APP，实现了全省网上党支部100万名共产党员的覆盖目标，为开通运行“党建云”奠定了坚实基础。[①]2019年3月26日，“学习强国”云南学习平台正式上线。作为“学习强国”学习平台的省级平台，云南学习平台突出政治性、思想性、新闻性、综合性、服务性，全面宣传云南贯彻落实习近平新时代中国特色社会主义思想和党的十九大精神以及习近平总书记对云南工作的重要指示批示精神的情况，展现经济社会发展的主要成就，较好满足了全省党员干部群众学习需求多样化、个性化、智能化、便捷化的需要。各单位积极抓好组织架构、注册使用、供稿链建设，管理员、供稿员、评论员三支队伍不断壮大。

党的十八大以来，通过结合实际多措并举，扎实推动党的创新理论“飞入寻常百姓家”，引导各族人民真正把习近平新时代中国

① 《云南：“互联网+党建”迈入“云时代”》，《中国组织人事报》2018年2月2日。

特色社会主义思想参悟透、领会准、运用好，切实用这一思想武装头脑、指导实践、推动工作，使之成为广大干部群众政治上的“主心骨”、思想上的“定盘星”、行动上的“指南针”。

中国共产党是一个依靠理论并不断推进理论创新的马克思主义政党，将马克思主义这一科学理论与中国具体实际相结合是党带领人民不断创造丰功伟绩的关键所在。云南始终坚持思想建党、理论强党，发挥好思想筑边的作用，既按质按量完成中央各项“规定动作”，又紧密结合实际加强分类指导，创造性地开展集中学习教育活动。在新民主主义革命时期，经过不懈宣传和深入教育，共产党员的无产阶级意识日益增强，为革命活动积蓄了强大力量。在社会主义革命和建设时期，重点通过开展党内理论教育，有效克服了党内的主观主义、宗派主义和官僚主义等消极思想，有力抵制了资产阶级腐朽思想的侵蚀。在改革开放和社会主义现代化建设时期，通过持续开展党内教育活动，广大党员干部进一步解放了思想，提高了思想政治素质，加强了党性修养，提升了理论水平。党的十八大以来，通过扎实开展“四群”教育、党的群众路线教育实践活动、“三严三实”和“忠诚干净担当”专题教育、“两学一做”学习教育、“不忘初心、牢记使命”主题教育、党史学习教育等党内集中教育活动，广泛开展“百名讲师上讲台、千堂党课下基层、万名党员进党校”工作，依托云南干部教育“1校12院多基地”，不断推进习近平新时代中国特色社会主义思想学习教育往深里走、往心里走、往实里走。通过加强思想建设，推动广大党员干部补钙壮骨，培根铸魂，解决好世界观、人生观、价值观这个“总开关”问题，理想信念更加坚定，初心使命进一步筑牢。

第三章 组织强边

党的力量来自组织，组织能使力量倍增。组织建设是党的建设的重要基础。加强党的组织建设，为增强党的创造力、凝聚力、战斗力提供了重要保证。云南地方党组织成立后，经过长期努力，党的组织体系不断健全，党员人数由少到多，党员结构日益优化，党组织的战斗堡垒作用和党员的先锋模范作用充分发挥，为云南取得新民主主义革命的胜利，探索建设社会主义，推进改革开放和社会主义现代化，谱写好新时代中国梦的云南篇章提供了坚强的组织保障。

一、地方党组织相继成立

在中国共产党伟大旗帜的指引下，云南的第一个地方党组织于1926年成立，这标志着地处边疆、民族众多的云南，开始在以马克思主义为指导的中国共产党领导下进行新民主主义革命。面对错综复杂的环境，在城市和农村逐步建立各级党组织，严格发展党员，培养少数民族党员干部，为赢得革命斗争的胜利、争取云南解放奠定了坚实的组织基础。

（一）逐步建立各级党组织

云南地方党组织的逐步建立，在云南历史上具有重要的里程碑意义。经过24年的艰辛努力，中国共产党带领云南各族人民取得了彻底翻身解放的伟大胜利，引领地处边疆、民族众多的云南进入了一个崭新的伟大时代。

革命先驱者的艰辛探索。在新文化运动、五四运动特别是俄国十月革命的影响下，云南大批进步青年学生抱着寻求救国救民的道路、改造云南社会的理想，到内地或出国追求真理，涌现出王复生、王德三、王有德、张伯简等大批坚定的马克思主义者，他们在革命洪流中接受新思想，把马克思主义与革命实践结合起来。一些云南籍的先进分子参加了建党前后的一些革命活动，为中国共产党的创建和早期革命斗争作出了重要贡献，同时也为云南党组织的建立奠定了基础。

云南地方党组织的创建。1926年8月，中共广东区委派滇籍共产党员李鑫回云南开展建立共产党组织、领导开展工农运动等工作。9月，滇籍共产党员周霄、黄丽生从毛泽东主持的广州第六届农民运动讲习所结业回到云南，配合李鑫积极开展创建云南党组织的工作。1926年11月7日，李鑫、吴澄、周霄、杨静珊4人在昆明市平政街节孝巷24号（今55号）召开第一次党员会议，决定建立中国共产党云南特别支部，由吴澄任特支书记。[①]为加强云南地方党组织的力量，中共广东区委派王德三等一批党员回云南，1927年3月1日，在中共云南特支的基础上建立中共云南特别委员会。为适应斗争形势和组织发展的需要，1927年12月，中共云南特委在昆明召开

① 中共云南省委党史研究室：《中国共产党云南历史　第一卷（1926—1950）》，云南人民出版社2016年版，第40页。

扩大会议，选举产生了第一届中共云南临时省委（以下简称“省临委”），对全省工作做了全面布置，决定从组织上大力加强农村基层工作，组织党团员向滇南铁路沿线、矿山及全省山区农村和少数民族聚居区转移，发动群众开展斗争。为加强省临委机关的集体领导和对全省各地基层组织的指导，省临委于1928年4月召开扩大会议，决定由赵祚传、吴少默、吴澄3人临时组成中共云南省特别委员会（以下简称“省特委”），行使省临委职权，领导全省斗争。1928年10月13日，省特委在蒙自查尼皮召开了中国共产党云南第一次代表大会，选举产生了第二届中共云南临时省委。这是云南党组织在新民主主义革命时期召开的第一次也是唯一的全省党员代表大会。代表大会决议案，对云南建立党组织以来的工作进行了初步的总结，确定了今后的斗争方针和策略，体现了云南地方党组织在斗争实践中结合云南实际思考问题的探索精神。

云南各地党组织的建立。在领导人民群众进行革命斗争的过程中，云南地方党组织得到了持续发展壮大。至1929年6月，全省建立特委1个：迤南特委。特派员两个：曲靖特派员、东昭特派员。县委5个：蒙自、个旧、易门、嵩明、石屏。支部68个，其中产业支部10个，分布于滇越铁路、个碧铁路及沿线的锡务公司、可保煤矿、普洱盐井和昆明的工厂；手工业、店员、街道支部3个；农村支部32个；学生支部5个；士兵支部7个；其他支部11个。党组织分布于昆明及滇东、滇南的东川、曲靖、嵩明、陆良、蒙自、个旧、阿迷、马关、石屏、易门、普洱、墨江、禄劝、宜良、澄江、蒙化、临安、江川、呈贡、开化等地。[①]

① 中共云南省委党史研究室：《中国共产党云南历史 第一卷（1926-1950）》，云南人民出版社2016年版，第117页。

云南地方党组织遭受破坏。1930年1月，遵照中央指示，中共云南临时省委在昆明召开扩大会议，正式选举产生了第一届中共云南省委，加强了对工运、农运和武装斗争的领导。在全国革命形势处于低潮，云南当局对革命力量实施残酷镇压的白色恐怖中，由于敌我力量悬殊，党组织的年轻和缺乏经验，党内少数意志薄弱者的叛变，1930年底，省委机关被破坏，散处各地的党组织和党员失去了与上级党组织的联系，党领导的革命斗争也遭受了惨重损失。但是，组织工作没有停止。早期云南地方党组织在传播马克思列宁主义、发动工农群众、武装反抗国民党反动派等方面所进行的探索和实践，为新的革命高潮的到来打下了基础，在边疆各族人民中留下了深刻的影响。

云南地方党组织的恢复重建。1935年和1936年，中央红军和红二、红六军团长征先后经过云南。1935年2月5日至9日中央在威信召开了“扎西会议”，完成了遵义会议的伟大历史性转折，扩大了党的影响，传播了革命火种，推动了云南党组织的恢复重建。1935年11月，中共云南临时工作委员会（以下简称“省临工委”）成立，标志着云南地方党组织在1930年底被破坏后的恢复重建。省临工委成立后，随即采取措施建立和健全基层党组织，扩大党员队伍，开展抗日宣传，领导了轰轰烈烈的抗日救亡运动。1937年7月，中共昆明支部成立，至1938年6月共有党员12名，党小组3个。[①]1938年8月，根据云南党组织的要求，中共中央长江局将云南临工委和昆明支部两个平行的党组织合并，成立中共云南省特别委员会（以下简称“省特委”）。1939年1月，根据中共中央南方局的指示精神，在

① 中共云南省委党史研究室：《中国共产党云南历史　第一卷（1926—1950）》，云南人民出版社2016年版，第180页。

省特委的基础上，成立了中共云南省工作委员会。省工委成立后，按照周恩来提出的“把西南的党建设成为更加坚强更能战斗的党”的要求，加强党和党的外围组织建设，努力从云南的实际出发，积极团结社会各界，建立了广泛的抗日民族统一战线，恢复建立了罗平、弥勒、昭通、泸西4个县委，在全省30多个县建立了党的基层组织或开展了党的工作。[①]

建设坚强的战斗的云南党组织。鉴于1941年中共西麻支部遭受破坏，1942年初泸西中心县委发现有内奸嫌疑的人，为巩固组织，省工委按照“隐蔽精干”的要求，初步进行了组织形式和领导方式的转变，全省组织实行一条线的单线联系办法。撤销昭通、泸西中心县委，撤销个旧、建水原有的党组织，罗平、弥勒保留县级党的领导机构，但无党委会组织形式，由一个党员干部同党员分别联系，少数基层有党支部或党小组组织，多数党员不编组。省工委直接领导的特派员负责联系一县或几县的干部，负责一县的实际上负起县级党组织的责任，负责几县的实际上负起中心县委的责任。全省分级管理，纵不越级。另外，党员较多的学校或工厂不设党总支，采取平行党支部的组织形式，各条线互不发生组织关系，横不越支。有部分党员仍由原来所在的组织联系。为减少党员横的关系，党员因工作或职业关系调整离开原地区，其党的关系一般不转。新转移来的党员不同原有党员编在一起。这样，云南地方党组织就逐步建立了“集中领导，分散经营，各个负责，互不打通”的组织形式，多数党员磨炼成为隐蔽的、坚强得力的、与群众有联系的并善于影响和推动群众的干部，适应了新形势下斗争的需要[②]。

① 《中共云南地方组织90年述略（上）》，《云南日报》2016年12月22日。

② 中共云南省委党史研究室：《中国共产党云南历史　第一卷（1926—1950）》，云南人民出版社2016年版，第213—214页。

领导开展武装斗争。1945年抗日战争胜利后，根据中共中央和南方局的指示精神，省工委一方面领导反内战、争民主的城市爱国民主运动，一方面把运动中培养锻炼的各民族党员、党的外围组织成员和革命知识分子派到全省各地，建立农村工作据点，广泛开展统一战线工作，发动各族群众开展反征兵、反征粮、反征税的“反三征”斗争，为武装斗争做准备。1946年下半年，省工委派人到路南、弥勒、泸西、陆良、丘北、马龙等县，与当地党员密切合作，建立和扩大工作据点，做武装斗争的准备工作。1947年10月后，弥泸地区建立了中共弥勒县委、陆良县特支，路南、泸西、丘北3县指定了专人负责，曲靖、马龙县由省工委直接领导。1947年12月，省工委在建水西林寺召开会议，全面部署和组织在全省开展大规模的武装斗争，标志着党领导的云南人民武装斗争的全面展开，云南地方党组织领导的革命斗争从此由地下斗争转为配合人民解放军全面反攻的公开的人民游击战争。

为配合人民解放战争的胜利进程，争取云南人民的解放，云南地方党组织积极领导城市和农村两个战场的斗争。在城市，先后领导了反对国民党特务制造“李闻惨案”、抗议美军暴行、反饥饿反内战反迫害运动、助学运动和人权保障运动、“反美扶日”运动等一系列爱国民主运动，这些运动不但使云南党组织和爱国民主力量经受了一次次生与死的考验，而且为全省农村武装斗争培养了干部，输送了大批有生力量。在农村，经过长期的武装斗争准备和据点建设，1948年2月，中共云南省工委领导云南各族人民举起武装反对国民党反动统治的旗帜，先后组建云南人民讨蒋自救军第一纵队、云南人民讨蒋自卫军第二纵队等党领导的人民武装，创建了10块连片的游击根据地。1949年1月1日，经中共中央军委批准，活动在滇东南、桂西和黔西南的人民武装合编为中国人民解放军桂滇黔边纵队。同年7月，根据中共中央的指示，中共桂滇边工委和中共云南省工委合并，成立中共滇桂黔边区委员会；云南各地人民武装与桂滇黔边纵队合编为中国人民解放军滇桂黔边纵队。

领导云南获得解放。解放战争时期，党中央从战略全局出发，更加关注并直接进行争取云南地方实力派的工作。省工委按照中共中央的方针政策和策略，积极配合党中央和中央分局的工作，卓有成效地开展了对卢汉集团的工作。在人民解放军逼近云南，云南城市爱国民主运动和农村武装斗争蓬勃发展的形势下，经过党中央和云南地方党组织长期统战工作，1949年12月9日，国民党云南省政府主席、云南绥靖公署主任卢汉在昆明宣布起义，昆明及云南部分地区实现和平解放。随即，人民解放军乘胜进军云南，展开追歼国民党残余势力的滇南战役，把红旗插到祖国西南边境线上。1950年2月24日，中国人民解放军第二野战军四兵团司令员、中共云南省委第二书记陈赓在云南地师级以上干部会上庄严宣布云南全省获得解放、中共云南省委正式成立，中共滇桂黔边区委员会结束工作。

中国共产党自1926年在云南建立第一个地方组织开始，在党中央的领导下，经过24年艰苦卓绝的英勇奋斗，终于迎来了云南边疆各族人民彻底解放的伟大胜利。同时，中国共产党云南地方组织在斗争、失败、再斗争直至胜利的艰苦历程中，结合云南地处边疆多民族的实际，进行了许多积极的探索和实践，积累了丰富的宝贵经验。

（二）注重党员发展工作

党员队伍是党的事业的骨干，推动党的事业需要全体党员的共同努力。1926年10月，党中央书记陈独秀提出：“为了使我们党从小团体的党走到群众性的党，在不忽视质量的前提下，必须使党在数量上有一个很大的增加。”[①]并且要求云南、贵州两省在知识分子及农民中发展党员200名。云南地方党组织成立初期，主要工作就是领导工人、农民、青年团和妇女运动等，在革命斗争中扩大党的影响力，吸收大量的先进党员。

在土地革命时期发展党员。中共云南特别支部建立后，因云南政治形势恶劣、文化落后，党组织又刚刚成立，缺乏经验，加上工作重点侧重于推翻唐继尧军阀统治，因而疏忽了组织建设，直到1927年2月党团组织均只有20人左右。根据这一情况，中共云南特委成立后，把发展和扩大组织作为工作重点，至1927年9月，党团员发展到约200人。除昆明市内和郊区农村约有20个支部外，蒙自、嵩明、安宁、石龙坝都建有支部，其主要成分为工人21%，农民12%，小学教师13%。[②]1927年年底以后，省临委根据八七会议精神和省特委扩大会议决议，迅速组织党团员向滇南铁路沿线、矿山及全省山区农村和少数民族聚居区转移，发动群众开展斗争，从而使党组织在广大农村和工矿企业得到了相当的发展。到1928年底，云南的党团员增加到600多人，建立了中共迤南区委、蒙自县委和个旧、石屏、嵩明3个临时县委，以及16个特支、10多个党支部。[③]到1929年6月，全省有党员556人，其中工人94人，农民268人，士兵31人，学生教员144人，其他19人。[④]

① 中共云南省委党史资料征集委员会：《云南地下党早期革命活动》，云南民族出版社1989年版，第668页。

② 中共云南省委党史资料征集委员会：《云南地下党早期革命活动》，云南民族出版社1989年版，第143页。

③ 《中共云南地方组织90年述略（上）》，《云南日报》2016年12月22日。

④ 中共云南省委党史资料征集委员会：《云南地下党早期革命活动》，云南民族出版社1989年版，第301页。

在党组织恢复重建时期发展党员。1930年底省委机关被破坏后，一些与上级组织失去联系的基层组织和失散的共产党员，在极其艰苦的条件下，凭着坚定的共产主义信念和对党的事业的忠贞，仍然坚持斗争，创造性地开展各项工作。1935年云南地方党组织恢复重建后，接受了早期党组织因叛徒出卖遭受破坏的惨痛教训，一直严格按照党员标准非常审慎地发展党员，党组织和党员队伍都没有出现大起大落的问题。1938年8月省特委成立后，立即采取措施巩固和扩大党的组织，在学校、工厂、农村中发展了一批党员，至1938年12月底，省特委有党员75名。[①]1939年1月省工委成立后，在组织发展中逐渐克服了关门主义倾向，党员人数有较大增加。1939年4月，全省有党员190余人（昆明70余人，外县区120余人）。到1940年初，全省共有党员247人，其中工人占1/5，知识分子占3/5，其他成分占1/5，男女比例约为4：1（196：51）。[②]1939年8月，中共中央政治局作出《关于巩固党的决定》以后，省工委进行了巩固党组织的工作，清除了少数不合格的党员。由于恢复重建后的云南地方党组织在组织方面没有发生大规模突击发展的问题，因此在巩固组织工作中也没有出现组织发展大起大落的现象。

在抗日战争时期发展党员。抗日战争进入相持阶段后，国民党政府的反共倾向日趋明显。在军事上向敌后抗日根据地发动武装进攻，不断制造反共摩擦事件；在国民党统治区加强法西斯统治，镇压抗日爱国民主力量，破坏共产党组织。省工委从国民党统治区复杂尖锐的斗争实际出发，坚决及时地领导进行巩固党组织的工作，

① 中共云南省委党史研究室：《中国共产党云南历史 第一卷（1926-1950）》，云南人民出版社2016年版，第187页。

② 中共云南省委党史研究室：《中国共产党云南历史 第一卷（1926-1950）》，云南人民出版社2016年版，第190-191页。

撤离转移已经暴露和可能暴露的干部，改变组织形式，转变工作方式，在隐蔽中保存发展革命力量，以待革命高潮的到来。这一时期，根据中央的指示，云南党组织基本停止发展党员。据1944年统计，除滇军中的共产党员和南方局直接联系的共产党员以及外省区疏散到云南的党员外，省工委直接联系的党员共计190人。[①]虽然党员数量不多，但党组织通过各种形式团结了一大批革命分子和进步力量。

在解放战争时期发展党员。抗日战争胜利后，为反对蒋介石内战、独裁政策，省工委领导和发动昆明爱国学生率先吹响了反内战、争民主的号角，开展了声势浩大的"一二·一"爱国民主运动，揭开了解放战争时期第二条战线的序幕。"一二·一"运动把反内战、争民主的烈火燃烧到全省城乡各地，坚定了云南人民争取解放的信念，并为云南城市爱国民主运动和农村武装斗争准备了干部，经过运动的锻炼，有100余名先进分子加入党组织。据不完全统计，到1946年，云南全省有党员268人（其中昆明市115人，外县区153人）。[②]到1948年7月，全省党员发展到7000人。[③]

做好发展妇女党员工作。省特委和省工委为加强对妇女工作的领导，都设有妇女工作委员会（又称妇女工作部），注意培养青年女工、女学生、小学女教师和其他妇女积极分子入党，培养锻炼了大批妇女骨干。1940年已有妇女党员51人，并在云南纺织厂、昆华

① 中共云南省委党史研究室：《中国共产党云南历史　第一卷（1926—1950）》，云南人民出版社2016年版，第2225页。

② 《云南省党政军统群系统组织史资料》，中共党史出版社1994年版，第66页。

③ 《中共云南地方组织90年述略（上）》，《云南日报》2016年12月22日。

女中建立了党支部，有力地推动了广大妇女投身抗日救亡运动。[①]

大力培育少数民族干部。解放战争时期党在云南各地的武装斗争，都是从少数民族地区开始发动并在这些地区立足、发展起来的。地方党组织不仅信任少数民族干部，还放手使用少数民族党员和干部，让他们在斗争中增长才干，尽快成长起来。从解放战争开始，党组织从城市分批转移了许多党员和民青成员到民族地区进行武装斗争的准备工作，其中就有一批少数民族党员干部，他们利用熟悉本民族的历史和现状，通晓民族语言和文字，懂得本民族的生活方式、宗教习俗，了解本民族人民的疾苦和要求，同本民族人民有着血肉联系的优势，很快在当地扎下根来，打开了局面。在斗争实践中，少数民族干部成为党和各族人民联系的桥梁和中坚力量。他们带动提高了广大少数民族群众的思想觉悟，调动了少数民族群众的积极性。党组织还在各地举办各类军政干校、训练班，吸收各民族人员进行培训，使无数各族青年从此树立了无产阶级的世界观，初步掌握了开展民运、统战工作和武装斗争等方面的基本知识，培养造就了一批少数民族党员和干部。

在新民主主义革命时期，云南地方党组织在党中央的领导下，在各族人民的有力支持和积极参与下，通过相继建立地方党组织，逐步扩大党员队伍，凝聚各方力量，党的组织建设取得了初步进展，领导边疆各族人民获得翻身解放，从根本上改变了各族人民长期以来被剥削、被压迫的悲惨处境，第一次实现了人民当家作主和民族平等。

① 中共云南省委党史研究室：《中国共产党云南历史 第一卷（1926—1950）》，云南人民出版社2016年版，第206页。

二、党的组织蓬勃发展

解放初期，各项事业百废待兴，云南各级党组织缺乏在边疆民族地区执政的经验，党在边疆民族地区的执政基础还很薄弱，党的领导干部还不能完全适应新的社会主义制度的要求。为适应党在边疆执政的需要，通过加快建立和发展地方各级党组织、积极发展党员、培养社会主义建设人才、开展整党整风等工作，各级党组织的凝聚力和战斗力不断增强。

（一）建立健全基层党组织

1950年2月24日，中共云南省委成立。同年7月，中共云南省第一次代表会议胜利召开。会议明确了党组织建设的要求，就是保证党的高度统一，加强党的组织纪律性，结束过去独立分散、各自为政的游击状态，树立整体观念、全局观念，按照稳步前进的方法发展党的组织。1952年7月，在省委统一部署下，各地根据中央积极慎重的方针，采取“就地发展、集中教育”和“逐步发展、逐步巩固”的方式和步骤，开始了以有计划、分批发展党员和建立基层党组织为主要内容的党的组织建设工作。

建立内地基层党组织。1950年，云南拥有党支部2246个。[①]当时，由于各地发展情况不一，地方基层党组织的建立先是从内地开始，结合土地改革进行。为取得建立党组织工作的直接经验，内地首先选择在机关、土改工作队及一些有工作基础的重点乡进行试点。在试点中，各地都新吸收了一批各条战线上的积极分子加入党

① 中共云南省委党史研究室：《中国共产党云南历史 第二卷（1950—1978）》，云南人民出版社2018年版，第560页。

组织中来，进而建立起一批基层党组织。1952年7月，在省委统一部署下，各地根据中央积极慎重的方针，采取“就地发展、集中教育”和“逐步发展、逐步巩固”的方针和步骤，逐步开始公开党建工作。同时，在总结试点经验的基础上，从1953年起，大规模的基层党组织建设工作在云南内地农村全面铺开，并区别情况分3批开展。经过近两年努力，到1955年，内地县级机关均建立了总支委员会，县级机关的财贸系统、工交系统、文卫系统都建立了党支部，实现了党对各个系统、各条战线直接和全面领导。内地农村除个别条件不成熟的乡外，都以乡为单位发展了大批党员，建立了支部，做到了乡乡有党的支部，实现从县到乡党的垂直领导。

建立基层党组织。云南基层党组织的建立是随着和平协商土地改革和“直接过渡”的实施逐步开展的。1951年起，省委从边疆多民族的实际出发，分类指导，采取了内地坝区土改、内地山区土改、缓冲区土改、和平协商土改和直接过渡等多种以土地改革为中心的民主改革方式。在此期间，省委组织部向全省发出了《关于整顿农村党组织的决定》，认为整顿农村党的基层组织、教育和提高党员觉悟已成为云南党组织当前刻不容缓的首要任务。5月，根据中央的指示和第一次全国组织工作会议精神，省委作出《关于初步整顿党的组织的决定》，决定对全省党组织有领导、有步骤地进行初步整顿。整党从1951年7月开始至1953年3月结束。1955年6月30日，中共云南省第三次党代表会议决定，在进行和平协商土地改革的地区，由地、县委领导开展党组织建设工作，取得经验后，再逐步开展，经过土地改革的乡都要建立起党支部。省委组织部根据这一精神，于1956年8月19日发出《对边疆和平协商土改地区建党工作的意见》（以下简称《意见》）。根据《意见》要求，边疆各级党委有计划地在土地改革已经结束的乡开展党组织建设工作，遵循“集中教育、坚持标准、就地发展和先建立团组织，尔后建立党组织”[①]的原则，将发展党员与选拔培养少数民族干部工作结合起来。各地认真贯彻党中央和省委关于边疆农村基层党组织建设工作的指示，借鉴内地党组织建设的经验，从1955年开始，在实行和平协商土地改革和实施“直接过渡”地区，先从重点乡开始发展团员、建立团支部，接着进行了试建党支部的工作。在党组织建设工作中，把发展农村党员同选拔培养少数民族干部工作结合起来，把农村基层政权改造、建乡建政同建立党的农村基层组织结合起来，全面推进党组织建设工作。[②]省委坚持从实际出发，坚决执行中央积极慎重的建党方针，在各条战线上都发展了一定数量的党员，基层党组织薄弱的状况逐步得到改变。到1956年，云南有基层党委111个，党总支部759个，支部12861个。[③]

不断优化党的基层组织。党的八大之后，云南省委从边疆民主改革的实际出发，不断健全优化党的基层组织体系。随着边疆和平协商土改和直接过渡等民主改革的推行，这些地区广泛开展建党工作，建立了一些特殊的基层政权组织形式，如在“直接过渡”地区成立“爱国团结生产委员会”“爱国团结生产小组”“生产文化站”等过渡性的基层政权组织，领导群众发展生产，使之成为当地的政治、经济、文化中心。随着组织体系不断优化和形势的发

① 中共云南省委党史研究室：《中国共产党云南历史 第二卷（1950—1978）》，云南人民出版社2018年版，第191—192页。

② 中共云南省委党史研究室：《中国共产党云南历史 第二卷（1950—1978）》，云南人民出版社2018年版，第192页。

③ 中共云南省委党史研究室：《中国共产党云南历史 第二卷（1950—1978）》，云南人民出版社2018年版，第192页。

展，党的基层组织不断得到调整充实。到1958年初，除少数沿边境一线的地区外，乡一级都成立了党支部，形成了党的坚强领导核心。1958年，为贯彻落实党的八大二次会议通过的社会主义建设总路线，开展“大跃进”和人民公社化运动，党的工作重点转移到农村，农村党的基层组织有了较大发展。到1960年底，全省已有基层党委达1341个，党总支部2437个，支部2.77万个。①

在挫折中经受锻炼考验。1971年5月，中共云南省第二次代表大会在昆明召开。大会选举产生了中共云南省第二届委员会，省革委会党的核心小组自然消失，标志着“文化大革命”开始后遭受破坏的省委机构正式恢复。②在反右和“文化大革命”期间，尽管党的各级组织遭受了极大破坏，但党的组织经过整顿后仍有较大发展，各级党组织在挫折中经受了锻炼和考验。截至1976年底，云南有基层党委2101个，总支1474个，支部3.71万个。③

云南解放后，地方党组织肩负着巩固新生政权、领导人民进行社会主义建设的历史使命。为完成这一使命，通过逐步建立健全各级党组织，历经建立、撤销、恢复和完善的曲折过程，为巩固党的执政地位奠定了坚实的组织基础。

（二）有效开展整党活动

为加强党的组织建设，根据中央的统一部署和云南的实际情况，在省委的领导下，云南各级党组织开展了多次整党活动，不断

① 中共云南省委党史研究室：《中国共产党云南历史第二卷（1950-1978）》，云南人民出版社2018年版，第422页。

② 中共云南省委党史研究室：《中共云南省委大事纪略（1950年2月-2013年12月）》，第67页。

③ 云南省地方志编纂委员会总纂、中共云南省委员会办公厅编撰：《云南省志·卷四十三·中共云南省委志》，云南人民出版社2000年版，第788页。

提高党员的政治思想水平，增强党的战斗力，纯洁党的组织，保证党的路线、方针、政策的贯彻执行。

部署整党工作。1951年3月28日至4月9日，中国共产党第一次全国组织工作会议在北京召开，会议通过了《关于整顿党的基层组织的决议》[①]，对整党建党工作作出了具体部署。根据全国组织工作会议作出的各项决议，全党有步骤地开展了整党运动。1951年5月21日，省委作出《关于初步整顿党组织的决定》，指出要“对党员进行共产主义、毛泽东思想的教育，党的整体观念的教育，党纲、党章、党员标准的教育”，以提高党员、干部的政治觉悟、政策水平和党性观念，纯洁党的组织。为了推进整党工作有序进行，省委先后10余次发出整党工作指示和对一些具体问题的处理意见，强调要严肃谨慎地、有领导有步骤地进行整党，以达到提高党员的思想觉悟，从组织上划清敌我界限的要求，全面展开整党工作。通过整党，达到了提高党员思想觉悟，从组织上划清敌我界限的目标。

严肃稳慎地开展整党工作。从1951年5月到1953年初，省委从边疆、多民族的特点出发，严肃稳慎地开展整党工作。这次整党确定以原地下党的干部为重点采取四条措施：一是调整领导干部，进行干部回避；二是对党员进行共产主义、毛泽东思想教育，党的整体观念的教育，党纲、党章、党员标准的教育；三是初步审查干部，分清敌我；四是整顿农村党支部，采取继续活动、停止活动、解散三种办法整顿。在中央作出开展“三反”运动部署以后，省委又将整党工作与“三反”运动结合起来进行，为整党工作增添了新的内容和动力。各级党组织严格按照省委的指示，通过调整县级以上

① 中共云南省委党史研究室：《中国共产党云南历史　第二卷（1950-1978）》，云南人民出版社2018年版，第197页。

主要领导干部、培训教育干部、审查干部、整顿党支部、开展“三反”运动等认真细致地开展整党。为了更好地进行党组织的整顿，集中了原云南地下党和“边纵”的党员干部，在各级党校党训班中进行整党。省委党校开办了三期整党训练班，同时又集中了县以上的干部及一部分区级干部进行整党，各地、市委党训班则整训区级及区以下的一般干部。经过学习文件、交代政策、小组讨论、支部决定、本人同意、党委审查、省委批准几个程序进行组织处理。各地参照省委党校做法，采取组织学习党员标准的八项条件进行党员登记，党组织对党员作审查鉴定、作出组织处理等步骤进行整党。通过这次整党，使得参加整党的广大党员，特别是长期处于地下斗争和游击战争环境的云南地下党干部，政治觉悟和政策水平都有所提高，党性有所增强，初步纯洁了组织，对完成减租退押、土地改革、“三反”“五反”运动等各项民主改革任务起了保证作用，为大规模进行社会主义改造和社会主义建设做了思想和组织准备。①

有计划、有领导地开展整党工作。1963年4月，省委发出《关于加强党的基层组织工作的指示》。根据指示，各级党组织继续做好党员教育工作，有重点地整顿党的基层组织，加强基层党组织的工作。在做好这些工作的基础上，有领导、有计划、有步骤地对所有党员进行一次重新登记，达到了进一步提高党员质量、纯洁和巩固党的组织、增强党的战斗力的目的。就边疆地区建党较晚以及教育训练党员和支部工作中存在的问题，党组织有计划、有领导地加以整顿。逐步开展支部的经常性工作，重点是选拔配备好支部的领导骨干，查实党员，整编党小组，把党员组织起来；有计划、有步骤地对支部书记普遍进行一次训练；由各地县委直接领导，通过对党

① 当代云南编辑委员会：《当代云南简史》，当代中国出版社2004年版，第140–141页。

员进行基本教育的试点，搜索总结了一些具体经验，为随后全面对党员进行教育训练做好准备。

在革委会领导下开展整党工作。1967年下半年，随着全国各地陆续成立革命委员会，各级党组织相继恢复。12月，党中央发出《关于整顿、恢复、重建党的组织的意见和问题》，中央通过成立整党建党领导小组，陆续开展整党建党工作。1969年7月15日至8月16日，云南省革委会的核心小组在昆明召开全省整党工作会议，对整党工作进行部署。按照“党组织应是无产阶级先进分子所组成，应能领导无产阶级和革命群众对于阶级敌人进行战斗的朝气蓬勃的先锋队组织”的“五十字”建党方针开始整党建党，把全省分成滇西、滇南、滇东北和昆明地区四片，分别成立整党领导小组。各专州市县革委会相继以政工组为基础成立整党办公室。在整党过程中，重新建立了各级党组织，恢复了多数党员的组织生活。在中共云南省第二次代表大会召开后，省、地、县分别召开了党代会，恢复建立了各级党的委员会，对于遏制造反派势力，稳定全省局势发挥了一定的作用。

在揭批江青反革命集团斗争中开展整党工作。在揭批、摧毁“四人帮”在云南的帮派体系过程中，省委再次进行了整党整风，把打砸抢分子和帮派思想严重的人以及违法乱纪的人调整出基层领导班子，保证了党的集中统一领导，加强了领导班子建设，使各级领导权掌握在德才兼备的干部手里。此次整党中，省委强调各级党委必须严格实行党的民主集中制和遵守党的纪律；严格执行“共产党员绝不允许结帮营私，绝不允许在党内组织派别和秘密集团”的规定；在揭批江青反革命集团的斗争中，从思想上、政治上、组织上整顿和建设好各级领导班子。边疆各级党组织开始纠正“划线站队”错误，大批干部恢复工作，担任了各级领导职务；开始纠正冤假错案；同时调整各级领导班子，对一些派性严重、缺乏锻炼的干部，采取带职下放锻炼的组织措施。并大张旗鼓地进行批判资产阶级派性，增强无产阶级派性的教育，促进了各民族干部、群众的团结，基层党组织凝聚力、战斗力有了提高，推动了各方面工作的整顿。

通过整顿，云南处理了一批不合格党员，纯洁了党员队伍，改善了党员与群众的关系，组织成分和党员素质有了明显改善与提高。

（三）不断壮大党员队伍

党组织由党员组成，党员的数量决定着党组织的规模和党的群众基础，党员的素质在很大程度上决定着党组织的质量和水平。党员在党组织中享有党员权利和义务，按照一定的规定进行党组织活动，在推动落实党的纲领、路线、方针、政策方面起重大作用。这一时期，云南高度重视吸收、挑选和培训党员，发挥党员先锋模范作用，促进党的各项决策部署的贯彻落实。

云南的党员队伍，是在新民主主义革命斗争中逐步发展起来的。1948年，中央为了解决国民党统治区党组织分布不平衡、党员力量不足的问题，提出“公开建党”的口号，到1950年，云南拥有党员4.17万名。[①]党员队伍的发展壮大，为顺利完成党的中心工作提供了保证。但是由于当时受历史条件的限制，发展党员的指导思想不够明确，组织手续不健全，一些党员受党的教育甚少，对党的认

① 中共云南省委党史研究室：《中国共产党云南历史 第二卷（1950—1978）》，云南人民出版社2018年版，第188页。

识模糊，有的在发展工作上出现降低党员标准、单纯追求数量的倾向，一批不符合党员标准的人被吸收入党，有的坏分子也乘机混入党内。1950年5月21日，中央发出《关于发展和巩固党的组织的指示》，明确提出，在老区，党组织建设的任务不是继续发展党员，而是加强对党员的教育和调整党的组织，逐渐把觉悟程度不够的党员提高到合格共产党员的水平，对不具备党员条件的，劝其退党或开除其党籍。在新区农村中，暂不发展党的组织，而是集中力量在各种斗争中组织和教育广大农民，发现与培养真正的积极分子，等土地改革完成后，再进行发展党员的工作。1951年3月召开的第一次全国党的组织工作会议，通过了《关于发展新党员的决议》，对发展新党员作了具体规定。云南省委重新制定了党组织发展工作的重点和方针，对党员标准、入党手续、入党批准权限等问题作出了明确规定。这一时期，云南把工作重点放在整党上，谨慎地吸收了部分积极分子入党，集中力量审查轮训新党员，整顿党的作风，整顿党的基层组织，不断纯洁党员队伍。

1952年11月召开的中共云南省第一次组织工作会议通过了《关于贯彻中央方针、积极慎重发展新党员的决议》，明确了新党员的条件、建党重点和方法、组织领导等问题，为党员队伍的发展壮大以及发挥作用奠定了制度基础。各地根据省委指示，制订了建党计划，培养训练了一批专职组织员，对各地的发展对象进行系统的教育和考察，从而保证了新发展党员的质量。在总结试点经验的基础上，从1953年起，大规模的建党工作开始在全省内地农村全面铺开，并区别情况分3批开展。所吸收的新党员绝大部分是各行各业的骨干和积极分子，大多数新党员都能起到模范作用。到1954年底，党员数量从1952年的2.4万人增至9.9万人，基本消除了没有党员和党支部的空白乡。[①]1955年6月30日，中共云南省第三次代表会议在昆明召开。会议按照《中共中央关于接收新党员手续的规定》等精神，指出发展党员“必须有计划、有准备、有领导地进行”。针对基层干部、骨干不足的状况，接收“经过考察，经过教育，成分好，觉悟高，历史清楚，对党忠诚，在群众斗争及工作、生产和学习中表现积极，懂得党的事业，并愿终身为党的事业奋斗，能够遵守党的纪律的人入党”。党员队伍进一步得到了充实和发展。

为广泛发展党员，党的八大《关于修改党的章程的报告》提出，党员的数量还是很少，今后除了要努力提高党员的质量以外，还需要继续有计划地接受要求入党而又完全合于党员条件的人入党。[②]1956年4月，中央相继批准了中央组织部《关于在知识分子中发展党员计划的报告》，5月又相继批准了《关于高级知识分子入党情况的报告》和《关于发展党员的规划问题》；6月云南省委批准下发了《关于在讲师以上教师中发展新党员工作报告》，提出在知识分子特别是高级知识分子中发展党员的意见。同时，对党的工作薄弱的部门，有计划地调派干部去加强工作，逐步改变了这些部门党的工作落后的状况。各级党组织认真查找在知识分子工作中存在的不良现象和问题，采取举办“青训班”“工训班”等形式，在生产一线、在知识分子中培养发展了一批积极分子入党，特别是发展了一批有名望的知识分子入党，大大激发了知识分子的政治热情和业务工作的进取心，在社会上产生了较好的影响。[③]1956年8月，省

① 黄小军主编：《云南党的建设70年》，云南人民出版社2020年版，第19页。

② 中共中央文献研究室：《建国以来重要文献选编》（第9册），中央文献出版社1994年版，第156页。

③ 中共云南省委党史研究室：《中国共产党云南历史　第二卷（1950—1978）》，云南人民出版社2018年版，第421页。

委组织部出台了《对边疆和平协商土改地区建党工作的意见》，要求各级党委有计划地在土地改革已经结束的乡开展建党工作，根据“集中教育、坚持标准、就地发展和先建立团组织，尔后建立党组织”的原则，将发展党员与选拔培养少数民族干部工作结合起来。指出在这些区域发展党员不能和汉族地区一样地去运用党员标准八项条件，而应根据少数民族的实际情况，适当地吸收那些历史清楚、政治可靠、衷心拥护共产党并愿意为党积极工作的积极分子入党，在党内帮助教育他们，使他们逐步达到党员标准。

1959年1月，省委召开一届七次全会，要求在整风、反右斗争和农业生产“大跃进”中，对涌现出的大批为社会主义和共产主义坚决奋斗的积极分子，可以较多地接收一批合乎党员标准的人入党。在发展党员和建设基层党组织的同时，为调动一切积极因素参加社会主义建设，掀起全面建设社会主义的高潮，边疆各级党组织大力提拔、配备干部，并加强对知识分子、妇女、少数民族和年轻干部的培养选拔工作，加快了干部队伍建设的步伐。

通过继续积极发展党员，吸收大批符合党员标准、愿意为共产主义奋斗的人入党。截至1976年底，云南共有党员81.83万名。[①]党员队伍得到极大的充实和发展，党员的先锋模范作用得到发挥，保证了云南各项事业的顺利进行。

在社会主义革命和建设时期，云南紧紧围绕建立和巩固人民政权、恢复国民经济、进行社会主义改造和社会主义建设等中心任务，大力加强基层党组织建设和党员队伍建设，各级党组织在曲折中得到了进一步的巩固和发展。

① 云南省地方志编纂委员会总纂、中共云南省委员会办公厅编撰：《云南省志·卷四十三·中共云南省委志》，云南人民出版社2000年版，第788页。

三、基层党组织全面加强

党的十一届三中全会以后，云南对在“文化大革命”中遭受严重破坏的基层党组织进行了多次整顿，使党的基层组织得到恢复、巩固和发展。随着改革开放的展开和不断深化，各级党组织围绕中心、服务大局，从实际出发切实加强和改进农村、企业、机关、学校、科研院所、事业单位等基层党组织建设；同时积极进行调整基层党组织设置方式、改进工作方法、创新活动内容的探索，认真研究解决加强社区、新经济组织和新社会组织等领域的党建工作，创造了把基层党组织建在社区、建在产业链上、建在社区楼道等新经验，打造具有边疆民族特色的基层党建品牌，扩大了基层党组织的覆盖面。

（一）推进基层党组织建设

党的基层组织是党在基层的战斗堡垒，是党的全部工作和战斗力的基础。改革开放以来，按照中央和省委部署，云南坚持分类指导、整体推进，以农村、企业、街道社区党的建设为重点。同时，毫不放松高校、机关和其他事业单位的党建工作，不断拓展新领域，扩大覆盖面，整体推进党的基层组织建设，取得了明显成效。

在农村，与推进农业产业化和农村经济结构战略性调整、着力增加农民收入的中心任务相适应，大力加强农村基层党组织建设，基层党组织的组织执行能力明显提高，带领群众脱贫致富的能力不断增强。以强化农村基层党组织领导核心作用为目标，有领导、有计划地整顿农村基层党组织，农村基层组织软弱涣散的状况得到明显改进，“有人管事、有钱办事、有章理事”的问题得到较好解决，农村党组织的领导作用不断增强。以加强农村领导班子建设为重点，开展以创建“五个好”村党组织、乡镇党委和农村基层组织建设先进县为内容的“三级联创”活动，农村基层组织建设的整体水平不断提高；以构建健康、和谐的农村“两委”关系为目标，积极探索农村党组织发挥领导核心作用的途径、办法，党组织领导下的村民自治运行机制不断完善。不断探索基层组织建设的创新发展。按照区域经济发展布局，依托产业集约优势建立党组织，将从事相同产业的党员统一管理。另外，在规模较大的合作经济组织中建立党组织。在一些初具规模的专业市场，由市场管理机构牵头，联合从事生产、加工、流通的农村党员组成新的党组织，称之为“把党的基层组织建在产业链上”。文山县按照“支部建在协会上，协会办在实体上，实体连在农户上”的思路，在协会中建立党支部，先后成立了小石洞林果协会党支部、花桥民族服装印染协会党支部、里布嘎村蔬菜协会党支部等。这种党组织设置形式充分发挥了党支部的领导核心作用和战斗堡垒作用，促进了农村经济的快速发展，丰富了农村基层党建的工作内涵，有利于贫困地区的农民脱贫致富。

在国企，与推进国有企业改革、建立现代企业制度相适应，党的建设不断改进和加强。进一步明确了国有企业党组织发挥政治核心作用的方针原则和参与企业重大问题决策的内容、途径和方法，党对国有企业的政治领导得到有效保证；进一步建立健全企业党组织，发挥政治核心作用，参与企业重大问题决策的体制机制；紧紧围绕企业改革发展稳定和生产经营管理开展党建工作，有效地促进了企业的发展，发挥了较好的服务保证作用；以“四有一促进”为目标，深入开展创建政治素质好、经营业绩好、团结协作好、作风形象好的“四好”领导班子活动，大力加强企业领导班子建设，企业领导班子的整体素质和经营管理能力有了进一步提高，企业经济效益和市场竞争能力得到进一步增强。

在城市，适应城市基层管理体制改革和推进社区建设的需要，街道社区党建力度不断加大。注重抓好社区党组织的组建和党员教育管理工作，党的组织覆盖和工作覆盖不断扩大；以服务群众为重点，围绕精神文明建设、群众思想政治工作、社会治安综合治理、社区服务、提高市民素质等开展党建工作，党组织的凝聚力、战斗力不断增强，与人民群众的联系进一步密切；积极探索街道社区党建工作机制，初步形成了以街道党（工）委为核心，社区党组织为基础，社区全体党员为主体，社区内各单位基层党组织共同参与的街道社区党建工作格局。

在非公有制经济组织和社会组织中，积极探索党的工作进入这些新领域的方式方法，采取单独组建、区域联建、派员组建、挂靠组建、行业统建、党群共建等方式，加快在“两新”组织中组建党组织工作的步伐，使党的工作覆盖面不断扩大，在非公有制经济组织和社会组织中的影响力不断增强。①

通过整体推进基层党组织建设，基层党组织紧紧围绕全党工作重点转移这个中心，不断夯实基层工作基础，基层党组织的吸引力、战斗力、凝聚力有效增强。

（二）实施“云岭先锋”工程

为创新基层党建工作方式方法，解决基层党组织建设薄弱环

① 全国党的建设研究会、中共中央组织部党建研究所：《改革开放以来党的建设》，党建读物出版社2008年版，第207页。

节，增强基层党组织的创造力、凝聚力、战斗力，提高党员队伍整体素质，发挥基层党组织战斗堡垒作用和党员先锋模范作用，2003年12月28日至29日，省委七届五次全会通过《关于在全省基层党组织中实施“云岭先锋”工程的决议》和《关于实施“云岭先锋”工程，大力推进党的基层组织建设的决定》，决定用5年时间实施“云岭先锋”工程，使全省基层党组织和党员做到“五好五带头”，即基层党组织做到领导班子好、队伍素质好、制度建设好、工作业绩好、群众反映好；党员做到带头学习讲政治、带头干事谋发展、带头创新建佳绩、带头服务比奉献、带头自律树形象。对加强农村、机关、国企、街道社区、非公经济、高等院校、窗口行业等7类党的基层组织建设提出具体的措施，构建起了基层党建工作的整体框架。

在农村基层党组织的建设方面，围绕农民增收、农业增效、农村稳定和农村全面建设小康社会开展工作。深入开展农村基层党组织建设“三级联创”活动，制定创建规划，完善创建措施，建立激励机制，形成县（市、区）、乡（镇）、村三级联动、相互衔接、整体提高的工作格局。高度重视抓好基层领导班子建设，尤其是选好配强乡镇党委书记和村党支部书记。实施农村党员、基层干部“素质教育”工程，不断提高农村党员干部的科技文化素质、政策法律水平和带头致富能力。全面实施“三培养”措施，即把农村党员培养成致富能手，把优秀的致富能手培养成党员，把党员致富能手中的优秀分子培养成村干部，使农村广大党员干部成为带领农民脱贫致富奔小康的榜样。

在机关基层党组织建设方面，努力建设成为学习型组织、实干型集体、服务型队伍。坚持开展以“学习创新、执政为民”为主题的创先争优活动，提高为中心工作服务、为基层服务、为群众服务的质量和水平。开展社会评议机关作风活动，把社会各界代表和群众评议与同级机关、上下级机关互相评议结合起来，将评议结果作为考核评价领导班子、党员干部以及妥善处置不合格党员的重要依据。

在国企基层党组织建设方面，把促进企业发展作为国有独资和国有控股企业基层党组织建设的首要任务，大力推行党组织与法人治理结构“双向进入，交叉任职”的领导体制，组织开展以“做改革先锋、当技术能手、比工作业绩、争创新标兵”为主题的比学赶超活动，不断探索适应现代企业制度要求的基层党组织活动形式，进一步完善和规范企业党组织参与重大问题决策的工作机制和保障制度，造就一支高素质的党员队伍和员工队伍。努力做到参与重大问题决策有新机制、发挥政治核心作用有新举措、凝聚职工群众有新办法、促进改革发展稳定有新成效。

在街道、社区基层党组织建设方面，构建以街道党组织为核心，社区党组织为基础，社区党员为主体，社区内各单位基层党组织和社区全体党员共同参与的社区党建工作新格局。大力开展以“社区教育联抓、同育‘四有’居民，文体活动联谊、同树文明风貌，服务设施联用、同兴公益事业，经济建设联动、同增社区实力”为主题的“四联四同”活动，积极发挥协调作用，组织社区内各单位参与社区建设，形成共驻共建、资源共享、优势互补的社区工作局面。拓展工作领域，使党的建设工作向新的经济组织和民间组织延伸，向驻社区单位或居民楼院延伸，向在职党员和流动党员延伸。

在非公有制企业基层党组织建设方面，围绕企业发展目标，开展以“亮身份、促发展、树形象”为主题的实践教育活动，以抓好组建非公有制企业党组织和党员队伍建设为基础，以发挥企业党组织作用为重点，采取独建、合建、挂靠等多种形式，建立健全企业党组织，不断扩大党的工作覆盖面，使党建工作为企业所需要、业主所支持、党员所欢迎、员工所拥护。

在高等院校基层党组织建设方面，围绕发挥教书育人、管理育人、服务育人三个作用，保证社会主义办学方向。高校党委、院系党组织和教师党支部，要把提高教学、科研、管理水平作为重要任务，加强和改进对学生党支部、共青团组织和学生会的领导。学生党支部发挥联系、团结、教育、引导学生的政治优势，开展以“在党旗下成才，为党旗增辉”为主题的实践教育活动，增强党支部的吸引力、凝聚力。

在窗口行业基层党组织建设方面，紧密结合本系统、本单位改革发展的实际，积极探索基层党组织和党员发挥作用的有效途径和办法，广泛深入开展“党员挂牌上岗”“党员先锋岗”“党员示范窗口”“党员责任区”等具有行业特点的党建活动，增强党建工作的针对性和有效性。

2004年2月，“云岭先锋”工程正式启动实施。通过实践，“云岭先锋”工程深得民心，强化了广大党员的责任意识和自律意识，树起了云南党建工作的品牌。为改善基层党组织的工作条件，各级党委在中央补助基础上筹集3.4亿元经费，完成3350个村级组织活动阵地建设任务。在基层队伍建设中，一批素质好、致富能力强的“带头人”进入村“两委”班子，建立1757个流动党员管理服务中心、8782个流动党员服务站[①]，全省规模以上非公企业党组织基本实现了全覆盖。

---

① 王云松、淮水：《云岭党旗红——十六大以来云南党建工作巡礼》，《云南支部生活》2007 年11期。

（三）开展创先争优活动

为充分发挥基层党组织的战斗堡垒作用和共产党员的先锋模范作用，2010年省委办公厅下发了《关于在全省党的基层组织和党员中深入开展创先争优活动的实施意见》，坚持把围绕大局、推动发展作为核心任务，把创建先进基层党组织、争当优秀共产党员作为主要内容，研究提出不同领域、不同行业开展创先争优活动的主题，精心设计特色鲜明、务实管用的载体，精心组织实施好创先争优活动，推动基层党组织和党员更好立足本职发挥先锋模范作用。

农村党组织以建设社会主义新农村为主题，把创先争优活动与深化农村基层党建工作三级联创活动有机结合起来，认真落实“一定三有”政策，大力推广“四议两公开”工作法，深入开展“强班子、强素质，创建带领致富党组织、争当创业致富带头人”的“双强双带”主题实践活动。通过开展设岗定责、评星挂牌、依岗承诺、民情调查、建设农民服务站等形式充分发挥党员作用，带领农民发展致富，努力建设社会主义新农村。

街道社区党组织以建设文明和谐社区为主题，把创先争优活动与借鉴农村基层组织建设经验，在街道、社区开展基层党建工作三级联创活动有机结合起来，认真落实“三有一化”，深入开展“讲服务，创建温馨家园；讲秩序，创建文明家园；讲共建，创建平安家园；讲团结，创建和谐家园”的“四讲四创建”主题实践活动。通过建立党员责任区、党员示范楼院、开展党员志愿服务等活动发挥党员作用，引导社区居民努力建设文明和谐社区。

国有企业和国有控股企业党组织以增强企业经济活力和竞争力为主题，深入开展“争创政治引领力强、推动发展力强、改革创新力强、凝聚保障力强的党组织；争做政治素质优、岗位技能优、工作业绩优、群众评价优的共产党员”的“四强四优”主题实践活动。通过党员责任区、党员品牌工程、党员攻关项目等发挥党员作用，增强国有经济活力、控制力、影响力。

机关党组织以建设学习型机关、服务型队伍、效能型部门为主题，把开展创先争优活动与开展讲党性、重品行、作表率活动有机结合起来，与开展“个人形象一面旗、工作热情一团火、谋事布局一盘棋”的“三个一”主题实践活动有机结合起来，深入开展“比学习，创一流素质；比团结，创一流队伍；比服务，创一流作风；比效能，创一流业绩；比奉献，创一流形象”的“五比五创”主题实践活动。通过设立党员先锋岗、党员示范窗口，组建党员服务队、城乡党员结对帮扶等发挥党员作用，切实改进机关作风，提高机关效能。

高等学校、中等职业学校和中小学校党组织以建设人民满意、社会满意教育为主题，围绕推进教育改革、搞好教书育人、加强教师队伍和学生党员队伍建设工作，深入开展“树立良好师风，争当育人标兵；树立良好学风，争当学习标兵；树立良好作风，争当服务标兵”的“三树立三争当”主题实践活动。通过设立党员科研和后勤服务岗、党员学科带头人，开展党员结对助学、党员志愿服务，争创“优秀共产党员·师德标兵”等发挥党员作用，努力办人民满意的教育。

科研、文化、卫生、体育等事业单位党组织以服务群众、奉献社会为主题，深入开展“注重道德修养，争做行业模范；注重业务水平，争做行家里手；注重服务奉献，争做岗位楷模”的“三注重三争做”主题实践活动。通过创建“科研课题攻关党员先锋团队”“争当德艺双馨党员艺术家”“优秀共产党员·人民满意的白衣天使”等发挥党员作用，努力提高工作质量和服务水平。

非公有制经济组织和社会组织以服务建设有中国特色社会主义事业为主题，以抓好组织健全和党员队伍建设为基础，以发挥基层党组织和党员作用为重点，深入开展“为社会作奉献、为党旗增光彩；争当岗位能手、争当员工标兵、争当守纪模范”的“两为三争当”主题实践活动。通过设立党员创业先锋岗、党员责任区、诚信经营户等发挥党员作用，贯彻落实党的路线方针政策，引导和监督非公有制经济组织和社会组织遵守国家法律法规，团结凝聚职工群众，维护各方合法权益，促进健康发展。

少数民族聚居地区党组织把团结各族群众推动发展、促进和谐、反对分裂、维护稳定贯穿于创先争优活动始终，全面贯彻党的民族政策和民族区域自治制度，积极探索少数民族聚居地区基层党组织和党员队伍建设的新路子，坚决维护民族团结和社会稳定，促进各民族共同团结奋斗、共同繁荣发展。边境地区基层党组织进一步巩固边疆党建长廊建设成果，强组织、建阵地、聚人心、固边疆，努力把边境地区基层党组织建设成为维护边疆稳定的坚固基石、抵御不良渗透的坚强堡垒，把党员队伍建设成为凝聚各族群众的主心骨。

通过开展创先争优活动，全省15.1万多个基层党组织、235万多名党员认真贯彻落实中央和省委的统一部署和要求，以深入学习实践科学发展观为主题，按照“推动科学发展、促进社会和谐、服务人民群众、加强基层组织”的目标要求，紧紧围绕中心工作创先进，立足本职岗位争优秀，充分发挥各级党委的核心领导作用、基层党组织的战斗堡垒作用和共产党员的先锋模范作用，创先争优活动取得了丰硕成果。服务中心工作，经济社会发展更加可喜；促进社会和谐，安定团结大局更加巩固；服务人民群众，民生社会事业更加改善；夯实基层基础，基层组织建设更加强化；突出典型引路，比学赶超氛围更加浓厚。创先争优活动取得了较好的认识成果、实践成果和制度成果，党员群众满意率达91%，创先争优活动成为群众满意工程。[①]

（四）“边疆党建长廊建设”

加强云南边疆民族地区党的基层组织建设，关系党的执政基础，关系边疆繁荣稳定。为改进和加强边境地区党的基层组织建设，努力把边境地区党的基层组织建设成为推动科学发展的领导核心、维护边疆安宁的坚固基石、抵御敌对势力渗透的钢铁长城，2007年4月，省委决定用3年时间，在29个县市开展边疆党建长廊建设，从“强组织、建阵地、聚人心、固边疆”4个方面开展工作。为开展好建设边疆党建长廊工作，省委下发了《关于深化边疆党建长廊建设进一步加强边境地区党的建设的意见》，对推进边疆党建长廊建设进行安排和部署。

强组织，提高战斗力。积极创新边疆基层党组织设置。在正式党员50人以上的行政村设立党总支，正式党员3人以上的村民小组设立党支部。推广在农民专业合作社、重点项目建设工地、外出务工经商人员相对集中点建立党组织的做法，实现农村基层党组织体系全覆盖。积极探索在居民小区、商务楼宇等建立党组织的做法，不断扩大城市社区基层党组织覆盖面。加大在非公有制经济组织和社会组织中建立党组织的力度，基本实现了规模以上非公有制企业和具备条件的社会组织党组织全覆盖。强化基层党员干部队伍建设。

① 《云南省召开创先争优活动表彰大会庆祝建党91周年》，《云南日报》2012年6月30日。

注重在村组干部、青壮年劳动力、外出务工人员中发展党员，全面消除“党员空白村民小组”。坚持选优配强村党组织书记，加强对村干部的教育培养。扎实抓好新农村建设指导员和大学生村官队伍建设，基本实现“一村一名大学生”的目标。

建阵地，提高凝聚力。抓好边疆村级组织活动场所建设。分批投入巨额资金，新建村级组织活动场所，在实现行政村全覆盖的基础上，努力将活动场所打造成村级组织议事决策中心、政策教育中心、科技培训中心、文化活动中心、民事调解中心。加强农村党员干部现代远程教育网络建设，投入资金建成多个远程教育终端接收站点，实现了农村党员干部现代远程教育终端接收站点全覆盖，服务农村党员群众的作用进一步发挥。通过加大资金倾斜、加强部门资源整合等多种方式，整合中央、省、州（市）、县、乡资金，建设民族特色浓郁的活动场所，边境地区在建制村层面实现了全覆盖。迪庆州率先实现了村民小组活动场所全覆盖。德宏州实施的“红旗飘飘”工程，在全州边境农村，尤其是边境一线公共场所，开展悬挂国旗、党旗活动，使广大党员干部和各族群众牢固树立“国门意识、国防意识、国土意识、国家意识、国民意识”，增强广大党员的党员意识、宗旨意识、大局意识、责任意识、服务意识，激发边疆各族群众爱祖国、爱人民、爱党、爱社会主义、爱家乡的热情。

聚人心，提高向心力。云南民族众多，具有得天独厚的民族文化资源，把结合民族文化创新边疆基层党建工作作为一个重要的突破口，不断增强边境地区党建工作的生机与活力。通过编写民族文字党建手册，培养本土党员群众宣传队伍，扩大党在民族地区的影响力；组建民族文艺表演队，创作群众喜闻乐见的节目，引导党员群众开展丰富多彩的经常性文化活动和民族节庆活动，增强党在民族地区的亲和力；尊重各民族风俗习惯，发挥宗教界人士和信教群众的积极作用，抵制陈规陋习，弘扬社会主义文明新风，提升党在民族地区的感召力，开创了一条整合民族文化、独具云南特色的基层党建工作新模式，筑牢了党在边疆的思想阵地。通过建立健全村干部激励保障机制，逐步提高村干部补贴水平，把党建工作与为群众排忧解难结合起来，真正为群众做好事、办实事、解难事，用实实在在的关爱温暖人，凝聚人心。

固边疆，提高执政力。坚持把民族团结放在突出位置，广泛开展“汉族离不开少数民族，少数民族离不开汉族，各少数民族之间相互离不开”的教育活动，大力开展马克思主义民族理论、党的民族政策、民族区域自治法宣传教育，积极开展民族团结月、创建民族团结示范村活动，促进各民族共同团结进步、共同繁荣发展。对党员干部大力开展马克思主义宗教观和宗教政策、宗教知识培训，提高基层党组织做好宗教工作的能力；积极开展以“民族宗教知识进支部、科学发展观进庙堂，民族工作促发展、宗教工作促和谐”为主要内容的“双进双促”活动，着力加强宗教工作重点地区党的建设，夯实党在边境地区的执政基础。

通过边疆党建长廊建设，全面加强了边疆基层党组织的思想、组织、作风和制度建设，巩固和发展了先进性教育的活动成果，深化和拓展了“云岭先锋”工程，基层组织战斗堡垒作用明显增强，党员队伍先锋模范作用更加突出，边疆民族地区各项工作得到促进，为实现巩固祖国边防、推进边疆发展、促进边疆和谐提供了坚强的政治保证和组织保证。[①]2009年，时任中共中央政治局常委、中央书记处书

① 中共云南省委党史研究室：《中共云南省委大事纪略（1950年2月－2013年12月）》，第121页。

记、国家副主席习近平同志批示："近年来，云南针对边境一线经济社会发展滞后、基层党建薄弱的实际，以实现'强组织、建阵地、聚人心、固边疆'为目标，着力建设边疆党建长廊，方向对头、成效明显。"2009年11月7日至9日，中组部"边境地区党的基层组织和政权建设问题研究"课题研讨会在德宏州召开。中组部党建研究所评价云南省开展的"边疆党建长廊"、德宏州开展的"红旗飘飘"等工程成效明显，既有地区特点也具普遍参考价值，要对"云南经验"进行深入研究、总结推广。2011年初，中组部《组工通讯》全文刊发了专题调研报告《夯实稳边兴边的组织基础——云南实施边疆党建长廊建设情况调查》，将云南经验推向全国。

四、新时代党的组织路线贯彻落实

党的全面领导、党的全部工作要靠党的坚强组织体系去实现。党的十八大以来，云南各级党组织和广大党员干部深入贯彻落实新时代党的建设总要求和新时代党的组织路线，以组织体系建设为重点，着力强化各级党组织的政治功能和组织力，着力培养忠诚干净担当的高素质干部，着力集聚爱国奉献各方面优秀人才，在推进党的建设新的伟大工程、推进全面从严治党的实践中切实加强党的组织建设。

（一）"四个主题年"强体系固根本

2016年以来，按照"统筹谋划、分类实施，无的要有、有的要强、强的要优"的总体思路，连续组织实施基层党建推进年、提升年、巩固年、创新提质年，通过"项目化推进、清单化管理、多元化创新、制度化巩固、典型化示范”等一系列措施，打出了推动基层党建的“组合拳”，集聚了狠抓工作落实的“正能量”，推动全面从严治党向基层延伸、向纵深发展，努力实现云南基层党建全面进步、全面过硬，为脱贫攻坚取得全面胜利、全面建成小康社会、实现高质量跨越式发展提供了坚强有力的组织保证，夯实了党在边疆执政的组织基础。

“项目化推进”推动基层党建重点任务落实。始终围绕中央组织部基层党建重点任务部署要求，每年明确一批重点任务，采取项目化措施，累计集中推进和落实了57项基层党建工作重点任务。2016年实施基层党建推进年，结合中央组织部安排的7项基层党建重点任务，集中推进党员组织关系集中排查、党组织按期换届、软弱涣散党组织整顿、领导机关党员干部学习教育、抓党建促脱贫攻坚工作等14项重点任务落实。2017年实施基层党建提升年，结合中央组织部安排的16个方面37项具体工作，集中推进健全完善基层党建工作责任落实体系、村民小组活动场所建设、“两新”组织党组织覆盖提升行动、机关党建“灯下黑”专项整治、藏区基层党建整顿提升行动等10项重点任务落实。2018年实施基层党建巩固年，结合中央组织部安排的10个方面50项具体工作，集中推进党支部规范化建设、驻村扶贫工作队选派管理、农村“领头雁”培养工程、村级集体经济强村工程、“四位一体”建设试点、园区非公企业党建提质增效等12项重点任务落实。2019年实施基层党建创新提质年，结合中央组织部安排的12个方面52项具体工作，集中推进“不忘初心、牢记使命”主题教育、党内政治文化建设、党支部规范化建设、各领域基层党建创新提质、智慧党建、发展党员违规违纪问题专项整治、形式主义官僚主义问题专项整治等21项重点任务落实。[①]

“清单化管理”推动基层党建工作责任落地。全面贯彻落实中央压实党建责任相关要求，针对基层党建工作中存在的职责不明确、责任不落实、落实不到底、工作大而化之等突出问题，围绕“明责”“考责”“问责”，建立主体明确、职责清晰，上下衔接、环环相扣的基层党建责任落实体系，压实党委的主体责任、书记的第一责任、班子成员的共管责任、党务工作者的具体责任。连续4年开列州市党委、省委省直机关工委、省委高校工委、省国资委党委、省委非公经济组织和社会组织工委等5类书记抓基层党建“责任清单”“项目清单”“考评清单”，使党建任务可操作、能落地，党建考核可比较、能评估。通过强化抓书记、书记抓，抓住了“关键少数”，发挥了“关键作用”，逐步构建起了各类责任主体年初照单落实、年中整改销号、年底考核验收的党建责任链条，形成了党委抓、书记抓、班子成员抓、有关部门抓，一级抓一级，层层抓落实的整体合力。把责任考核摆在更加突出的位置，持续开展党委（党组）书记抓基层党建述职评议考核，基本实现述职评议考核全覆盖，述职评议综合评价意见记入年度考核结果、装入个人档案，实现日常考核和年度考评相结合，树立了述职述党建、评议评党建、考核考党建、选拔任用看党建的鲜明导向。2016年以来，对年度述职评议综合评价为“一般”的7位州市党委书记，推进工作不力的8个州市党委组织部分管领导、16个县区组织部部长和4个省直部门机关党组织负责人进行约谈提醒，对工作推进力度弱的38个县（市、区）党委书记通报批评，对城市基层党建推进不理想的4个示

① 《打造基层党建的云南品牌》，《云南日报》2020年2月18日。

范市进行亮牌提醒，有效传导了压力。[①]

“多元化创新”推动基层党建常抓常新。始终把创新驱动作为推动基层党建不断进步的有效办法，通过理念创新、机制创新、手段创新，不断推动工作取得实实在在的成效。探索优化基层党建工作重点任务落地见效的方法途径，形成“党支部规范化建设”“党建责任落实体系”“百名讲师上讲台、千堂党课下基层、万名党员进党校”“整县提升、整乡推进、百村示范、千组晋位”“青年人才党支部”“互联网+党建”“云岭先锋”夜校等一批落实中央部署、结合云南实际、指导基层实践、推动工作落实的特色做法。依托青年人才党支部建设，大力实施农村优秀人才回引计划，汇聚青年人才党员2.8万多名。“万名党员进党校”累计开展培训4.3万期，培训党员375万余人次。通过积极探索抓党建促脱贫攻坚、促乡村振兴、促进各项中心工作的有效载体，形成了党建扶贫“双推进”暨产业扶贫就业扶贫易地扶贫搬迁“三个组织化”、“乌蒙扶贫先锋行动”、“高校一流党建”、中小学校“五强五好”党组织、“国门党建”、“党建+洱海保护治理”、“拥护核心·心向北京”“党的光辉照边疆，边疆人民心向党”、争创“四面红旗”、“三讲三评”等一批沾着泥土、带着露珠、冒着热气、特色鲜明的创新实践。全面加强基层党建阵地群建设，按照“六有”要求，实现乡镇（街道）党校全覆盖，实现所有村民小组均有可提供使用的活动场所，有效缓解了敌对势力、宗教极端势力与我争夺人心、争夺阵地、争夺群众的问题。

“制度化巩固”推动基层党建常态长效开展。坚持把制度建设贯穿基层党建全过程，聚焦新时代党的建设重点难点热点问题，每

① 《主题年如何拉动红色引擎》，《中国组织人事报》2020年7月31日。

年确定一批中组部、全国党建研究会重点课题及云南省党的建设和组织工作调研课题，推动全省各级党组织加强调查研究，注重总结经验、提炼做法，形成了100多篇优秀调研成果，一大批研究成果及时转化为指导推动工作的政策文件、重要文稿，有力推进了党的建设理论创新。及时用制度形式把好的做法经验固化下来，出台了30多个承前启后、上下衔接、系统配套的省级骨干性制度文件，较好发挥了制度管根本、管长远的作用。通过制定基层党建年系列总体方案、深化边疆党建长廊建设意见、党支部规范化建设创建办法等综合性政策文件，形成了统筹全省、指导基层、推动工作的一批宏观制度。通过制定加强国企、高校、民办高校、中小学校、民办中小学校、园区非公企业、社会组织、公立医院等领域性指导文件，形成了聚焦领域、突出重点、分类推进的一批中观制度。通过制定换届提醒、党费日、党员积分管理、“政治生日”、第一书记选派管理、“领头雁”培养工程、村级活动场所建设使用管理等基础性规范文件，形成了全面从严、抓实基层、落细落小的一批微观制度。

“典型化示范”推动基层党建不断提质扩面。始终把典型引路、现场推进、示范带动作为推动基层党建的有效方法，逐步实现了基层党建由盆景到风景、树木到森林、局部到扩面、做法到经验的有效转变。通过建立非公经济组织和社会组织“双百示范点”，以及一大批中小学校、园区、城市、党支部规范化建设基层党建示范点，形成了典型引路、百花齐放的态势。通过召开国企、中小学校、园区、城市基层党建、村级“四位一体”项目建设等一批基层党建现场推进会、片区会，有力推动了工作，调动了基层狠抓落实、创新实践的积极性。通过开展组工干部、乡镇（街道）书记、组织委员、第一书记、各领域党组织书记、党务工作者等一批省级示范培训，带动基层开展分级培训、全员轮训，形成了提高素质、合力推动、齐抓共管的格局。坚持分类别具体指导、分领域统筹推进、分层次组织实施、分区域调度工作、分片区推动落实，有针对性地协调推进企业、机关、学校、科研院所、街道社区、社会组织等各领域基层党建，编印出版《党建红云耀边疆》《不让一个兄弟民族掉队》《“空壳村”脱壳记》《夯实党在边疆民族地区执政的组织基础》《党员和党组织工作问答》等云南基层党建系列丛书，不断提升工作质量和整体水平，形成了对标看齐、比学赶超、奋勇争先的生动局面。

通过开展“四个主题年”系列活动，云南基层党建责任压得更实，基层党建质量更高，基层党建工作围绕中心、服务大局更加紧密，基层党建氛围更浓，有力推动了全面从严治党向基层延伸、向纵深发展。

（二）“三个组织化”彰显组织优势

严密的组织设置、健全的组织体系，是脱贫攻坚取得全面胜利的重要保障。按照便于党员参加活动、党组织发挥作用的要求，从产业布局、行业分布、党员流向等方面，采取纵向整合、横向联合、分类组合等方式，积极探索务实管用、灵活便捷的基层组织架构，健全完善全域决战脱贫攻坚组织体系，全面提升抓党建促脱贫攻坚的组织化水平，不断提升产业扶贫、就业扶贫、易地扶贫搬迁组织化程度，使党在农村的工作既不留死角，又适应经济基础的变化，为脱贫攻坚提供坚强有力的组织保障。

提高产业扶贫组织化程度。产业是脱贫之基、富民之本、致富之源。决战决胜脱贫攻坚，就要抓住产业扶贫这个“牛鼻子”，从根本上解决贫困人口增收难问题。通过充分发挥基层党组织在引领推动产业发展中的领导作用，立足贫困地区资源禀赋，因人因地施策、因贫困原因施策、因贫困类型施策，扶持贫困地区不断发展壮大特色产业，为贫困群众稳定脱贫和长期增收提供坚实支撑。扩大党的组织和工作覆盖面。创新完善贫困地区农村基层党组织设置方式和活动方式，加大在农民专业合作社、农业企业、农业社会化服务组织中组建党组织力度，切实加强农村党组织对农村各类组织的统一领导。因地制宜发展特色产业。采取“党组织+公司+合作社+农户（贫困户）”的产业模式，引导龙头企业、农民专业合作社、专业大户等新型农业经营主体与贫困户建立起紧密的利益联结机制，破解产业发展的路径、资金、资源、管理和市场等突出瓶颈，推动实施贫困地区“一村一品”“一户一业”扶贫行动，做到宜农则农、宜林则林、宜牧则牧、宜开发生态旅游则搞生态旅游。推进农村电子商务平台抓党建促脱贫攻坚，将综合服务平台与“淘宝云南馆”等电商平台对接。发展壮大村级集体经济。抓住中央专项扶持机遇，深入实施村级集体经济强村工程，加大资金整合力度，开展扶持发展村级集体经济试点县和村级“四位一体”试点项目，全面铺开强基惠农“股份合作经济”工作，积极稳妥实施“党员创业致富贷款”、强基惠农股份合作经济，多渠道支持贫困村发展壮大村级集体经济，将农户自发的分散式经营变为党组织引导的规模化经营，进一步提升特色优势产业上水平，放大帮扶资金的整体效应，实现产业发展、集体增收、群众致富。

提高就业扶贫组织化程度。做好就业扶贫工作，促进农村贫困劳动力就业，是脱贫攻坚的重大措施，是打赢脱贫攻坚战的重要内容。组织劳动力转移就业。摸底排查贫困劳动力未就业基础信息，摸清就业意愿和就业服务需求，广泛收集岗位信息，统筹开发各类公益性岗位，努力促进贫困劳动力就业意愿、就业技能与就业岗位精准对接，精准找岗、引岗、送岗到户到人，提高劳务输出组织化程度，组织有劳动能力的贫困群众到沿海城市、发达地区务工。加强技能培训。以就业为导向，依托职业学校、实训基地等培训资源，围绕产业发展和企业用工需求，统筹培训资源，积极组织贫困劳动力参加劳动预备制培训、岗前培训、订单培训和岗位技能提升培训，采取课堂讲授、专家指导、现场教学等多种形式，提高培训的针对性和有效性，并按规定落实职业培训补贴，以技能扶贫“造血”方式，激发群众内生动力，让每个有适龄劳动人口的贫困家庭至少有1名劳动者实现技能就业，助力群众走上致富路。维护好外出务工人员基本权益。依托各级就业服务中心和外出务工人员集中地党组织，采取走访看望、座谈交流、电话沟通等方式，做好外出务工人员联络服务、信息沟通、跟踪维权、困难帮扶等服务保障工作，了解党员外出后的思想、工作情况，及时向外出务工党员通报党组织的重要情况，鼓励他们返乡创业，为家乡发展作出贡献。

提高易地扶贫搬迁组织化程度。易地扶贫搬迁是解决“一方水土养不好一方人”，彻底摆脱恶劣生存环境和艰苦生产生活条件最直接、最有效的措施手段。深入细致做好涉迁群众工作。发动各级干部、驻村工作队员和村组工作力量，耐心细致与群众点对点交流、面对面谈心，充分调动广大人民群众搬迁入住的主动性、积极性，打消不想搬、不愿搬的思想顾虑；做好规范明确搬迁目标任务和建设时序，按规划、分年度、有计划组织实施；做实搬迁群众产业就业帮扶，统筹使用各类培训资源，做到有培训意愿和劳动能力的建档立卡搬迁人口至少接受一次职业培训，掌握一项就业技能，贫困群众家庭成员至少有一人实现就业。加强基层社会治理。依托基层党组织和自治组织，有效利用社会公益组织力量，合理设置管理单元和管理机构，运用大数据等现代信息技术，丰富议事协商形式，激发带动搬迁群众强化主人翁意识，广泛引导各类社会力量参与易地扶贫搬迁安置区域的发展和服务，对易地扶贫搬迁安置区域进行规范化管理，不断提高治理能力和治理水平。推动搬迁群众移风易俗。对搬迁群众加强习近平新时代中国特色社会主义思想、社会主义核心价值观和感恩教育，修订完善迁入地村规民约（社区公约），加大搬迁群众普通话教育和扫盲培训，组织学习交通、卫生、治安、公共秩序、防火、防盗、防诈骗等知识，引导他们形成良好的习惯，扭转旧习俗、展示新面貌。

紧紧围绕2020年全面建成小康社会目标，把提高产业扶贫、就业扶贫、易地扶贫搬迁“三个组织化”作为抓党建促脱贫攻坚促乡村振兴的迫切之需、关键之举、治本之策和长远之道，深入开展挪穷窝、转就业、培产业，使“三个组织化”程度不断提高、稳定脱贫全面小康基础持续巩固。

（三）党支部规范化建设成效显著

基层是党的执政之基、力量之源。通过树立党的一切工作到支部的鲜明导向，把党支部规范化建设作为最重要的基本建设来推进，不断提升各领域党支部建设标准化水平。从2018年起，用3年时间，对标党支部规范化建设标准开展规范化建设，全面提升全省各领域党支部建设标准化水平，把全面从严治党要求落实到每个党支部、每名党员。

部署创建工作。2017年，省委组织部出台《关于印发〈农村党支部规范化建设标准（试行）〉等9个标准的通知》，明确了农村、社区、机关事业单位、国有企业、非公有制经济组织、社会组织、高校教职工、高校学生、中小学校9类党支部规范化建设标准。为确保党支部规范化建设落到实处，2018年，出台了《党支部规范化建设达标创建办法》，围绕“一年典型引领作示范、两年全面规范强基础、三年巩固深化见成效”的思路，坚持抓两头带中间，扩大先进支部增量，提升中间支部水平，整顿后进支部，按照2018年不少于25%，2019年不少于40%，2020年不少于35%的比例进行达标创建，有条件的可根据实际提高前两年的创建比例。为与《中国共产党支部工作条例（试行）》等系列重要政策文件精神一致，2019年，又出台了《关于印发12类党支部规范化建设标准的通知》，在之前9类党支部规范化建设标准的基础上，新增事业单位、离退休人员、流动党员3类党支部规范化建设标准，形成12类覆盖各领域各类党支部的规范化建设标准，同时，统一印制了《党支部规范化建设标准（试行）》手册。

明确创建标准。从基本组织、基本队伍、基本活动、基本制度、基本保障建设标准化5个方面细化了各类党支部建设标准，对基层党建工作涉及的方方面面制定出统一的标准“刻度”，形成了一套覆盖全省各行业、各领域基层党组织的党建工作标准化体系，让基层党支部建有标尺、抓有方向、评有依据。在基本组织建设标准化方面，以发挥党支部的战斗堡垒作用为着力点，要求实现党支部设置科学、隶属清楚、调整及时、换届正常，党小组划分合理，党支部班子成员选优配强、结构合理、职责明确、团结协作。在基本队伍建设标准化方面，以发挥模范作用为着力点，要求实现党员发展严格规范、教育培训经常、管理落细落小，困难党员激励关怀帮扶到位，流动党员教育管理服务有效加强，不合格党员处置稳妥审慎，防止党员失联机制健全完善。在基本活动建设标准化方面，以增强党支部的生机活力为着力点，要求基层党支部每月确定一天作为“支部主题党日”，做到“党费日”“三会一课”、积分评定等活动正常规范。采取“支部主题党日+”形式，开展党性教育、业务培训、志愿服务、民情恳谈、走访慰问等活动，实现党支部基本活动每月有主题、季度有安排、年度有计划。在基本制度建设标准化方面，以推动党支部工作规范化长效化为着力点，要求通过严格落实“三会一课”、组织生活会、谈心谈话、民主评议党员等党的组织生活制度，配套完善议事决策、党务公开、联系服务群众等制度，做到基本制度执行到位、运行有效。在基本保障建设标准化方面，以有力保障党支部人、财、物为着力点，要求加大政策倾斜力度和投入保障，做到党务工作者队伍配备到位、素质优良；党支部工作经费、党员教育培训经费和党务工作者待遇等保障到位、使用规范、管理严格；活动场所面积达标、设施齐全、功能完备，建管用效果实在；基础党务台账清单明晰、资料齐全、管理规范。

推进创建工作。全省党支部规范化建设达标创建按照排查摸底、制定方案、对标创建、考核验收、达标命名五个方法步骤有序进行。排查摸底。各州市、县（市、区）党委组织部和省、州市、县（市、区）直单位党（工）委对各类党支部进行排查摸底，全面掌握党支部基本组织、基本队伍、基本活动、基本制度、基本保障等情况。各类党支部的上级党组织根据排查情况，结合整顿软弱涣散基层党组织相关要求，对应“先进”“一般”“后进”等次，对党支部进行分类定级，明确先进支部、中间支部、后进支部，建立党支部规范化建设达标创建台账。制定方案。各地各单位对党支部规范化建设达标创建工作进行安排部署。各州市、县（市、区）党委组织部和省、州市、县（市、区）直单位党（工）委制定党支部规范化建设达标创建实施方案；各类党支部的上级党组织制定达标创建具体工作方案，明确创建的目标、任务、措施、时限和责任。对标创建。开展党支部规范化建设达标创建，严格按照农村、社区、机关事业单位、国有企业、非公有制经济组织、社会组织、高校教职工、高校学生、中小学校、事业单位、离退休人员、流动党员12类党支部规范化建设标准执行。各类党支部对照所属类型规范化建设标准，全面开展达标创建，逐项规范，进行销号管理，推动党支部补齐短板、晋位升级、分批达标。考核验收。坚持分级负责，每年11月起，由党支部在自检自查的基础上开展达标申报，按照党组织隶属关系逐级开展考核验收。在考核验收过程中，可结合实际，对党支部规范化建设达标创建情况开展党员群众满意度测评。达标命名。根据考核验收情况，对规范化建设达标党支部进行公示，接受党员群众监督。已达标的，每年由县级组织部门集中命名一批“规范化建设达标党支部”，并报上级党委组织部门备案。采取逐级推荐的方式，由州市、省直工（党）委组织部门和省委组织部在“规范化建设达标党支部”中择优命名一批各级“规范化建设示范党支部”。

保障创建实效。配套建立了领导联系制度、责任落实制度、达标销号制度、督促检查制度、分析研判制度、激励约束制度、总结报告制度。根据不同领域、不同行业党支部建设情况，结合各级党组织书记、班子成员履行年度抓基层党建工作责任清单、扶贫工作挂钩联系点等，确定一批党组织班子成员挂钩联系的党支部规范化建设达标创建联系点。把党支部规范化建设达标创建工作纳入基层党建工作重点任务项目清单，作为各级党组织书记抓基层党建工作述职评议考核的重要内容，配套落实人、财、物等基础要素保障，推动达标创建有序开展。建立党支部规范化建设达标创建销号台账，实行动态管理，达标一个支部销号一个支部。加强党支部规范化建设达标创建工作督促检查，每年按照一定比例进行随机抽查，每三年开展一次全面复核检查。对已命名的“规范化建设达标党支部”“规范化建设示范党支部”，工作滑坡、示范作用不好的，摘牌限期整改；对党支部规范化建设达标创建工作停滞不前、与规范化建设标准存在明显差距的，督促抓好达标创建。把党支部规范化建设达标创建与围绕中心服务大局、促进单位部门工作，推动经济社会发展、改革发展稳定、精神文明建设、移风易俗、加强基层治理、决战脱贫攻坚、党风廉政建设、提升组织力等结合起来，对党支部达标创建进行综合分析研判，避免与中心工作脱节，为创建而创建，防止出现材料达标、台账达标。对达标创建工作成效突出的单位和个人给予表扬并作为基层党组织评先评优的重要依据，对工作不力的加大约谈力度，对存在形式主义、官僚主义、弄虚作假的严肃追责问责。及时根据党支部规范化建设达标创建推进情况，适时采取现场会、实地观摩、交流经验等形式，分析问题、解决问题，总结经验、树立典型，营造比学赶超的良好氛围。

通过推进全省党支部规范化建设达标创建工作，把全面从严治党要求落实到每个党支部、每名党员，党支部规范化建设整体水平不断提高。300个党支部被命名为2018年度省级“规范化建设示范党支部”，500个党支部被命名为2019年度省级“规范化建设示范党支部”，省直机关党支部规范化建设2020年实现全部达标。

（四）“智慧党建”实现工作转型升级

党的十八大以来，云南始终聚焦夯实党在边疆民族地区的执政基础，围绕提升组织力，通过充分运用互联网思维和技术手段，将党建传统优势与信息技术高度融合，在全国率先开展“网络党建”理论研究和实践探索，“十三五”以来又率先全面铺开“互联网+党建”，走出了一条符合云南实际、具有云南特色的道路，为推动新时代党建工作的转型升级提供了重要载体。

构建三层贯通互融的系统，升起联接党员群众的“党建红云”。通过构建“落地为站、手机到人、上天为云”三层贯通互融的系统，升起了一朵联接党员群众的“党建红云”，并为丰富多彩的具体运用提供了软硬件支持和保障。一是“落地为站”。依托互联网技术，在远程教育终端站点基础上研发“党务+政务+服务”的综合服务平台，使之由单纯的学习平台向综合管理服务转型升级。依托县（市、区）政务服务中心、乡镇（街道）为民服务中心、村（社区）为民服务站，以及部分村民小组为民服务点，实现全省“云岭先锋”综合服务平台城乡全覆盖，使党员群众不出村就能联接到党建网络。二是“手机到人”。依托移动互联网技术，研发云岭先锋APP，在试点运行基础上逐步向全省党员推广使用。云岭先锋APP的功能运用与“云岭先锋”综合服务平台一脉相承，但却能够做到让党员随时随地随身接入党建网络，成为“随身宝”。三是“上天为云”。选择Openstack管理平台+开源虚拟化引擎的云操作系统，按照物理层、资源控制层、云服务层、云安全防护平台、运行监控及维护管理平台和云服务管理平台等6个层次的技术架构，大力推进“党建云”建设，为丰富多彩的功能运用提供云服务器、云存储、云数据库、云负载均衡、云安全等一系列支撑。

打造全面从严治党平台，铸就党在边疆民族地区执政的钢铁长城。在推进“智慧党建”中，始终坚持“党的一切工作到支部”的鲜明导向，着力打造全面从严治党平台。一是构建“网上党支部”。以中央组织部开展全国党员管理信息化工程为契机，以基层党组织和党员简项信息库实名认证为基础，通过网站与手机应用互联互通，采取实体网络相结合、线下线上相结合、流出流入相结合的方式建立“网上党支部”，实现实体党支部信息化、虚拟党支部网络化。党员可在电脑端通过云岭先锋综合服务平台登录或在手机端通过云岭先锋APP登录进入本人所在党支部，随时随地参加组织生活，开展或参与相关活动，有效破解了流动党员、非公企业和社会组织党组织工作覆盖难、管理服务难等问题。二是拓展党员教育渠道。构建党员教育资源的“中央厨房”，加强省级党员教育制播运维基地建设，将中央的通用教育资源、云南的精品教育资源和通过各种渠道引进的优秀教育资源整合起来。优化升级远程教育平台，采取“统一平台账号、三屏收看学习”的方式，推动远程教育进机关、进企业、进学校、进社区、进家庭，扩大党员教育覆盖面。依托远程教育平台开展党员冬春训、开办“云岭先锋”夜校访谈节目。通过云岭先锋APP打造“党员书包”，制作微视频、微电影、微党课等课件推送给党员，满足党员多元化、差异化学习需求。三是创新推动工作抓手。研发使用远程互动的随机调研系统、直达基层的视频会议系统、动态监控的电子台账系统、答疑解惑的咨询服务系统，使调研、部署、督查、评估等工作均可不出办公室就远程实现，全面降低了成本，提高了效率，提升了效果。

打造联系服务群众平台，厚植党在边疆民族地区执政的群众基础。始终注重坚持“各炒一盘菜、共办一桌席”，整合各方资源齐心协力联系服务群众，在点滴服务中厚植群众基础。一是开通服务群众“直通车”。省委组织部与省人社厅、司法厅、民政厅、卫计委和金融保险等相关单位合作，推动就业信息查询、网上代理办证、金融保险服务、法律援助等便民服务事项进驻“云岭先锋”综合服务平台。群众只需在村级综合服务平台提交办理事项，即可通过“网络跑腿”实现“事在村办、钱在村领、证在村拿，政策咨询在村知晓、困难在村反映、问题在村解决”。通过“云岭先锋”手机APP，群众还可随时查看事项办理进度，办完后系统自动推送办结通知到个人，受到了各族群众的交口称赞。二是开辟脱贫攻坚“新通道”。积极引导基层党组织依托综合服务平台发展农村电商，按照“生产生活用品下乡、高原农特产品进城、乡村旅游推介上网”的思路，协调有关部门和企业建设农村电商为民服务站点，吸引综合服务平台商家入驻，上架高原特色农产品“一村一品”，发布乡村旅游景点，拓宽了群众增收渠道。三是建立党群沟通“连心桥”。以群众上门办事或干部进村入户为契机，利用综合服务平台“民情速递”功能，通过手机拍照上传，随时记录群众诉求和服务群众的情况，打通群众的利益表达与诉求渠道。与此同时，各级党组织通过PC端实时发布党务、政务、财务等公开信息，让党员群众通过电视、电脑、手机第一时间了解党内外事务，增进了党群互信、密切了党群关系。

打造教育引领群众平台，凝聚党在边疆民族地区执政的伟大力量。始终注重利用互联网天然的强大宣传动员和组织功能，打造党建融媒体，牢牢把握思想政治工作主动权、主导权。一是打造云岭先锋党建网站联合体。依托互联网技术，对全省的党建网站资源进行“横向到边、纵向到底”的链接和整合，实现省、州市、县（市区）、乡镇（街道）四级党建网站贯通，并通过数字乡村网连通到村，建立了对外面向全国、对内覆盖全省、向上通达中央、向下联接州县乡村的党建网站联合体，实现网络载体、宣传品牌、网站管理、信息资源四个“统一”，发挥了党建信息发布、党建网站自助建站、网上党建舆情检索、党组织党员实名登录认证、网站统计分析决策、网站手机互动等六项功能。截至2020年12月，云岭先锋网站年总点击量达9412万，10万+稿件24条。二是打造云岭先锋新媒体宣传矩阵。依托移动互联网技术，开通云岭先锋微信公众号，每天编发一组7—8篇图文并茂的文章推送给用户。在内容生产上坚持“量体裁衣”，密切跟踪时事新闻，聚焦热点，及时传播党的声音、答疑解惑、引导舆论。截至2020年12月，云岭先锋微信公众号订阅量达57万，10万+稿件39条，最高单篇点击量超过70万，且持续稳步增长。各州市、县（市、区）也纷纷推出微信公众号，如昭通市的“红色扎西”，德宏州的“芒市先锋”等均具备了一定影响力，逐步构建了省、州市、县（市、区）的新媒体宣传矩阵。三是打造云岭先锋手机报。以“宣传党建工作的权威平台，服务党员干部的快捷通道”为办报宗旨，坚持每个工作日发送1期，覆盖全省处级以上党员干部，乡镇（街道）领导班子成员、村（社区）书记、主任、大学生村官，以及部分非公企业、社会组织负责人，云岭先锋手机报成为云南省内用户数最多、影响力最广的第一大品牌手机报、云南省开展党员教育的主阵地之一。截至2020年12月，云岭先锋手机报共发送2112期，共发送近5.7亿人次。此外，基层党组织还可通过“云岭先锋”综合服务平台免费使用手机短信群发功能，平时将重要信息、通知、公告等发送给党员干部，紧急情况、突发事件时点对点发布信息，实现精准动员。

党的十八大以来，云南按照“统筹谋划、分类实施，无的要有、有的要强”的总体思路，先后实施基层党建推进年、提升年、巩固年、创新提质年，深化“国门党建”，开展“云岭先锋”创建活动，推进“红旗飘飘”工程，实施党建脱贫“双推进”。大力整顿软弱涣散基层党组织，以基层党建引领基层治理，深入开展扫黑除恶专项斗争，全面提升基层党组织组织力，边疆各个领域党建水平全面过硬、全面进步，党组织的“神经末梢”更加强健，联系群众的前沿阵地更加牢固，固边兴边的执政根基更加夯实。

（五）干部队伍能力素质不断提升

决战决胜脱贫攻坚、全面建成小康社会，实现高质量发展，离不开一支高素质专业化的党员队伍。云南深入贯彻新时代党的组织路线，着力抓改革、提质量、促规范，积极建设信念坚定、为民服务、勤政务实、敢于担当、清正廉洁的高素质专业化人才队伍，为服务云南发展提供了人才支撑。

营造选人用人新风向。针对一些地方和部门存在的干部选拔任用工作不够规范、执行政策有偏差、用人风气不正，一些领导干部跑官要官、买官卖官、任人唯亲等问题，高度重视政治生态源头建设，坚持好干部标准，把用什么人、不用什么人的“方向标”鲜明树起来，使用人风气进一步清朗起来。按照“用人立得起”的要求选人用人，省委根据《党政领导干部选拔任用工作条例》和习近平总书记提出的好干部20字标准、“三严三实”“忠诚干净担当”“四有”“四个铁一般”等要求，研究出台《中共云南省委关于全面贯彻好干部标准和“三严三实”要求进一步加强和改进干部选拔任用工作的意见》，旗帜鲜明地树立忠诚干净担当、不让老实人吃亏、从基层一线培养选拔干部的“三个导向”和“七个大力选拔和重用”“七个坚决调整和不用”的用人标准，严把干部选拔任用的群众观、廉政关、程序关、纪律关、任职关“五道关口”，让党员干部看到了选人用人新风向，以用人导向引领干事导向，坚持在脱贫攻坚一线考察识别干部。强化在脱贫攻坚第一线培养锻炼干部工作等方式健全完善在脱贫攻坚第一线考察识别干部的工作机制。

完善干部考核评价。制定出台《关于加强和改进省管领导班子和领导干部综合考核评价工作的指导意见》和州（市）、县（市、区）委书记，省直部门、高等学校、省属国有企业领导班子和领导干部综合考核评价“一个意见、五个办法”，区分不同考核对象分类设置考核内容，坚持定量考核与定性考核相结合，坚持考核评价结果与选拔任用干部、干部评优评先挂钩，通过考实事、察实干、评实绩、看实效，有效解决了唯票、唯分、唯年龄、唯GDP的“四唯”问题，逐步形成了干部在实干实绩上竞争的新导向。坚持把基层作为培养锻炼干部的主阵地，近年来各级党政机关选拔的处级以上领导干部均具有两年以上基层工作经历。

提升干部能力素质。针对干部能力不足、素质不高、本领恐慌，难以适应经济社会发展形势需要等实际，坚持教育培训与实践锻炼并举，大规模开展干部教育培训，大力度选派干部挂职锻炼，促进了干部能力素质大幅度提升。一方面，坚持从严从实教育干部，突出理论武装和党性教育，通过“五步法”加强党性教育，实现县处级及以上领导干部培训全覆盖。另一方面，突出抓好实践锻炼，坚持把实践锻炼作为提升干部能力素质的有效途径，每年从省内选派20名左右干部到中央国家机关和上海市挂职锻炼，每年从省直单位选派40名左右处级干部到县市区、从州市选派40名左右处级干部到省直单位挂职锻炼。2015年12月，制定《云南省引进干部人才和选派干部到省外挂职培养工作方案》，从2016年起，连续五年，每年选派一批厅处级领导干部到中央国家机关、中管金融机构和国有重要骨干企业挂职培养，每年选派一批干部到珠三角、长三角地区挂职锻炼。在脱贫攻坚一线锻炼干部。为帮助怒江州、镇雄县如期完成脱贫攻坚任务，同时在脱贫攻坚一线关键岗位上磨砺干部，省委根据怒江州、镇雄县脱贫攻坚需要，从省直部门、省属企事业单位和昆明市、玉溪市精准选派了90名干部组成工作队，下派到怒江州、镇雄县开展脱贫攻坚工作。为帮助迪庆州、怒江州如期完成脱贫攻坚任务，2019年5月，省委从省直教育、卫健、农业农村部门和昆明市、玉溪市精准选派了100名优秀专业技术人才组成工作队，下派到迪庆州、怒江州开展教育教学、医疗保健、产业发展建设工作，为切实增强两州造血功能、提高可持续发展能力提供人才和智力支持，在脱贫攻坚一线锻炼和提升干部能力与素质。

坚持从严管理干部。按照习近平总书记关于从严管理干部要求，采取一系列措施，打出了一套从严从实管理干部的“组合拳”，进一步提升了干部管理科学化水平。以《中共云南省委关于落实全面从严治党要求建设忠诚干净担当高素质干部队伍的决定》为核心，抓住管党治党责任、选人用人管人、规范权力运行等关键问题，采取“综合统筹、分批出台”的方式，陆续出台系列配套文件，形成立规矩、明纪律、强约束的“1+N”制度体系；制定出台《云南省党政领导干部生态环境损害责任追究实施细则（试行）》，强化党政领导干部履行生态环境和资源保护职责；制定出台《云南省党政领导班子“一把手”监督办法（试行）》，着力破解“一把手”监督难题；制定《云南省从严从实管理干部若干规定》，有效解决干部工作中存在的重选拔、轻管理，重使用、轻监督，失之于宽、失之于软，带病提拔、带病上岗等问题。从严从实管理干部制度体系的形成，扎紧了制度笼子，为全面从严治党、依规治党提供了制度保障。各地也积极探索出台从严管理干部的制度办法。坚持思想问题和实际问题一起改，突出问题和具体问题一起抓，整改落实和建章立制一起推，持续抓好“三超两乱”问题集中整治工作，持续抓好领导干部违规兼职清理工作，持续推进“严禁违反党的组织人事纪律”专项整治工作，持续严格开展干部人事档案专项审核工作，持续严格执行领导干部个人有关事项报告查核制度，拟提拔的厅处级干部个人有关事项报告核实做到了全覆盖。制定出台《云南省推进领导干部能上能下实施细则（试行）》，把中央《推进领导干部能上能下的若干规定（试行）》明确的“9+1”种情形进一步细化为“19+1”种情形。坚持把干部召回制度试点作为推进干部“能下”的一个重要突破口，在昆明市、楚雄州、文山州的6个单位开展不适宜担任现职干部召回管理试点。各地各部门紧密结合自身实际，主动作为，积极探索，制定了一系列配套措施。坚持“严管”与“厚爱”相结合，坚持严格管理和热情关心相结合，采取多种有效措施，积极构建全方位、立体化的关爱体系，充分调动了干部的主观能动性。

按照信念过硬、政治过硬、责任过硬、能力过硬、作风过硬的要求，以坚定理想信念为根基，以提高能力素质为关键，以严格监督管理为保障，以调动各级干部积极性、主动性、创造性为着力点，抓培养、提素质，严管理、强考核，树导向、重激励，着力建设了一支适应高质量跨越式发展要求、忠诚干净担当的高素质干部队伍，有效推动了云南各项事业的顺利开展。

（六）各类人才活力动力充分迸发

习近平总书记指出，“发展是第一要务，人才是第一资源，创新是第一动力”。党的十八大以来，通过实施人才强省战略，不断推动人才发展体制机制改革向纵深推进，破除制度藩篱，在培养、引进、使用、评价、激励人才各方面创新模式、放权松绑，激发了人才创新创造的活力，营造了人人皆可成才、人人尽展其才的人才发展生态，为云南边疆决战脱贫攻坚、决胜全面小康、推动高质量发展提供了人才和智力支持。

制度松绑激发创新活力。坚持党管人才原则，结合机构改革，将人才工作职能写入人才工作领导小组成员单位“三定”规定，进一步强化党委统一领导、组织部门牵头抓总、各有关部门各司其职，全社会积极参与的人才工作格局。以“放权”和“松绑”为核心，一个个步子大、亮点多，措施实、投入高的人才新政频频出台，掀开了云南人才工作改革创新的新篇章。2016年，省委、省政府制定出台《关于深化人才发展体制机制改革的实施意见》，核心内容包括消除对用人主体的过度干预、保障和落实用人单位自主权、健全市场化社会化人才管理服务体系等。2018年3月，出台“高层次人才引进计划”“高层次人才培养支持计划”，“两个计划”聚合和集中释放全省所有人才支持政策和改革成果，在经费保障上，实行“叠加支持”；在编制管理上，实行“带编引进”；在职称职数上，实行“单独核定”；在人才服务上，实行“特殊礼遇”；在政策支持上，实行“特事特办”。2021年6月，出台《云南省中长期人才发展规划（2021—2030年）》，确立人才发展新目标，谋划人才发展新格局，厘清人才发展新思路，贯彻人才发展新理念，锚定人才发展新指标，提出人才发展新表述，落实人才发展新要求，实施人才发展新工程。通过健全完善相关制度，以品牌整合、统筹联动、政策衔接、活力激发4条路径为抓手，推动云南人才发展体制机制改革向深水区挺进，具有云南特点、区域竞争力、闭环全面的人才政策和制度体系基本构建成型，人才的制度优势正在转化为实际效能，人才品牌竞争力日趋凸显。

柔性借智汇聚天下英才。实行更加开放、灵活的人才政策，多渠道开展“柔性引才”，不求所有、但求所用，不求所在、但求所为，汇聚了一大批高层次人才。2016年8月，出台《云南省柔性引进人才办法（试行）》，确定了顾问指导、兼职服务、项目合作等“柔性引才”方式，先后在大理、腾冲、西双版纳、普洱、丽江建成5个“云南省柔性引进高层次人才基地”。每年还举办“云南人才周”“高层次人才云南行”等活动，努力实现柔性引进的人才与云南在科研成果转化、人才队伍建设、人才智力合作等多方面合作。以国家人才项目、教育部滇西扶贫、省院省校合作、滇沪滇粤合作、中国工程院定点挂钩等帮扶机制为契机，与上海等地建立退休人才“二次开发”合作机制，柔性汇集高端退休人才智力，与9家海外机构签订“海外引智工作站”协议。拓宽人才工作视野，成功举办了四届“云南国际人才交流会”，搭建了一个常态化的国际人才交流平台。

为人才成长提供土壤养分。积极用好“西部之光”访问学者等平台，主动与上级部门沟通对接，争取政策支持，扩大培养名额，选派了学者到国家重点科研院所、教育部直属重点大学、知名医疗机构、东部发达省区相关单位研修学习，加快了人才培养步伐，取得了丰硕成果。着眼大力培养基层优秀中青年专业技术人才，开展了“基层人才对口培养计划”，每年从县及县以下的教育、卫生、农业科技单位中，各选派100名业务骨干到省级对口单位进行专业进修。开展云南省优秀贫困学子奖励计划，每年奖励考入中央部委直属高校的云南籍家庭经济困难的优秀本科学生5000元。鼎力支持人才发展事业，给予引进人才领衔的项目经费支持最高可达500万元；给予人才领衔的团队项目经费支持最高可达3000万元；给予全省科技领军人才培养经费1000万，彰显了云南以事业引人的诚心、爱才惜才敬才的初心。在全省广大知识分子中组织开展“弘扬爱国奋斗精神、建功立业新时代”活动，省委组织部每年牵头举办“云南省高层次人才省情研修班”和省委联系专家轮训班，每年对近千名各类人才进行培训，进一步激发了人才爱国奋斗精神和建功立业情怀。

搭建平台精准服务发展。人才工作更加突出精准、务实导向，紧紧围绕全省战略发展布局，为各类人才施展才能、服务大局搭平台、想办法、添举措。先后出台了《支持滇中新区引才聚才六条措施》《云南省园区人才支持行动计划》，重点引进一批引领支撑产业发展的战略急需紧缺人才。同时，通过院士专家工作站、专家基层科研工作站、重点实验室、高层次人才创新创业示范基地等建设，逐步形成“平台+人才+项目+产业”的良性循环发展模式，推动人才链与创业链、产业链深度融合。紧紧围绕服务全省脱贫攻坚大局，开展“专家服务团”工作，整合14个行业分团力量，聚焦深度贫困县人才智力需求，开展技能培训，助推贫困地区各项事业发展。2015—2016年，在独龙江乡开展“人才扶贫行动”试点，推动11名专家前往独龙江乡开展实地调研，选派2名专家常驻指导产业发展，为独龙族整族脱贫奠定了人才基础。2018年起，整合省级专家服务团力量，聚焦27个深度贫困县人才智力需求，选派各行业专家采取项目化形式集中攻坚。2019年，实施了迪庆怒江脱贫攻坚人才支持专项行动，从省直部门和昆明市、玉溪市精准选派100名优秀专业技术人才组成工作队驻点支持，帮助提升当地教育和医疗卫生水平，带动当地产业发展。

诚心关爱得人才更得人心。为了让人才扎根云南，出台了一系列保障措施，诚意礼敬人才、厚待人才、激励人才、服务人才，把尊重和爱护人才体现在行动上、细微处，得人才，更得人心。2016年，出台了《云南省引进高层次人才绿色通道服务办法》，联动教育、工商、税务、住建等13个部门，以落户、税务、住房、子女入学、医疗保健等27项服务为重点，畅通绿色服务通道，打造人性化、精细化、高品质化的“一站式”服务。对引进人才，按条件分别给予50万至200万元一次性工作生活补助；给予各类人才每年1.2万元到20万元不等的特殊生活补贴。对符合条件的高层次人才的配偶、子女入职云南省所属事业单位，人社部门以“考核直聘”方式办理。符合条件的人才在云南省内机场、高铁站出行（到达）时，享受贵宾通道服务；本人携父母、配偶、子女进入云南省所属旅游景点，最多可免6人门票等等，一项项务实、贴心的政策让人才备感温暖、贴心，解除了干事创业的后顾之忧。

用一个能人，兴一片产业，富一方百姓；扶一个贤才，拓一个领域，强一番事业。随着各项人才优势政策叠加，人才资源红利释放，为云南高质量发展凝聚了磅礴力量、注入了不竭动能。

（七）党建引领打赢新冠肺炎疫情防控阻击战

新冠肺炎疫情发生以来，云南认真贯彻落实习近平总书记重要指示精神和党中央、省委各项决策部署，强化政治担当，把打赢疫情防控阻击战作为突出任务，充分发挥战斗堡垒和先锋模范作用，以党建引领有力推进疫情防控工作，做到不缺位、做到位、有作为，让党旗在疫情防控斗争第一线高高飘扬，为打赢疫情防控的人民战争、总体战、阻击战提供了坚强组织保障。

守土有责、守土尽责，组织力在疫情防控一线发挥。全省各领域基层党组织立足各自职能优势和特点，发挥出强大的政治功能和组织力，把广大人民群众充分动员起来，把各种社会力量和社会资源充分调动起来，团结带领广大人民群众构筑起抗击疫情的“钢铁长城”。一是充分发挥各领域基层党组织的战斗堡垒作用。坚持党建引领，把区域治理、部门治理、行业治理、单位治理有机结合起来，压紧压实乡镇（街道）、村（社区）党组织属地责任，建立联防联控的网格化疫情防控体系，注重运用信息化手段，构筑群防群治的严密防线，切实提高疫情防控的科学性、有效性。推动机关企事业单位党组织守土尽责，加强与属地党组织协同配合，在维护稳定、保障运行、调配资源、筹措资金等方面主动履职尽责。在各个医学观察点、防疫检测点、集中隔离点、医疗队、施工队、志愿者服务队等一线建立临时党组织，积极发挥政治引领作用。二是推动广大党员在疫情防控一线当先锋作表率。通过设立党员责任区、组建党员“突击队”，广泛开展以党员为主体的志愿服务，全省党员干部带头分片包干、全方位服务引领，机关党员主动到所在村（社区）报到，3万多名驻村工作队员及时返岗，冲锋在第一线、战斗在最前沿。组织全省党员踊跃捐款支持疫情防控。印发《关于抓紧做好在新冠肺炎疫情防控第一线发展党员工作的通知》，细化在疫情防控一线发展党员工作要求。三是积极做好云南省援助湖北省医疗队党组织设置及党员发展工作。第一时间组建云南省援助湖北省医疗队临时党委，督促指导选派的医疗队以驻地为单位，及时成立临时党组织，健全组织框架，实行属地管理，为医疗队开展工作提供坚强组织保障。

树牢导向、注重实绩，党员干部在疫情防控一线考察识别。教育引导各级党员领导干部带头冲锋陷阵、履职尽责，做疾风劲草、当烈火真金，做敢于斗争、善于斗争的战士，以务实作风把疫情防控斗争的各项部署落细落实落到位，推动形成了在防控一线实干担当的鲜明导向。一是加大对“疫”线党员干部的考察识别和提拔使用力度。印发《关于在疫情防控阻击战一线考察识别领导班子和领导干部的通知》，在安全有序前提下，结合干部综合调研，通过选派工作组等方式深入疫情防控一线了解掌握各级领导班子和领导干部实际表现，探索建立疫情防控一线优秀干部推荐制度，对表现突出、堪当重任的大胆提拔使用；暂无合适空缺领导岗位的优先解决职级；对一线部门无职级职数的，利用各级组织部门掌握的统筹职数解决；重点指导卫生健康等疫情防控一线部门提拔使用一批处科级干部。对疫情防控一线经受住考验、表现突出的村（社区）干部，优先纳入2021年村（社区）“两委”换届推荐人选，在乡镇（街道）干部选拔、公务员考录和事业单位人员招聘中同等条件优先录（聘）用，在选树村（社区）“百名好支书”工作中优先选树。二是严肃追责问责推动防控责任落实落地。对照中组部“四个是否”要求，对隐瞒实情、瞒报信息，缓报信息、数据不准，擅离职守、没有在岗，工作不实、作风不实，道听途说、乱发信息，编造信息、造谣生事，宣传不力、管控不力，观察期间违规外出，情况不清、履职不力，严重失职、严重失责“十种行为”的干部严肃问责。

关心关爱、宣传表彰，干事热情在疫情防控一线激发。全省各级组织部门综合采取政治激励、组织激励、工作激励、精神激励等多种方式，切实加强对一线党员、干部、人才的保护、关心、爱护。一是加大政策关心支持力度。制定《关于激励关爱广大人才在抗击疫情一线担当作为九条措施》，从职称评聘、项目支持、表彰奖励等方面给予抗疫一线人才优惠便利，激励广大人才特别是医务工作者（含医、护、技、药）、新闻工作者和科研人员在抗击疫情一线担当作为。配合做好关心爱护一线医务人员12条措施和激励关爱疫情防控一线城乡社区工作者10条措施的贯彻落实。深入了解在一线直接参与防控工作的党员干部和专家、医护人员家庭存在的实际困难，积极协调加大帮扶力度，有针对性地解除后顾之忧。用好划拨党费，组织开展慰问防控一线医务工作者和基层党员干部、因感染肺炎导致生活困难党员。加大对牺牲干部的抚恤救助力度，在落实工伤保险和商业保险理赔的基础上，安排不少于5万元的一次性补助。二是加大宣传表彰力度。各级组织部门及时发现、总结和宣传在疫情防控中涌现出来的先进基层党组织和优秀共产党员，推动形成学习先进、争当先锋的浓厚氛围。三是切实为基层减负。督促指导各级领导班子和领导干部求真务实，尽最大可能减少不必要的开会、发文、填写报表、报送材料等，坚决防止以会议落实会议、以文件落实文件，防止层层加码、增加基层负担，让基层干部把更多精力投入到疫情防控第一线。

全民动员、严防死守，构建外防输入的党政军警民一体联动格局。充分认识当前严峻复杂的国际疫情形势，未雨绸缪、积极应对，及时下发《关于充分发挥边境地区基层党组织和党员作用严防境外疫情输入的通知》，持续深化“国门党建”“军警地共建”“网格化管理”等措施，充分组织发动边境地区基层党组织和广大党员群众力量，联防联控、群防群控，支持25个边境县（市）各20万元省管党费用于防控境外疫情输入，确保防范境外疫情输入的各项要求落到实处。一是强化党建引领，织密边境“防控网”。各州市特别是8个边境州市、25个边境县高度重视，党政军警民一体联动，整合边境村组干部、驻村工作队员和调解员、综治员等基层力量，配合海关、边防、公安等单位，设置固定和临时卡点，24小时进行值守，严防疫情越境输入。全省1000多名外事界务员积极参与沿边村寨的疫情防控，参加联合巡防队在边疆便道、小道开展巡逻，防止边民从便道入境，确保边境一线安全。二是守好社区阵地，筑牢网格化“防疫墙”。各沿边村（社区）党组织以村（居）民小组为单位划设基本网格，充分发挥边境基层党组织在网格化社会治理中的作用，统筹网格员、志愿者等力量，逐户逐人开展摸底排查，守好社区防线。三是加强国际合作，构建周边命运“共同体”。积极完善边境地区双边联防联控机制，在人员培训和防控技术指导、防疫物资等方面为周边国家和地区提供力所能及的帮助，主动支持周边国家和地区做好抗疫工作。组建两支抗疫医疗专家组分赴老挝、缅甸，派遣专项工作组援建缅甸曼德勒核酸检测实验室，帮助两国提升防控能力。

党建引领、有序有力，统筹推进疫情防控和经济社会发展工作。坚持一手抓疫情防控工作，一手抓统筹，做好经济社会发展各项工作，采取差异化策略，适时启动分区分级、分类分时、有条件的复工复产，逐步有序恢复正常生产生活秩序。一是推动省属企业党组织积极服务疫情防控，抓紧复工复产。联合省国资委党委出台《在打赢疫情防控阻击战中积极主动履职有效发挥作用的通知》，推动各省属企业党组织全面落实主体责任，积极履行社会责任，千方百计调集人力物力财力筹集资源，开足马力生产疫情防控物资，争分夺秒采购防控资源，想方设法做好民生保障。二是组织动员全省“两新”党组织积极助力疫情防控和复工复产。省委“两新”组织党工委及时发出《关于在新冠肺炎疫情防控、复工复产工作中发挥“两新”组织党组织战斗堡垒和党员先锋模范作用的通知》，要求各级“两新”组织党工委、省级重点行业党组织当好政策宣传员、防疫联络员、困难协调员、党建指导员，在防疫斗争和复工复产中冲锋在先、担当作为，充分发挥党组织战斗堡垒和党员先锋模范作用。各级“两新”党工委结合工作实际，出台推动“两新”党组织和党员参与疫情防控、复工复产的政策措施，通过属地网格化管理、领导挂包挂联、“一企一策”制定复工方案等，充分发挥统筹协调作用，协调帮助“两新”组织解决复工复产中防护用品紧缺、资金紧张等实际困难，精准助力“两新”组织复工复产。各级重点行业党组织引导行业协会、商会充分发挥优势作用，指导帮助企业科学精准防疫、有序复工复产。

在这场疫情大考中，广大党员干部冲锋在前、英勇奋战，不惧辛劳、坚守一线，涌现出一大批可歌可泣的先进典型和感人事迹，铸就了战疫抗疫的主心骨，锤炼了应对突发事件的真本领，经受住了考验，给党和人民交出了一份满意的“答卷”，进一步强化了党在边疆民族地区的政治领导力、思想引领力、群众组织力、社会号召力。

党的力量来自组织，一部中国共产党的历史就是发展组织、依靠组织、壮大组织的历史。云南坚持从边疆民族地区党的建设特殊性出发，组织建设取得了重大进展和显著成就，为实现“组织强、边民富、边疆兴、边防固、边关美”的目标要求提供了坚强组织保障。在新民主主义革命时期，按照中央要求，在农村、工厂、铁路、矿山、学校等设立基层党组织，凝聚各方力量，领导全省各族人民获得翻身解放。在社会主义革命和建设时期，加快建设各级党组织，广泛发展党员，领导各族人民开展了社会主义建设道路的艰辛探索，各级党组织在曲折中得到了进一步的巩固和发展。在改革开放和社会主义现代化建设时期，坚持以构建和谐边疆为目的，推进“边疆党建长廊”建设，突出重点强班子，持之以恒固基础，团结稳定促和谐，科学发展兴边疆，全面提升边疆党建工作的科学化水平。党的十八大以来，着眼夯实党在边疆民族地区执政基础，始终把大抓基层作为鲜明导向，以提升组织力为重点，突出政治功能，先后实施基层党建推进年、提升年、巩固年、创新提质年，深化“边疆党建长廊”建设，切实加强国门党建，不断深化抓党建促脱贫攻坚、促乡村振兴，大力整顿软弱涣散基层党组织，以基层党建引领基层治理，深入开展扫黑除恶专项斗争，引领打赢疫情防控阻击战，推动党的基层组织建设全面进步、全面过硬，把基层党组织建设成为宣传党的主张、贯彻党的决定、领导基层治理、团结动员群众、推动改革发展的坚强战斗堡垒。在不同历史时期，云南各级党组织紧紧围绕党的中心任务和工作大局，与时俱进、改革创新，在稳边固边、推动发展、服务群众、凝聚人心的各项工作中充分发挥战斗堡垒作用，显示出强大的创造力、凝聚力和战斗力。

第四章 作风塑边

党的作风，不仅体现出共产党人的世界观、人生观、价值观和理想信念、思想作风、综合素质，更能体现出党的性质、宗旨、纲领、路线；同时还是党的创造力、战斗力和凝聚力的重要内容。作风建设是中国共产党自身建设的一个重要内容和鲜明特色，是党的性质、宗旨和价值取向的外在表现。优良的作风建设，是中国共产党的政治本色，是党先进性的集中体现，也是不忘初心、牢记使命的重要标志。在领导人民进行革命、建设和改革的伟大实践中，云南各级党组织强化作风建设，在边疆塑造良好形象，密切了党同云南各族人民的血肉联系，党风政风和社会风气发生了全面深刻、鼓舞人心的变化，赢得了各族人民的衷心拥护和高度评价。

一、培育党的优良作风

党的七大报告将我们党领导民主革命24年来所形成的传统和作风，概括为三大作风，即：“理论和实践相结合的作风，和人民群众紧密地联系在一起的作风以及自我批评的作风。”这三大作风是我们共产党人区别于其他政党的显著标志，是党在长期的革命斗争和自身建设的伟大实践中积淀下来的宝贵精神财富。云南地方党组织成立后，在领导革命斗争的过程中，不断培育和践行党的优良作风，为新民主主义革命的胜利提供了坚强的作风保证。

（一）理论联系实际促进学以致用

理论和实践相结合的工作作风，体现了对待马克思主义的正确态度，是使党具有正确的政治路线和事业顺利发展的根本保证。理论和实践相结合，即是将马克思列宁主义的普遍真理和中国革命的具体实践相结合的学风。大革命失败的教训以及土地革命初期党内盛行的教条主义和把苏联经验神圣化的错误倾向，使以毛泽东为主要代表的中国共产党人认识到了马克思主义理论与中国实际相结合的重要性。1942年2月开展的以“反对主观主义以整顿学风，反对宗派主义以整顿党风，反对党八股以整顿文风”为主要内容的整风运动，目的就是教育全党学会运用理论和实际相结合的方法处理中国革命的实际问题。通过延安整风，使党的理论和实践相结合的作风得到极大的普及和推广。理论联系实际优良作风的确立，科学地解决了理论和实践的关系问题，把广大党员和干部从教条主义的思想禁锢中解放出来，使他们开始用马克思主义的基本原理来分析和解决中国的实际问题，并将实践中获得的经验上升为理论以指导中国的实践。云南地方党组织在领导革命斗争中，将中央作出的决策部署与边疆民族地区的实际相结合，创造性地开展革命斗争工作，极大地提高了各级党组织和党员的马克思列宁主义水平，同时通过学以致用，保证了革命的最终胜利。

（二）密切联系群众赢得人民拥护

坚持全心全意为人民服务的根本宗旨，始终保持同人民群众的血肉联系，是中国共产党战胜各种困难和艰险、取得新民主主义革命的根本条件。密切联系群众赢得人民拥护，同样也是云南地方党组织领导各族人民取得革命斗争的重要保证。云南地方党组织24年的斗争历史，是各族人民广泛参与，党和人民水乳交融、血肉相连的人民革命斗争史。在这24年里，无论是在党员人数很少的成立初期，或者是在党员发展到上万人的解放战争后期；无论是在遭受挫折或失败的革命低潮时期，或是在不断取得胜利的革命高潮时期，边疆各级党组织和各族人民总是患难与共，唇齿相依。在党领导的城市民主运动中，是人民群众的广泛参加，才汇聚成了冲破反动派阻拦的波澜壮阔的洪流。在党领导的云南人民武装斗争中，正因为有各族人民的支持和参与，才组成了有20多个民族参加的强大的人民武装队伍，才使反动派最终陷入使之覆灭的人民战争的汪洋大海，才有各族人民彻底翻身解放的伟大胜利。云南地方党组织运用党的群众路线的领导方法和工作方法，使党的各项工作能够最大限度地符合各族群众的要求，得到各族群众的支持，使广大群众的革命积极性、创造性能够不断地发挥和提高。

（三）严肃党内政治生活

开展批评与自我批评，是党不断实现自我完善的有效途径，是党抵御各种风险和腐朽思想侵蚀、纠正自身错误、解决党内矛盾、维护党的纪律的有效方法，是党不断超越自我、完善自我的充分体现，也是保证党内团结统一的重要法宝。批评与自我批评既符合唯物辩证法关于矛盾的观点，也符合唯物辩证法关于否定之否定规律的原理要求。党在成立之初，由于制度不健全，党内盛行家长制作风，民主生活极度缺乏。“党员群众对于党部，下级机关对于上级，只有机械的服从，而无活泼的党的生活。”[①]1929年通过的古田会议决议指出：“党内批评是坚强党的组织、增强党的战斗力的武器。”[②]在1942年开始的延安整风运动中，全党遵照“惩前毖后，治病救人”的方针，用“团结——批评——团结”的方式，对党内存在的“左”、右倾错误思想根源进行了彻底的清算，对全党进行了一次普遍的马克思主义教育。此后，运用批评与自我批评，同党内各种错误思想作斗争就成为党加强自身建设的一个主要形式。云南地方党组织在领导革命斗争的过程中，充分发扬批评与自我批评的优良作风，以批评求团结。通过对自己和别人的缺点进行实事求是的批评，一方面消除了党内的分歧和矛盾，增强了党组织的生机和活力，另一方面使党内的不同意见相互碰撞和交锋，有利于分清是非，并从思想深处达成共识。

在新民主主义革命时期，通过开创并践行党的优良作风，各级党组织密切了同各族群众的血肉联系，促进了党的先进性和纯洁性建设，在革命斗争取得胜利的历史进程中发挥了重要作用。

二、开展整风运动实现作风转变

作风建设关系党的生死存亡，关系人心向背，关系社会主义事

① 中央档案馆：《中国共产党第二次至第六次全国代表大会文件汇编》，人民出版社1981年版，第351页。

② 《毛泽东选集》（第1卷），人民出版社1991年版，第40页。

业的兴衰成败。在改革开放之前的社会主义建设探索中，云南各级党组织非常重视作风建设，通过整党整风推动党的作风转变，保证了党的各项路线、方针、政策的落实。

（一）以正确处理人民内部矛盾为主题改进领导作风

随着社会主义制度的初步建立，为正确处理人民内部矛盾，迫切需要进一步整顿党的作风。1957年4月，中央发出《关于整风运动的指示》，决定在全党进行一场以正确处理人民内部矛盾为主题，以反对官僚主义、宗派主义和主观主义为主要内容的整风运动。

部署整风运动。1957年5月，省委召开常委扩大会议，学习中央《关于整风运动的指示》文件精神，讨论和布置整风运动。对整风的内容、要求、步骤和方法进行了研究，提出了坚持理论与实际相结合，贯彻"严肃认真而又和风细雨"的方针。《云南日报》发表题为《把整风运动变成党员思想自觉的思想运动》的文章，对整风运动的必要性、目的和原则作了论述。提出我们党整风的性质是一场进行自我教育和自我改造的运动，目的是提高党员的思想水平，适应新形势和新任务。随后，整风运动在省级机关和昆明市级机关展开。

分类开展整风运动。整风运动采取以教育为主的原则及和风细雨的方法。在整风运动中，各级党组织按照正确处理人民内部矛盾的要求，采取批评与自我批评的方法，鼓励社会各界提出意见建议。无论是地方还是部队，从一开始就注意联系边疆民族地区的实际，注重处理好民族关系，既达到了整风的目的，又体现了整风运动的突出特点。1957年10月15日，中央发出《关于在少数民族中进行整风和社会主义教育的指示》。为贯彻这一精神，省委从边疆民族地区的实际出发，采取了慎重的方式方法，对内地民族地区、边疆和平协商改革区和“直接过渡”地区制定了不同的整风政策，分别采取适合民族特点的方式方法进行社会主义教育运动，既反对大汉族主义，也反对地方民族主义。

开展农村整风运动。农村基层整风运动作为整风运动的组成部分，是伴随着县级以上机关整风运动和反“右派”斗争开展而开始的。1957年8月，省委召开地市委书记会议，对农村整风运动作出了部署安排。农村整风分两步进行：第一步以政治斗争为主，主要打击地主富农的反动气焰；第二步以思想斗争为主，主要批判富裕农民的资本主义思想，整顿合作社，改进干部作风。此后，农村整风按阶段、分重点推进。随着“大跃进”运动的开始，农村基层整风进入重点整顿合作社阶段。人民公社建立后，农村整风运动的重点由整顿合作社变为整顿人民公社。把农村基层的整风和整顿人民公社结合起来，通过发动群众鸣放辩论，展开批评与自我批评，达到了改善干群关系、鼓舞群众生产积极性的目的。

1959年1月10日，省委印发《关于在农村基层组织中开展整风运动的决议》，农村整风运动的重点转为整顿基层党组织。随着整社整风运动的深入，农村基层整风的主题转到了农村社会主义教育上。1959年11月10日，省委发出《关于开展以两条道路斗争和社会主义教育为纲的整社整风运动的指示》，要求以进行两条道路的斗争和社会主义教育为纲，一手抓政治，一手抓生产，有计划、有步骤地领导群众，用和风细雨的方式进行整社整风运动，并且结合整党整团工作，对农村党和团的基层组织进行一次组织整顿。1960年1月16日，省委向中央和西南局上报《关于农村整社整风运动的报告》，对农村整社整风运动的做法、成果、经验以及存在的问题进行了总结。[①]

通过以正确处理人民内部矛盾为主题重塑党风，进一步提高了基层党组织的战斗力，提高了广大党员的思想觉悟，改进了干部的作风，改善了党员干部与人民群众的关系。

（二）以领导班子为关键狠抓作风建设

“风成于上，俗形于下。”领导干部的作风建设不仅关系着本人的品行和形象，更关系到党在群众中的威信和形象，对社会风气的形成、对大众生活情趣的培养，具有“上行下效”的示范功能。以领导班子为关键弘扬优良作风，增强了人民群众对党的信任信赖，保证了党的事业的顺利推进。

1960年4月，省委召开全省六级干部会议，贯彻中央关于反对官僚主义的指示。6月30日，省委发出《关于执行〈中央关于在农村中开展三反运动的指示〉的指示》，决定除落后地区应彻底完成改造工作外，全省农村应在七、八两月集中开展这一运动，要求各级党委必须以十分坚定的态度，对官僚主义和贪污、浪费等思想行为进行坚决的斗争。[②]

由于江青反革命集团的破坏，党内形成了思想不纯、组织不纯和作风不纯的问题。党的十一大提出，以整顿好和建设好各级领导班子为目标，开展整党整风，加强党的建设，“真正搞好党的思想建设和组织建设，必须整顿党的作风，在全党广泛、深入地进行党的优良传统的再教育”。

① 当代云南编辑部编：《当代云南大事纪要（增订本）1949—2006》，当代中国出版社2007年版，第176—181页。

② 当代云南编辑部编：《当代云南大事纪要（增订本）1949—2006》，当代中国出版社2007年版，第189页。

中央解决云南问题会议的召开和对云南省委领导班子采取调整的组织措施，为解决云南问题创造了条件。在传达贯彻中央解决云南问题的指示和决定的工作中，省委进行了整党整风，加强党的集中统一领导。省委强调，各级党委必须严格实行党的民主集中制和遵守党的纪律；必须严格执行“共产党员决不允许结帮营私，决不允许在党内组织派别和秘密集团”的规定；在揭批“四人帮”的斗争中，从思想上、政治上、组织上整顿和建设好各级领导班子。

1977年12月至1978年1月，省委召开有地、州、市委书记参加的常委扩大会议进行整风，集中解决常委内部的问题。此后，各地、州、市委和绝大多数省属部、委、办、局也采取召开党委（党组）扩大会议的方式，开展批评和自我批评，主要围绕思想整顿对领导班子进行整风。通过在省委党校举办干部读书班和训练班等形式，加强党的作风建设。要求全体学员坚持理论联系实际的学风，用整风精神学习理论，端正学习态度，切实解决党性不纯和作风不纯的问题，把被“四人帮”破坏了的党的优良传统和优良作风恢复和发扬光大起来。

通过以领导班子为关键的整党整风，从组织上保证了党的路线、方针、政策能够在云南顺利贯彻执行，促进了“揭批查”运动和各项工作的开展。①

（三）以党员干部为重点塑造良好政风

党的工作任务和工作方式的变化，对党员干部的作风提出了新的要求。针对部分党员干部的思想作风还不能适应新形势新任务需

① 中共云南省委党史研究室：《中国共产党云南历史　第二卷（1950—1978）》，云南人民出版社2018年版，第562页。

要的现实，为纯洁党的队伍，整顿党的作风，加强党的战斗力，根据中央要求，在不同时期对党员队伍都进行了比较系统的党性党风教育。

全国革命胜利后，部分党员干部中滋长了以功臣自居的骄傲自满情绪和官僚主义、命令主义作风，党中央决定在全党进行一次整风学习。1950年5月1日，党中央发出《关于在全党全军开展整风运动的指示》。各级党组织结合具体工作，在全党尤其是领导干部中开展了一次大规模的整风运动。1950年6月，党的七届三中全会对全党的整风运动作出了具体部署，明确指出这次整风的目的是让党的干部明确阶级立场与群众观点，端正思想，加强党性，密切与人民的联系；主要任务是通过整风，提高党员干部的思想水平和政治水平，克服以功臣自居的骄傲自满情绪，克服官僚主义和命令主义，改善党和人民群众的关系。

新中国成立初期，由于党员队伍发展过快、考察不严，一些不符合党员标准、思想落后的人被吸收入党，还有少数投机分子和阶级异己分子混入党内。同时，党组织由地下状态和游击战争环境转入执政地位，当时的紧迫任务是清匪反霸、减租退押，为土地改革准备条件。对于大量涌入党内、未经革命战争和艰苦环境考验的新党员，党组织来不及对他们进行全面的、系统的党员标准教育和党的知识培训。还有一些党员，在革命胜利后滋长了骄傲自满、以功臣自居、贪图享受、不愿过艰苦生活的情绪，官僚主义、命令主义作风有所滋长。还有小部分党员干部无组织无纪律的情况比较严重，自以为是，与党闹独立性，不执行上级指示。由于这些原因，云南各级党组织在一定程度上存在着组织不纯、思想不纯、作风不纯的问题，必须加以解决。1950年7月，中共云南省第一次党员代表会议决定在全省整训党的干部，主要通过省委办党校，地委办区级干部学校，县委办乡村干部训练班和农民积极分子训练班的方式来开展。同年8月，省委在《关于加强干部整风的补充指示》中明确指出："干部整风的基本目的是为了明确阶级立场与群众观点，端正政策，提高思想，加强工作，密切党与人民的联系。"①

云南响应党中央和省委的号召，积极投入整风运动中。整风运动本着思想教育为主的精神，通过集中学习整风文件，总结报告工作情况，个人检讨反省，找出存在问题，以开展批评与自我批评的方式进行分批整训。整风的重点是担任领导的党员干部。为了加强整训效果，从1950年9月至1951年6月，在省委党校举办了三期整风学习班，轮训了县级党员干部，着重解决干部队伍中的地富思想、强迫命令作风和无组织无纪律现象，解决好阶级立场和群众观点，为完成清匪反霸、减租退押和土地改革做好思想准备，达到了教育党员、提高思想、端正党风的目的。

在社会主义革命和建设时期，通过以正确处理人民内部矛盾为主题，以领导班子为关键，以党员干部为基础塑造良好风气，消除了广大党员干部的思想顾虑，大家都能坦诚地谈心交心，查找问题改进作风，保持昂扬奋进的精神状态，达到了教育党员、提高思想、端正党风的目的。

三、传承和弘扬党的优良作风

作风建设是党的建设的永恒主题。党的十一届三中全会以来，

① 云南省地方志编纂委员会总纂、中共云南省委员会办公厅编撰：《云南省志·卷四十三·中共云南省委志》，云南人民出版社2000年版，第816页。

广大党员干部通过端正思想作风、改进工作作风、转变领导作风，狠抓作风建设，密切了党同人民群众的血肉联系。

（一）“八个坚持、八个反对”端正思想作风

良好的思想作风是推进党的事业不断取得胜利的重要保证。1983年10月，党的十二届二中全会通过了《中共中央关于整党的决定》，决定从1983年底开始，用3年时间对党的思想作风进行一次全面整顿。同年11月1日，省委召开工作会议，传达学习中央精神，部署全省的整党工作。整党工作从省委常委开始，自上而下分期分批逐步展开。经过整党工作，党员干部思想上存在的问题得到整顿，一些党员干部身上存在的官僚主义和形式主义作风得到纠正，打击和处理了一批以权谋私、违法乱纪的腐败分子，纯洁了党的组织，密切了党与人民群众的联系，端正了思想作风。

做到“八个坚持、八个反对”。2001年9月，党的十五届六中全会提出了加强和改进党的作风建设“八个坚持、八个反对”的主要任务，即“坚持解放思想、实事求是，反对因循守旧、不思进取；坚持理论联系实际，反对照抄照搬、本本主义；坚持密切联系群众，反对形式主义、官僚主义；坚持民主集中制原则，反对独断专行、软弱涣散；坚持党的纪律，反对自由主义；坚持清正廉洁，反对以权谋私；坚持艰苦奋斗，反对享乐主义；坚持任人唯贤，反对用人上的不正之风”。2001年11月，省委六届十五次全会审议通过了《中共云南省委关于贯彻落实〈中共中央关于加强和改进党的作风建设的决定〉的意见》，要求各级党组织和广大党员，努力把思想和行动统一到党的十五届六中全会精神上来，按照中央提出的“八个坚持、八个反对”的要求，紧密联系实际，集中解决思想作

风方面存在的突出问题，努力把党的作风建设提高到新的水平。

开展保持共产党员先进性教育活动。党的十六大以后，为推进党的建设新的伟大工程，确保党始终走在时代前列，进一步发挥党员干部的先锋模范作用，推进党的作风建设，党中央决定在全党开展保持共产党员先进性教育活动。省委按照中央的要求和安排，在全省扎实开展了保持共产党员先进性教育活动。省委先后两次召开常委会议研究先进性教育活动工作，出台了《中共云南省委关于开展以实践"三个代表"重要思想为主要内容的保持共产党员先进性教育活动的实施意见》《第一批先进性教育活动的实施意见》《中共云南省委常委参加保持共产党员先进性教育活动的工作方案》。各级组织部门和党组织迅速行动起来，按照中央和省委的要求和部署，深入调查研究，制定活动方案，健全党的基层组织，完善工作机构，深入有序推动了教育活动开展，推进了广大党员干部思想作风的转变。

通过做到"八个坚持、八个反对"和开展保持共产党员先进性教育等活动，广大党员干部进一步转变了思想作风，加深了与群众的思想感情，密切了干群关系，广大党员受到了一次深刻的马克思主义教育，磨炼了意志，思想认识得到升华，基层党组织的创造力、凝聚力、战斗力得到进一步提高，党组织和党员服务群众的行动更加自觉，党员干部的思想作风进一步改进。[①]

（二）"当楷模、作表率、树形象"改进工作作风

为适应时代新变化、新要求，树立新作风、新形象，云南先后开展了多次专项教育活动，颁布多项法规禁令，切实改进了工作作风。

① 中共云南省委党史研究室：《中共云南省委大事纪略（1950年2月—2013年12月）》，第118—119页。

1999年，为整顿机关工作作风，进一步搞好基层组织建设，树立起全心全意为人民服务的形象，省委决定在全省开展“领导当楷模、机关作表率、基层树形象”主题活动。活动开展后，各级党员领导干部争当理论学习、解放思想、遵守法纪、联系群众、廉洁自律五个方面的楷模；各级领导机关努力起好勤奋学习、敬业爱岗、团结奋进、服务基层、勤政廉政五个表率作用；基层组织着力树立好廉洁奉公、努力学习、改革开拓、共同富裕、遵纪守法五种形象。为解决部分领导班子和领导干部在作风建设方面存在的突出问题，2002年下半年，云南在县级以上领导班子和领导干部中集中开展了“讲团结、干实事、谋发展”的思想教育活动。为确保活动取得实效，省委常委和党员副省长分别参加了所联系地州市的领导班子民主生活会；省委派督导组到各地州市进行了指导和督促。活动取得了明显的成效，有力促进了各项工作的开展，得到了中央领导同志的肯定。①

2003年3月26日，为转变政府工作人员的工作作风，省政府发出通知，颁布《云南省公务员八条禁令》，严禁不履行职责、玩忽职守；严禁弄虚作假、欺上瞒下、顶着不办、拖着不办；严禁插手物资采购和建设工程的招投标；严禁利用工作之便对当事人故意刁难和吃拿卡要；严禁参与赌博活动；严禁酗酒闹事和饮酒影响工作；严禁上班时间打牌、下棋、打麻将和玩电脑游戏等不务正业的活动；严禁用公款参加高消费娱乐活动。边疆公务员队伍按照禁令要求，认真实践“三个代表”重要思想，增强了广大公务员执行“八条禁令”的自觉性。通过加大监督检查力度，坚持不懈地把“八条

① 中共云南省委党史研究室：《中共云南省委大事纪略（1950年2月—2013年12月）》，第112—113页。

禁令”融入行政管理中；加大查处力度，切实维护和增强“八条禁令”的严肃性和威慑力；不断加大探索创新力度，确保“八条禁令”成为规范从政行为的有效机制等举措，巩固了成效，进一步密切了党和政府同人民群众的血肉联系，切实加强了监督和管理，严明了政纪，改进了政风。

通过一系列改进工作作风活动的开展，党员干部的工作更加务实，更加高效，有力地促进了工作作风的转变。

（三）直接联系群众制度转变干部作风

领导作风是领导干部在领导机构和领导活动中的态度和言行的一贯体现，它事关领导形象，对党风政风乃至整个社会风气会产生重要影响，对党和人民事业的发展有着积极的促进作用。领导干部必须更严格地要求自己，处处以身作则，树立良好形象，以自己的模范作风去影响下属和群众。

为恢复和发扬党密切联系群众的优良传统和作风，进一步密切党群关系，1990年3月，党的十三届六中全会审议通过《中共中央关于加强党同人民群众联系的决定》，明确提出在新的历史条件下加强党同人民群众血肉联系的目标、任务、方法和具体措施。同月，省委召开地、州、市委书记会议，号召各级党组织深入学习《中共中央关于加强党同人民群众联系的决定》，进一步密切党同人民群众的联系，全面加强党的建设。省委作出《关于组织全省各级党政机关干部下基层和转变作风，进一步密切联系群众的决定》，并将下基层办实事作为转变领导作风的突破口，当年分4批组织了县以上机关干部12.5万人次深入农村、企业、学校为群众办实事。省委、省顾委、省人大、省政府、省政协的在职省级领导干部全年人均下基层78.6天，超过了省委年初提出的下基层时间每年不少于两个月的要求。各地还采取了严格控制各种会议和反对形式主义等措施，加强督促检查，提高干部下基层工作的质量，促进了党的一系列方针政策在基层更好的落实。[①]省委向中央汇报了开展加强党同人民群众联系的情况，指出为密切党群关系，切实为基层办实事，各级各部门按照省委的部署和要求积极行动起来，精简会议，深入基层，调查研究，扎扎实实地帮助基层做好工作。2007年1月，胡锦涛同志在中央纪委第七次全体会议上指出，要根据新形势新任务的要求，弘扬新风正气，抵制歪风邪气，在领导干部中大力倡导勤奋好学、学以致用；心系群众、服务人民；真抓实干、务求实效；艰苦奋斗、勤俭节约；顾全大局、令行禁止；发扬民主、团结共事；秉公用权、廉洁从政；生活正派、情趣健康等八个方面的良好风气，切实转变领导作风。2009年9月，党的十七届四中全会提出，要弘扬党的优良作风，保持党同人民群众的血肉联系，大兴密切联系群众之风、大兴求真务实之风、大兴艰苦奋斗之风、大兴批评和自我批评之风。省委以贯彻落实全会精神为契机，进一步深化拓展“个人形象一面旗、工作热情一团火、谋事布局一盘棋”主题实践活动。广泛开展“讲党性、重品行、作表率”活动，努力提高行政效能，领导作风进一步得到改善。

开展“四群教育”活动，建立干部直接联系群众制度。为增进新时期党群、干群关系，进一步密切党同群众的血肉联系，针对群众工作薄弱环节，云南省第九次党代会决定在全省开展“四群教育”（群众观点、群众路线、群众利益、群众工作）活动。2011年

① 中共云南省委宣传部、中共云南省委党史研究室：《中国改革开放全景录·云南卷》，云南人民出版社2018年版，第363—364页。

12月7日，省委召开动员大会，部署在全省开展“四群教育”，组织实施党员干部深入基层、深入群众、深入实际活动，全面建立“干部直接联系群众制度”。通过选派新农村建设工作队及指导员，每年从县以上机关选派五分之一的干部深入群众；通过领导蹲点、部门挂钩、干部结对、驻村入户、建立联系卡等形式，帮助基层群众排忧解难，进一步密切党群干群关系。各级领导干部带头深入基层调查研究，听取群众意见，撰写调研报告，省级领导干部每年驻村实践不少于3天，厅级干部每年驻村实践不少于7天，县（市、区）干部每年驻村实践不少于10天，乡镇干部每年驻村实践不少于30天。一年一轮换，5年覆盖所有县以上的机关干部。[①]通过深入开展“四群教育”，实行干部直接联系群众制度，切实解决了老百姓衣、食、住、行、用等方面存在的困难，树立了党员干部亲民、爱民、为民的良好形象[②]，涌现出了具有全国性影响的“孟连经验”“插甸经验”“芒别经验”。

在改革开放和社会主义现代化建设时期，通过端正思想作风，改进工作作风，转变领导作风，党在人民群众中的形象得到进一步提高，党同人民群众的血肉联系得到进一步加强，干群关系得到进一步密切。

四、从严从实锤炼过硬作风

党的十八大以来，以习近平同志为核心的党中央坚持以上

① 中共云南省委党史研究室：《中共云南省委大事纪略（1950年2月—2013年12月）》，第132—133页。

② 中共云南省委宣传部、中共云南省委党史研究室：《中国改革开放全景录·云南卷》，云南人民出版社2018年版，第402页。

率下、以身作则、身体力行，雷厉风行抓作风，锲而不舍纠“四风”，充分表明以习近平同志为核心的党中央坚定不移全面从严治党、持之以恒正风肃纪的鲜明态度和坚定决心。省委把加强作风建设作为一项严肃的政治任务、一项重大的民心工程抓紧抓好、抓出实效，贯彻落实党中央相关部署，以“关键少数”的自我革新，形成“头雁效应”，以上率下，持续擦亮作风建设“金色名片”，有力地带动了党风、政风和社会风气的明显好转。

（一）严格落实中央八项规定精神

贯彻落实中央八项规定精神内强党的肌体、外树党的形象，关系人心向背，关系执政基础，是一项严肃政治任务，既是攻坚战，也是持久战。党的十八大以来，云南通过强化思想教育，聚焦突出问题，健全完善制度，让中央八项规定精神真正落地生根，违反中央八项规定精神问题得到有效遏制。

强化思想教育。认真查找执行中央八项规定精神方面存在的突出问题和具体表现，深刻进行党性分析，严肃认真开展批评与自我批评，进一步增强“四个意识”、坚定“四个自信”、做到“两个维护”，提高党性修养，推动中央八项规定精神全面深入落实。在教育内容上，强化世界观、人生观、价值观和权力观的教育，强化法治观念和道德观的教育，不断提高各级干部的宗旨意识和法治观念，提高政治敏锐性，从思想上筑牢不愿碰、不敢碰的思想防线。在教育对象上，突出党政领导干部这个重点，充分发挥领导这个“龙头”的导向作用、带头作用和示范作用，坚持事事率先垂范、时时以身作则、处处严于律己，强化“头雁效应”，形成群众看干部、干部看领导、基层看机关的局面。在教育方式上，实行纪律教育与思想政治教育相结合，正面教育与反面典型教育相结合，经常教育和专项教育相结合，形成立体式、多层次、全方位的教育格局。

聚焦突出问题。坚持问题导向，狠抓薄弱环节，结合自身实际，继续紧盯不同地区、领域、行业存在的突出问题及其新动向新表现，找准“靶子”、查清“病灶”，做到因地制宜、对症下药。一是重点纠治“沉疴陋习”问题。重点纠治违规发放津贴补贴、违规收送礼品礼金、公车私用、大操大办、公款吃喝、公款旅游等习惯性、顽固性、反复性问题。二是重点纠治“隐形变异”问题。重点纠治以关心干部职工、调动工作积极性为由，以节日补贴、值班补贴、加班补贴、会议误餐费、慰问费等名义，变相违规发放津补贴或福利；超标准安排接待或接受超标准接待；不按规定交纳伙食费、车辆使用费；以接待上级调研指导、督察检查、评比考核等为名，借机大吃大喝；虚开接待公函变相吃喝，或是一次公务接待虚开多份公函提高接待标准；在单位食堂、内部宾馆和培训中心等地方公款吃喝，在高档小区或写字楼“一桌餐”接受宴请；通过驻外地机构安排年底宴请、送年货节礼；接受管理和服务对象安排的宴请和旅游；将违规支出化整为零、拆分报销，或移花接木列支其他费用冲销；将购买烟、酒的费用变换品名报销等。2016年，省委开展了针对私设“小金库”、乱发津补贴、行业协会管理不规范、违规兼职取酬、违规报销通信费、违规乘坐头等舱等问题的专项清理和整治。2019年1—11月，云南省各级纪检监察机关查处违反中央八项规定精神问题1061起，处理1525人，通报曝光8批36起。[①]

健全完善制度。为贯彻落实党的十八大精神和《十八届中央

① 《云南：前11月查处违反八项规定精神问题1061起》，中央纪委国家监委网站，2019年12月25日。

政治局关于改进工作作风、密切联系群众的八项规定》及中共中央办公厅、国务院办公厅有关通知精神，省委出台了《省级领导改进工作作风密切联系群众的实施办法》，从改进调查研究、解决民生难题、精简会议文件、简化接待工作、改进新闻报道、坚持廉洁从政等方面，对省级领导改进工作作风、密切联系群众作出了10项规定。通过省级领导带头艰苦奋斗、勤俭节约、反对铺张浪费，切实改进学风、文风、会风等工作作风，以优良的党风带政风促民风，凝聚党心民心，团结带领全省各族人民深入贯彻落实党的十八大精神，实现省第九次党代会提出的目标任务。十届省委第一次常委会议研究出台了《中共云南省委关于省级领导进一步贯彻落实中央八项规定精神的意见》，从10个方面、34条具体措施进行了细化规范，不断深化巩固作风建设成果，引领全省作风建设持续向好发展。党的十九大闭幕后，省委召开常委（扩大）会议，及时传达学习十九届中央政治局第一次会议审议通过的《中共中央政治局贯彻落实中央八项规定的实施细则》。会议审议并原则通过《中共云南省委贯彻落实中央八项规定的实施办法》。全省各级领导干部，特别是省委常委会带头驰而不息改进作风，执行好中央八项规定精神和省委实施办法，密切党同人民群众血肉联系。各级领导干部带头转变作风，身体力行，以上率下，对作风之弊、行为之垢进行大排查、大检修、大扫除，刹住了一些曾被认为不可能刹住的歪风邪气，攻克了一些司空见惯的官场陋习和作风难题，有力推动了作风建设向纵深发展。2020年，省纪委监委出台《推动建立贯彻落实中央八项规定精神正面、负面清单实施方案》。正面清单做到全面具体，准确反映出现有的制度规定成果，为履职提供正向指引；负面清单落细落小，详细罗列现行制度明令禁止事项，亮明

“警戒线”。正面、负面清单的内容涵盖“反对形式主义、官僚主义”“公务用车配备使用”“办公用房配备使用”“发放津补贴或福利”“公务接待、外事接待”“操办婚丧喜庆事宜”“国内差旅和因公临时出国（境）”等8个方面。通过正面、负面清单，让责任单位明白“应该做什么”，清楚“不能做什么”，避免踩红线、闯雷区，也有利于纪检监察机关更好地履行监督职责。

坚持问题导向解决党风问题，聚焦落实中央八项规定及其实施细则精神方面的突出问题，一个节点一个节点盯住，对顶风违纪从严查处，对典型案例通报曝光，一刻不松、寸步不让、持之以恒，落实中央八项规定精神取得了明显成效。

（二）纠正“四风”成效明显

“四风”问题具有顽固性、反复性，纠正“四风”不能止步，作风建设永远在路上。云南各级纪检监察机关紧盯“四风”的新形式、新动向，坚持力度不减、节奏不变，因地制宜开展专项整治，通过加强源头治理、紧盯时间节点、突出监督重点、扎紧制度笼子等举措，持续不断纠“四风”、强作风。

紧盯重要时间节点。各级纪检监察机关采取日常监督、专项检查等方式，保持常抓的韧劲、长抓的耐心，将重要时间节点连成线，坚持一个节点一个节点坚守，逢节必查、抓早抓小，持续用力、久久为功，驰而不息纠正“四风”。抓住元旦、春节、中秋、国庆等节点，通过网站、报刊、电视台、微信公众号等媒体发布节日禁令，重申纪律规矩，划出纪律红线，组织开展专项检查和随机抽查，狠刹公款吃喝、公车私用、滥发钱物、借婚丧喜庆敛财等歪风，使良好风气从“一日新”到“日日新”，从“一事新”到“事事新”。同时坚持常规手段与技术手段相结合，运用大数据提升精准度。在开展常规监督检查的同时，积极采用技术手段，充分运用大数据，扩展监督检查的途径和方法。法定节假日期间，利用有关部门车管系统、道路视频监控系统等大数据平台，对上路行驶公务用车信息进行全面分析筛查；利用税务部门发票管理系统，查处机关事业单位和国有企业涉嫌公款吃喝、公款大额购买酒水等问题，有效提升了发现线索、查纠问题的精准度、可靠性。

聚焦工作重点领域。各级纪检监察机关准确把握“四风”问题新情况、新动向，聚焦群众痛点、难点、焦点，聚焦重点领域、薄弱环节和突出问题，持续强化常态化、近距离、可视化的日常监督，灵活运用“蹲点式”“面见式”的直接监督，努力把正风肃纪贯穿纠治“四风”全过程。进一步深化“六个严禁”专项整治工作，针对超标准配置和豪华装修办公用房、违规发放津补贴等问题，组织开展狠刹“会所中的歪风”、整治奢华浪费建设、清理办公用房、规范机关事业单位津补贴、纠正和防止“不作为乱作为”、清理整顿领导干部在社会组织、企业兼职问题等专项整治，机动开展作风建设“回头看”，深挖细查隐形变异的“四风”问题，持续释放越往后执纪越严的信号。以“烟、茶、玉、矿”等为重点，梳理出7大类230个品类的云南名贵特产、特殊资源清单，深挖严查利用名贵特产、特殊资源谋取私利问题背后的奢靡腐败行为。[①]把反对和纠治形式主义、官僚主义作为重要任务，严查贯彻落实上级决策部署和指示要求不结合实际，文来文往、没有实招、不落地、不见效，敷衍塞责、相互推诿、弄虚作假、消极应付，

① 《云南整治利用名贵特产谋私利：库存名贵特产清零》，《中国纪检监察报》2020年1月8日。

以及大搞表格“留痕”、多头重复向基层派任务，增加基层负担等问题。

坚持从严从重惩处。各级纪检监察机关围绕一个“严”字，坚持“暗访、曝光、查处、追责”四管齐下，建立起调查、处理、通报、整改环环相扣的工作链条，对违反中央八项规定精神的问题和“四风”问题零容忍。坚持以问题为导向，盯紧老问题，关注新动向，针对群众和媒体网络反映、监督检查中发现的作风建设和“四风”方面存在的违纪违规行为，坚持从严查处，绝不姑息，从“细”处着手、“实”字着力，真正挖“病灶”、除“病根”，不让“四风”问题有任何漏网之隙、可乘之机。对党委（党组）监督不力，袒护包庇甚至干预案件查处工作，造成恶劣影响的，严肃追究主体责任。对各派驻纪检监察组监督检查不严，发现问题隐瞒不报、拖延不查、追责不到位的，严肃追究其监督责任。对检查过程中发现的党员干部顶风违纪问题，发现一起、查处一起，决不姑息迁就。同时，对查处的典型案例一律通报曝光，强化党员干部的纪律意识，持续释放执纪必严、违纪必究的强烈信号。此外，还切实加大“一案双查”力度，对“四风”问题突出的部门，既追究直接当事人责任，又追究主体责任、监督责任和领导责任。

加大通报曝光力度。为使广大党员干部经常有对照、时刻有警醒，省纪委省监委坚持常态化、定期、集中和分类、分项通报曝光制度，对“四风”问题发现一起，查处一起，点名道姓公开通报曝光一起，取得了良好的警示教育效果和社会效果。公开监督渠道。全省各级纪检监察机关从群众反映最强烈的作风问题入手，广泛开展社会监督，在省纪委省监委网站、云南网等媒体上开设了纠正“四风”监督举报曝光专区和专栏，同步向社会公布网络举报平台和举报电话，引导鼓励人民群众、社会各界监督举报党员干部存在的“四风”问题，及时发布全省各级纪检监察机关严防节日期间“四风”问题反弹的相关信息。对问题线索先公开曝光再严肃查处。一旦发现“四风”问题，就在省内主流媒体进行公开曝光，提升了监督的“时、度、效”，增强了警示震慑效应。

健全优化制度机制。不断健全狠刹“四风”、改进作风的规章制度，坚持抓成因分析，深入分析研究违纪违规现象、表现形态背后的形成机理，特别是体制机制等方面的原因，督促主管部门落实主体责任，建章立制、标本兼治。省委、省政府根据全面从严治党的总要求，结合全省作风建设面临的形势和任务，对近年来全省出台的涉及“四风”方面的制度规定进行了“废、改、立”，制定《督查工作机制》《督查工作分工协作方案》，建立党政联动、会商、监督、检查机制。省直各相关部门根据省委、省政府的统一部署，先后针对“三公经费”、会议文件、新闻报道、调查研究、“三难、四多”和办公用房、公务用车、公款接待、因公出国（境）、领导干部经商办企业、领导干部兼职取酬、领导干部办理婚丧喜庆事宜、省属企业负责人薪酬、公务人员参加评审等，制定了一批制度规定。各州（市）、县（市、区）和乡（镇、街道）也相应制定了一批行之有效的制度规定，逐步构建了逐级完善、层层严密的制度体系，为全省持续改进作风提供了有力的制度保障。健全完善工作机制。针对全省公务接待、公务用车、商务接待等方面的普遍性问题，省纪委省监委分别向省直有关部门发出纪检监察建议书，督促完善相关制度机制，建议开展系统性、领域性的专项整治，推动形成用制度管人、按制度办事的良好氛围。在日常监督中强化交叉式、推磨式、蹲点式、体验式监督，探索实践“2+1+1”

监督执纪监察联动工作机制，实行责任捆绑、考核挂钩，做实做深做细日常监督。在节假日等重要时间节点，突出监督检查的即时性、针对性、有效性，开展“飞行点穴式”监督检查，选择重点地区、重点单位、重点问题开展快速、准确的监督检查，精准发现问题，逐步形成系统全面、突出重点的制度化、常态化工作机制。紧盯“老问题”，深挖“新动向”，特别是对一些潜入地下、隐形变异的“四风”问题，创新运用“单元制”监督，定期或不定期对全省各单位开展交叉式、“推磨式”检查，形成无处不在的监督网。坚持推进高站位谋划、高频次检查、高刚性执纪、高密度通报“四高”机制，聚焦重要节点和“关键少数”，防范和查处各种隐形变异“四风”问题，从严查处顶风违纪问题，从细处实处向形式主义、官僚主义“开刀”，坚决防止“四风”反弹回潮。

云南坚持驰而不息纠正“四风”，集中火力整治“四风”顽疾，一个节点一个节点坚守，一个问题一个问题解决，为维护群众利益、优化营商环境、促进经济社会发展提供坚强保障，时代新风蔚然而起。

（三）执纪问责利器精准有效

党的作风是党的形象，是观察党群干群关系、人心向背的晴雨表。党的作风正，人民的心气顺，党和人民就能同甘共苦。动员千遍不如问责一次。没有严肃的问责，必然出现“劣币驱逐良币”，各种不良习气就会层出不穷。强有力的问责能够倒逼干部履职尽责、尽职尽责。党的十八大以来，云南通过强化问责，充分释放了“有权必有责、有责要担当、失责必追究”的强烈信号，有效推动了作风建设的蹄疾步稳。

突出政治性。马克思主义政党必须旗帜鲜明讲政治，问责工作问的就是政治责任和政治意识。各级党组织以习近平新时代中国特色社会主义思想为根本遵循，始终同党中央保持高度一致，维护党中央权威，确保中央政令畅通。坚持把党的政治建设摆在首位，增强“四个意识”，坚定“四个自信”，做到“两个维护”。强化政治引领，做到局部利益服从整体利益，小道理服从大道理，紧盯工作目标任务，集中精力为决战脱贫攻坚、决胜全面小康、推进高质量跨越式发展贡献力量。把维护政治纪律和政治规矩作为问责工作重点，不断强化各级党组织和党员干部的“四个意识”。通过强有力的问责，推动解决党的领导弱化、党的建设缺失、全面从严治党不力、党的观念淡漠、组织涣散、纪律松弛等问题。

突出严肃性。制度的生命力在于执行，使各项纪律规矩真正成为“带电的高压线”。云南注重在“实”“准”“严”上下功夫。在“实”上下功夫，依规依纪、实事求是开展问责，不断提高问责工作程序化和规范化水平，防止问责处理畸轻畸重的现象。在“准”上下功夫，问责分清主次，明确责任，既对事，也对人，不搞以对单位的问责代替对人的问责，更不搞以对下级单位的问责代替对上级单位的问责。在“严”上下功夫，坚持实行终身问责，该打的板子坚决打下去，决不搞下不为例、网开一面，确保失责必问真正落到实处。

突出实效性。运用好监督执纪“四种形态”，把握好政策效果、法纪效果和社会效果的有机统一。问题可能在哪里出现，问责工作就紧跟到哪里。确保中央和省委重大决策部署落到实处，对贯彻执行作选择、搞变通、打折扣等问题进行严肃问责。把问责工作和人民群众的获得感挂钩，在脱贫攻坚领域加大监督执纪问责力度，维护好群众切身利益。聚焦“关键少数”，把问责的责任压给领导班子特别是一把手，切实增强各级党组织落实政策和解决问题的能力。

突出引领性。做到问责工作与巡视巡察、纪律审查、监督检查等工作的深度融合，对“细”“小”问题抓早抓小、动辄则咎，形成问责无禁区、无死角、零容忍的工作氛围。把全面从严治党和全面深化改革结合起来，既加大典型案例通报曝光力度，达到“惩前毖后，治病救人”的目的，又强化建章立制，在发现问题中解决问题，从体制机制上分析原因，推动相关领域改革，补齐制度短板。

坚持以问题为导向，围绕一个“严”字，坚持“暗访、曝光、查处、追责”四管齐下，对违反中央八项规定精神的问题和“四风”问题零容忍，有效发挥了执纪问责红脸出汗、倒逼作风转变的作用，有力促进了党员干部转变作风、提升效能。

党的十八大以来，各级党组织驰而不息纠治“四风”、树新风，巩固拓展落实中央八项规定精神，精准有效用好执纪问责利器，一个节点一个节点坚守、一个问题一个问题突破、一个阶段一个阶段推进，坚决打赢作风建设攻坚战、持久战，清风正气在云岭大地持续激荡。

党的作风是党的形象，是观察党群干群关系、人心向背的晴雨表。党的作风正，人民的心气顺，党和人民就能同甘共苦。在新民主主义革命时期，通过将党的三大优良作风作为克敌制胜的力量源泉和有效法宝并认真践行，领导各族群众获得了革命的胜利。在社会主义革命和建设时期，继续保持谦虚谨慎、不骄不躁、艰苦奋斗的作风，警惕资产阶级思想的侵蚀，反对脱离群众的官僚主义，使党的光辉形象在边疆民族地区深入人心。在改革开放和社会主义现代化建设时期，通过恢复和发展了党的优良传统和作风，丰富了新时期党的作风建设的内涵。通过端正思想作风，改进工作作风，转变领导作风，党在人民群众中的形象得到进一步提高，党同人民群众的血肉联系得到进一步加强，干群关系得到进一步密切。党的十八大以来，通过狠抓作风建设，认真执行中央八项规定、坚决反对“四风”问题，持续在常和长、严和实、深和细上下功夫，在坚持中深化、在深化中发展，党的作风建设从立规、践行推向纵深发展，工作务实扎实、举措果断有力、实施卓有成效，党风政风民风焕然一新，党的形象、党员的形象得到了大力提升。

第五章　纪律严边

党要管党、从严治党，关键要严明纪律、严守规矩。中国共产党一直重视党的纪律建设，始终把纪律作为党在不同历史阶段完成主要任务的坚强有力保障。云南地方党组织成立后，在不同历史时期始终贯彻落实党中央的部署，把纪律建设摆在突出的位置，为云南革命、建设、改革提供了坚强纪律保证。特别是党的十八大以来，以习近平同志为核心的党中央强调，要“把纪律建设摆在更加突出位置”。各级党组织主动顺应纪律建设的新情况新变化，深化转职能、转方式、转作风，聚焦主责主业，强化监督执纪问责和监督调查处置，推动党的纪律建设迈上新台阶。

一、探索党的纪律建设

新民主主义革命时期，面对艰苦卓绝的斗争形势，只有强化组织纪律性，贯彻执行党的纪律要求，团结凝聚广大人民群众，才能确保革命斗争的胜利。党组织积极适应革命斗争形势，加强纪律教育、形成纪律意识、强化纪律执行，为党组织的发展壮大、夺取革命斗争胜利提供了纪律保障。

（一）逐步形成纪律意识

我们党从诞生之日起，就把严明纪律写在了自己的旗帜上，1921年，党的一大通过的《中国共产党第一个纲领》作出党员必须保守秘密的纪律要求。党的二大通过的第一部党章首次将“纪律”单独成章，提出了9条纪律要求，使党的纪律有了实质性内容。云南地方党组织建立后，按照党中央要求，结合革命斗争实际，加强纪律建设，严明纪律要求，使纪律意识在革命斗争中逐渐形成。

1926年11月7日，中国共产党云南第一个地方组织中共云南特别支部的建立，标志着以马克思主义为指导的中国共产党，把地处边疆、民族众多的云南，带进了一个崭新的伟大时代。[①]中共云南特别支部成立后，在积极开展革命斗争工作中，加强党的纪律建设，强调严守组织纪律、宣传纪律、工作纪律等，推动党的地方组织不断发展壮大。

1927年3月1日，在中共云南特别支部的基础上，成立了中国共产党云南特别委员会（以下简称“省特委”）。省特委成立后不久，全国革命形势发生逆转，第一次国共合作全面破裂，大革命遭受惨重失败。云南地方党组织内部也出现了一些不严格遵守纪律的情况，强化党员信念和纪律、维护党的团结、提高战斗力，成为首先需要解决的问题。于是，8月后省特委开始加强党的纪律，整顿党的组织。开除了在白色恐怖来临时，在党内散布谣言、制造分裂的两名党员；重新进行党员登记，“要能决心为无产阶级牺牲，服从纪律”的党员才能登记，否则“应自由退出”，对于不赞成土地革命、不赞成脱离国民党者允许退党，登记结果，云南党员“确数只

① 中共云南省委党史研究室：《中国共产党云南历史 第一卷（1926—1950）》，云南人民出版社2018年版，第40页。

有百七十人”。10月，省特委基本澄清了党内出现的混乱思想，整顿工作结束。[①]

在党的建设中严格党的纪律，是云南共产党人早期革命实践的一条重要经验。通过纪律教育、党员整顿工作，使党的纪律更加严明，对于规范党员的行为，提高党的战斗力，起到了关键性作用。

（二）严格遵守“三大纪律八项注意”

土地革命时期，以毛泽东同志为主要代表的中国共产党人十分重视党和军队的从严执纪问题，深刻总结大革命失败的教训，强调“服从纪律”的重要性，制定了《中国人民解放军总部关于重新颁布三大纪律八项注意的训令》，使“三大纪律八项注意”被固定了下来，成为全军的统一纪律。云南地方党组织在这一时期十分重视纪律建设，强调军队执行纪律是保持军队战斗力的重要因素，同时也是密切军民关系、增强官兵团结、夺取革命战争胜利的必然要求。

在战斗中严格执行纪律。1936年9月，川滇黔边区游击纵队云南游击支队成立。云南游击支队成立后，按照特委和纵队的指示，继承红军传统，加强思想工作，严格执行纪律，保护人民利益，使游击队深深扎根于人民群众之中，处处得到群众的支持和帮助。支队通过开展游击战争，打击国民党反动派，剿灭拦路抢劫的土匪，铲除地霸武装，保护了人民群众的生命财产安全。

通过教育培训强化纪律观念。1939年1月，根据党在抗战新阶段的基本方针任务和中共中央南方局的指示，在原省特委的基础上，成立了中共云南省工委（以下简称“省工委”）。省工委通过开办

① 中共云南省委党史研究室：《中国共产党云南历史 第一卷（1926—1950）》，云南人民出版社2018年版，第48页。

党员培训班，讲授党的六届六中全会精神、马克思主义基本原理、中国革命史、党的建设等课程，加强了党员在强化理想信念、遵守党的纪律方面的思想和认识。同时通过普遍进行党的纪律和秘密工作纪律的教育和检查，提高了党员遵守党的纪律的自觉性。[①]

中共云南省工委强化纪律措施严明党内纪律。1941年12月至1942年1月，按照周恩来关于建设坚强的战斗的西南党组织的要求，省工委通过着重抓好党员的思想教育以及开展整风学习等措施，重点解决转变思想作风问题，纠正了过去存在的不讲秘密原则、横的关系多、自由行动、暴露自己的问题，使党内纪律更加严明，为革命的不断深入奠定了坚实的基础。

“三大纪律八项注意”，确立了党的政治纪律、群众纪律和工作纪律的基本原则，对于加强军队思想建设、作风建设具有重大意义，也为我们党的纪律建设奠定了基础，推动了革命事业的发展。

（三）加强纪律性革命无不胜

西柏坡是我们党在农村的最后一个指挥所，也是严纪律、立规矩的地方。党中央在西柏坡提出“军队向前进，生产长一寸，加强纪律性，革命无不胜”等纪律要求，通过加强纪律教育，认真贯彻相关纪律要求，有效破除了各种违反纪律的问题。

严格按中央要求加强纪律教育。1948年9月，中央政治局专门召开扩大会议，强调军队的纪律性，主要议题就是“军队向前进，生产长一寸，加强纪律性”。1948年12月20日，《中国青年》再次复刊，发表了毛泽东为《中国青年》的题词：“军队向前进，生产长

① 中共云南省委党史研究室：《中国共产党云南历史　第一卷（1926—1950）》，云南人民出版社2018年版，第191页。

一寸，加强纪律性，革命无不胜。”突出强调了加强纪律的极端重要性。1949年3月，在解放战争胜利前夕，党的七届二中全会在西柏坡召开，为了防止革命胜利后党内可能出现的麻痹和松懈思想，党中央提出了“两个务必”的重要思想，确立了必须遵守的“六条规定”。省工委严格按照中央的指示，加强纪律教育，严格要求党员干部遵守“军队向前进，生产长一寸，加强纪律性，革命无不胜”的总要求，奉行“一不做祝寿；二不送礼；三少敬酒；四少拍掌；五不以人名作地名；六不要把中国同志和马恩列斯平列”的“六条规定”，有效破除了地方主义、经验主义等问题，有效防止了事前不请示事后不报告、对于原则性问题粗枝大叶缺乏反复考虑慎重处置等作风。加强纪律建设的措施，遏制了党员干部骄傲自满、贪图享乐情绪的滋长，使守纪律、讲规矩蔚然成风，对最终取得革命斗争的伟大胜利、实现云南全境解放产生了重大作用。

在新民主主义革命时期，云南党组织加强党和军队纪律建设，严守“三大纪律八项注意”，强调“加强纪律性，革命无不胜”的纪律要求，在革命中不断形成遵守纪律的意识和观念，领导全省各族人民取得了革命斗争的胜利。

二、严明党的纪律规矩

战争年代要讲纪律，执政时期更要讲纪律。新中国成立后，我们党从局部执政转向全面执政，执政环境的变化给党加强纪律建设提出了更高要求。这一时期，云南纪律检查机关相继建立，党的纪律规矩制度不断健全，同时针对一部分党员滋长了骄傲自满的情绪和官僚主义作风，出现贪污、浪费和官僚做派等违反纪律的问题进行了严厉查处，进一步严明了党的纪律。

（一）建立纪律检查机构

中国共产党历来十分重视党的纪律检查工作。新中国成立后，纪律检查机构相继设立。按照党中央决策部署，中共云南省委员会纪律检查委员会及云南省人民政府监察委员会等纪律检查机关相继建立，按照职权职能，有效开展纪律检查工作。

1949年11月，党中央作出《关于成立中央及各级党的纪律检查委员会的决定》，明确各级党的纪律检查委员会在中央和各级党委领导下负责党的纪律检查工作。1950年4月，中共云南省委员会纪律检查委员会成立。1951年1月，云南省人民政府监察委员会成立，成为省人民政府的组成部门之一。1955年2月，云南省第一届人民代表大会第二次会议选举出云南省人民委员会。原省人民政府监察委员会改为云南省人民委员会监察厅，作为省人民委员会的组成机构之一，原省人民政府监察委员会的工作移交省监察厅。1955年6月，中共云南省委一届三次代表会议选举出中共云南省委监察委员会，取代中共云南省委员会纪律检查委员会，成为省委的一个职能部门。1959年7月，云南省人民委员会第五次会议决定撤销省监察厅。1978年9月，省委恢复成立了因“文化大革命”影响被撤销的纪律检查委员会。11月17日，召开了第一次纪律检查工作座谈会，指出在揭批“四人帮” 的斗争中要做好党员的纪律教育工作；认真检查党员和党员干部执行纪律的情况，同各种违反党的纪律的行为做斗争；做好对犯错误干部的定性处理，以此巩固揭批“四人帮”斗争的成果。

通过建立党的纪律检查委员会和监察委员会，明确了专门监督机构的职权范围，加强了党的纪律，纯洁了党的队伍，保证了党的路线、方针、政策的执行和实施，得到了边疆广大人民的拥护，对党的建设发挥了重大作用。

（二）严厉查处违纪行为

新中国成立初期，随着社会环境的变化，一部分党员干部逐渐滋长了骄傲自满的情绪和官僚主义作风，并出现贪污等违反纪律的问题。党中央以毫不姑息的态度，加强对违纪案件的查处，并要求各地严明纪律，严厉查处各类违纪案件。云南按照中央部署要求，普遍检查、重点追踪、严肃处理了各类违纪案件。

省委按照中央和西南局的指示精神，在全省范围内全面检查各类违纪现象，一旦发现党员干部没能经得起权力、金钱的诱惑，触犯纪律要求的行为，绝不手软，坚决严肃查处。同时通过在全省范围内发动反贪污、反浪费、反官僚主义的“三反”运动和反行贿、反偷税漏税、反盗窃国家财产、反偷工减料、反盗窃国家情报的“五反”运动等契机，严厉打击了以贪污为主的各类违纪现象。通过一系列的措施，党的队伍和国家干部队伍中的贪污腐败分子、违纪违法分子都得到了清理，对全体党员干部进行了一次强有力的纪律警示教育。

通过对违纪案件的严厉查处，整顿了党的风气，纯洁了党的队伍，壮大了党的力量，凝聚了人心，进一步增强了党的威信，极大地激发了各族人民对共产党和新中国的信心。

（三）不断健全纪律规矩

纪律建设离不开制度的完善。省委高度重视党的纪律建设，明确各项纪律要求，并把健全完善相关制度作为推进党的纪律建设的一项重要工作，有力促进了纪律规矩制度向着规范化、体系化的方向发展。

作出纪律要求。1950年7月20日至30日，中共云南省第一次代表会议在昆明召开，会议讨论了加强全党的组织性、纪律性问题，强调要保证全党的高度统一，结束独立分散、各自为政的游离状态。1956年6月25日至30日，在各方面条件成熟的情况下，中国共产党云南省第一次代表大会在昆明召开。会议对今后的工作作出安排和部署的同时，对云南省党的自身建设提出新要求，强调继续加强党的统一和团结；提倡调查研究、独立思考的风气；提倡联系实际深入钻研理论，正确执行党的政策的风气；克服主观主义，密切联系群众，坚持走群众路线，树立雷厉风行的作风；克服官僚主义、命令主义等脱离群众的作风；加强党的领导与分工负责的制度，正确地开展批评与自我批评，在统一的纪律原则下，使党内民主生活更加活跃。

完善相关制度。1961年1月，在中央下发了《党政干部三大纪律、八项注意（草案第二次修正稿）》之后，省委印发了认真学习执行中央制定的《党政干部三大纪律、八项注意》文件，要求全省各级党政干部严格执行“一切从实际出发、正确执行党的政策、实行民主集中制、同劳动同食堂、待人和气、办事公道、买卖公平、如实反映情况、提高政治水平、工作要同群众商量、没有调查没有发言权”的要求。1963年3月27日，省委发出《关于严禁私分多占请客送礼的六条规定》，加强对党员干部的纪律要求，严禁私分多占及请客送礼等行为。

严明党的纪律，出台各项党内纪律制度，对于教育和约束党政干部的行为，密切干群关系，保持党员干部队伍的纯洁性、先进性，提高拒腐防变的能力，都起了积极的作用，也为之后党的纪律规矩体系的形成奠定了基础。

在社会主义革命和建设时期，按照中央要求，坚持从复杂的社会环境出发，围绕党的中心任务，严格执行纪律，治理和解决了党自身建设中存在的问题，保持了党的先进性和纯洁性。

三、纪律建设步入新轨道

党的十一届三中全会以后，随着我国改革开放和社会主义现代化建设的不断推进，党的纪律建设也步入了新轨道，通过加强党的纪律来坚持和改善党的领导。为适应党的工作中心转移到经济建设上来和实行改革开放的新形势，恢复重建了纪律检查机关，使党内纪律体系建设更加健全，党内监督得到有效开展，党的纪律得到了严格遵守。

（一）完善纪律检查机构

党的十一届三中全会作出了改革开放的重大决策，并决定恢复重建党的纪律检查机构。1979年，中央制定《中共中央纪律检查委员会关于工作任务、职权范围、机构设置的规定》，为各地恢复重建纪律检查机关提供了制度遵循。云南按照党中央的决策部署，逐步完成了纪律检查机构恢复重建工作。

1978年9月，中共云南省委纪律检查委员会重新建立，1983年改称为中共云南省纪律检查委员会。1987年，云南行政监察机关重新恢复建立，12月15日，云南省监察厅正式挂牌办公。根据党的十四大提出的“加强党的纪律和纪律检查工作”“强化行政监督机关职能”的精神，按照中央纪委、国家监察部关于纪检、监察机关“一个机构、两块牌子、两种职能”，实行合署办公的统一部署，1993年3月8日，省纪委、省监察厅机关正式合署办公。1999年，省纪委建立巡视制度，先后派出20个巡视组进行巡视，加强对各项制度贯彻落实的巡视检查。2004年3月，省委组建了巡视组，设立巡视工作机构，开展巡视工作。

通过恢复重建纪律检查机关，云南纪律检查机构设置进一步健全完善，纪律检查各项工作恢复发展、有序推动，新时期党的纪律建设得到了新发展。

（二）严格遵守各项纪律

随着党的纪律检查机关的恢复重建，云南加强对党员干部的纪律要求，以党风廉政制度为主的党内各项纪律得以进一步健全完善，并得到严格遵守。

1987年7月，中纪委印发《关于对党员干部加强党内纪律监督的若干规定（试行）》。1999年，省委出台《关于落实党风廉政建设责任制的实施办法》，明确各级党政一把手是党风廉政建设的第一责任人，要求切实担负起党风廉政建设和反腐败斗争的领导责任。2000年，省委、省政府下发《云南省关于实行党风廉政建设责任制考核和追究的试行办法》。2001年，省委批转省纪委《云南省领导干部廉洁自律若干规定》。2005年1月，党中央颁布了《建立健全教育、制度、监督并重的惩治和预防腐败体系实施纲要》，强调要坚持标本兼治、综合治理、惩防并举、注重预防的方针，建立健全与社会主义市场经济体制相适应的教育、制度、监督并重的惩治和预防腐败体系。

纪律的完善与执行，推进了党内纪律得到严格遵守。云南认真学习各项纪律制度办法，深入开展党风廉政建设和反腐败工作，党员干部的行为得到了进一步规范。

（三）有效开展党内监督

加强党的纪律建设，不仅要靠制度建设，还要靠党内严格、自觉的自我监督。健全完善各项党内监督体制机制，以更高的标准、更严的要求开展党内监督，推动党内监督有力、有效。

认真开展“两公开一监督”工作。1989年，云南开始进行“两公开一监督”的试点工作。选择群众最关心的，与群众政治生活和经济生活关系最密切的，担负执法、行政管理和公用事业的系统、单位作为试点。如对供销系统的化肥经营，农业银行的农村贷款，公安派出所的户口管理，劳动人事部门的招工招干等，实行“两公开一监督”，即办事制度公开、办事结果公开，依靠群众监督。试点取得较好的效果，在取得经验的基础上在全省全面推开。

建立健全党员干部监督机制。以建立健全科学的监督机制为目标，切实加强干部监督制度建设。省委组织部以“建立健全强化预防、及时发现、严肃纠正的干部监督工作机制”为目标，紧紧围绕保障选贤任能和促进领导干部健康成长，结合实际，积极探索，制定或参与制定了一系列干部监督规章和制度，有力地推进了干部监督工作的科学化、制度化、规范化。2005年，省委组织部与省纪委、省检察院、省人事厅、省审计厅、省信访局等部门建立了干部监督工作联席会议制度，构建全方位监督格局，对党员干部进行全方位监督。

建立完善监督制约机制。促使各级党员干部正确行使权力。各级党委进一步健全以民主集中制为核心的议事决策制度，强化班子内部监督。坚持领导干部提拔任用征求同级纪委意见，加强对干部选拔任用工作的监督。领导干部述职述廉、任前廉政谈话、诫勉谈话和纪委负责人同下级党政负责人谈话等制度得到切实执行。

通过对党政一把手的监督制度作为重点，努力建立健全科学的权力运行机制；建立上级党委对下级党政一把手的监督制度；坚持和改进党内民主生活会制度；建立党内外联合监督制度；认真落实好党风廉政责任制；完善领导干部配偶及子女经商的监督检查制度等一系列举措，有效开展党内监督。进一步强化了纪律规矩意识，从源头上治理腐败及其他违纪行为，为加强党的纪律建设，全面从严治党，奠定了基础。

在改革开放和社会主义现代化建设时期，围绕改革开放和社会主义现代化建设中心任务，认真总结了正反两方面的经验，对纪律建设开始新的探索。坚持把党的纪律建设和中国特色社会主义伟大事业同步推进，突出强调要维护党的纪律、搞好党风。通过重建纪律检查机关，完善党内纪律体系以及加强党内监督等工作，扭转了党内纪律废弛、党员自行其是等问题，党的纪律建设逐步趋于成熟。

四、把纪律规矩挺在前面

党的十八大以来，中国特色社会主义进入新时代，面对世情国情党情的深刻变化，以习近平同志为核心的党中央在部署党的建设一系列重大战略举措中，把纪律建设摆在更加重要的位置，强调要始终将纪律和规矩挺在前面，使管党治党真正从宽松软走向严紧硬，不断增强党的凝聚力和战斗力，确保党始终成为中国特色社会主义事业的坚强领导核心。

（一）深入开展纪律教育

加强纪律教育，是保证党员干部廉洁从政的重要基础，也是党加强纪律建设的首要任务。把纪律教育作为加强党的纪律建设的重中之重，坚持挺纪在前、亮规明矩，不松劲不松手不松气地开展纪律教育，引导党员干部坚定理想信念，牢记宗旨、尊崇党章、遵守党纪，使党规党纪学习教育落地生根。

宣传教育入人心。通过各种方式督促广大党员干部学习党章党规党纪，教育引导广大党员尤其是党员领导干部树牢理想信念，守好纪律底线。加强对中央新修订的《中国共产党廉洁自律准则》和《中国共产党纪律处分条例》的宣传教育。通过开展专题辅导、专题培训、“双语”宣讲、“在线访谈”等广泛的宣传教育活动，引导广大党员尤其是党员领导干部牢固树立纪律意识、规矩意识。省纪委《宣讲带上“民族风”，两项法规更易懂》等新闻稿件和宣传片，在报纸上刊登、电视上播放，形成了“电视上有声、报纸上有文、网络上有形”的强大舆论宣传声势。省委办公厅印发《关于开展党章党规“进党校、进课堂、进媒体”学习教育的实施意见》，开展了党章党规“进党校、进课堂、进媒体”学习教育活动，进一步树立了广大党员的党章党规意识。

警示教育筑底线。省纪委选取党的十八大以来查处的典型案例，制作《一个州长的疯狂》《倒下的“锡王”》《激浊扬清在云南》等警示教育片，并编印《云南省领导干部违纪违法典型案例警示录》，要求广大党员干部学习。各级纪检监察机关对查处的典型案例进行梳理分析，分级分类制作、编印警示教材20万余册，发放到党员干部手中作为学习教材，用身边事警示教育身边人。全省16个州市均建立完善具有本地特色的廉政警示教育基地，通过一系列反面典型，使边疆广大党员领导干部受警醒、明底线、知敬畏，严守党的纪律和规矩。

重点教育强队伍。正人先正己，打铁的人首先要成为铁打的人。加强对纪检监察队伍自身教育，云南纪检监察干部队伍通过认真开展“三严三实”和“忠诚干净担当”专题教育等，强化讲政治、识大局，讲纪律、守规矩，讲能力、强素质，讲团结、重和谐的要求，从严从实加强干部教育监督管理，不断提高干部政策理论水平和履职能力。通过立明规矩，强化执行，不断织密扎紧管理监督干部的制度“笼子”，结合适应国家监察体制改革要求，省纪委省监委及时出台了《云南省纪检监察机关监督执纪监察工作办法（试行）》等4项制度，牢固树立监督者更要自觉接受监督的意识，努力锻造一支忠诚干净担当的纪检监察干部队伍。

通过加强党章党规党纪等学习教育、强化警示和示范教育，引导广大党员干部增强“四个意识”，坚定“四个自信”，做到“两个维护”，严守各项党规党纪，不断营造风清气正的政治生态。

（二）遵规守纪形成常态

纪律建设的关键在于强化执行。把纪律和规矩挺在前面，通过对各级党组织和领导干部严格遵守和执行党的政治纪律、组织纪律、廉洁纪律、群众纪律、工作纪律、生活纪律等情况进行检查考核等方式，强化六项纪律执行。

把抓好政治纪律的贯彻执行放首位。严守党的政治纪律和政治规矩是对党员干部党性的重要考验，是对党员干部对党忠诚度的重要检验。党的纪律是刚性约束，政治纪律更是广大党员干部在政治方向、政治立场、政治言论、政治行动方面必须遵守的刚性约束。抓好政治纪律的贯彻执行，一方面是严格要求每名党员干部遵守党的政治纪律和政治规矩，规范自己的一言一行，决不搞团团伙伙、拉帮结派，决不能自行其是、阳奉阴违，决不可自由散漫、目无组织。在任何情况下都要做到政治信仰不变、政治立场不移、政治方向不偏，在思想上、政治上、行动上坚定自觉地同以习近平同志为核心的党中央保持高度一致。坚定不移贯彻落实中央的路线方针政策和省委的决策部署，以高度的政治责任感去开拓进取、攻坚克难，把全部心思和精力用在干事创业上，用心、用情、用力做好各项工作，不辜负党和人民的重托，创造新的业绩。另一方面是严厉查处违反党的政治纪律的案件，营造风清气正的政治生态。仅2018年上半年，云南省查处违反政治纪律案件39件，十届省委第三轮、第四轮巡视共发现党的领导弱化、党的建设缺失、全面从严治党不力“三大问题”1370个。[①]2015年11月以来，省纪委组成专项纪律检查组，对各地各部门落实省委稳增长、脱贫攻坚、灾后恢复重建等决策部署情况进行集中专项纪律检查，查处违反政治纪律和政治规矩案件，严格问责问题干部。

一体推进其他各项党内纪律的贯彻执行。严守组织纪律，坚持民主集中制，个人服从组织，少数服从多数，下级服从上级，全党服从中央。每一位共产党员都要坚决拥护党组织作出的重大决定，坚决

① 《云南：惩处一批对党不忠诚不老实的“两面人”》，中央纪委国家监委网站，2018年9月14日。

执行党组织的重大决定，在大是大非问题面前做到立场坚定，旗帜鲜明，拥护组织，服从组织，用共产党人光明磊落的胸怀维护组织原则，遵守组织纪律。严守廉洁纪律，教育引导党员领导干部严格遵守廉洁自律规定，用好手中权力，切莫把“权力”当作“财富”。管好家人、下属，用实际行动塑造党员干部在人民群众中的良好形象。严守群众纪律，教育引导党员领导干部把群众利益放在心上，把党和政府政策落实到基层，让老百姓受益，不要损害群众利益，损害党群、干群关系。严守工作纪律，认真履行工作职责，确保党组织时刻保持活力，体现党的先进性和纯洁性，带领人民群众，搞好经济社会建设，不断提高人民生活水平。严守生活纪律，认真学习领会习近平总书记关于家庭家教家风建设的重要论述，开展家庭家教家风建设，自觉营造良好家风，真正安好家庭成长摇篮、守好家庭廉洁堤防、建好家庭幸福港湾，着力做到清清白白做人、干干净净干事，以好家风涵养好的党风政风、引领好的社会风气。

通过把纪律挺在前面，严守党的六项纪律，各级党组织和党员领导干部守住了纪律这条底线，靠纪律全覆盖管、全方位治，更好地从源头上阻断了不正之风和腐败滋生的通道，为维护好党内政治生态发挥了重要作用。

（三）有效运用“四种形态”

习近平总书记在党的十九大报告中把“持之以恒正风肃纪”作为“坚定不移全面从严治党”的重要内容，并要求有效运用监督执纪“四种形态”，抓早抓小、防微杜渐，从“早”抓起、从“小”严起，将“从严”与“全面”相结合，把党风党纪问题解决在萌芽状态。

注重把握内涵。《中国共产党党内监督条例》对“四种形态”做了完整表述：“经常开展批评和自我批评、约谈函询，让‘红红脸、出出汗’成为常态；党纪轻处分、组织调整成为违纪处理的大多数；党纪重处分、重大职务调整的成为少数；严重违纪涉嫌违法立案审查的成为极少数。”党的十九大党章第七章第四十条规定：“坚持惩前毖后、治病救人，执纪必严、违纪必究，抓早抓小、防微杜渐，按照错误性质和情节轻重，给以批评教育直至纪律处分。运用监督执纪‘四种形态’，让‘红红脸、出出汗’成为常态，党纪处分、组织调整成为管党治党的重要手段，严重违纪、严重触犯刑律的党员必须开除党籍。”注重把握“四种形态”的深刻内涵，深刻认识“四种形态”既是思想观念的创新成果，也是执纪监督的深刻变革。坚持监督执纪“四种形态”的出发点是为了更好地教育保护党员干部，使其在违反党的纪律出现苗头时就得到遏制，防止出现更大错误，达到防患于未然，实现预防与惩治相统一、治标与治本相统一的目的，使全面从严治党目标真正落地。

强化建章立制。在实践运用“四种形态”中，坚持边探索实践、边总结完善，强化“四种形态”工作实践的制度建设。相继制定实施了《云南省纪律检查机关实践监督执纪“四种形态”实施办法》《云南省实施〈中国共产党问责条例〉办法》《云南省党政领导班子“一把手”监督办法》《云南省纪检监察机关关于问责事项审核的工作流程》《云南省纪检监察机关实行纪律审查主办责任制的规定》《关于规范谈话函询办理工作的暂行规定》《关于进一步加强对反映领导干部问题线索处置管理工作的通知》《关于落实全面从严治党主体责任实践“四种形态”的指导意见》等一批法规制度。各州、市、县结合实际也相继制定出台相关制度，全省逐渐构建起了省、市、县三级实践“四种形态”的制度体系，以制度化推动实践监督执纪“四种形态”具体化、规范化、常态化。

压实主体责任。压实“两个责任”，积极协助党委推进全面从严治党，突出抓好党委主体责任特别是第一责任人责任，推动落实领导班子成员“一岗双责”，加强对下级纪委的领导和指导，强化约谈提醒、督促推动、检查考核，深入开展述责述廉工作，用好责任落实监管平台，认真落实监督责任。紧紧抓牢主体责任这个“牛鼻子”，进一步压实主体责任，强化各级党组织和领导干部的责任担当。省委印发实施《关于落实全面从严治党主体责任实践“四种形态”的指导意见》（以下简称《指导意见》），《指导意见》明确强调，全面从严治党要靠全党、管全党、治全党，实践“四种形态”，全省各级党委（党组）、纪委（纪检组）、党的工作部门和各级领导班子成员都是责任主体，主要领导是第一责任人。各级党组织、纪委（纪检组）和党的工作部门的主要负责人和班子成员都负主体责任。为推动《指导意见》落到实处，由省纪委常委带队，组成8个调研组，赴全省各地区各部门开展专项检查，对思想认识不到位、贯彻落实走过场的，在省纪委上报省委的专题调研材料中点名道姓曝光。制定了《云南省纪律检查机关实践监督执纪“四种形态”实施办法》，进一步明确运用“四种形态”的责任主体、原则方法和工作程序等，切实增强工作的操作性、有效性。

突出工作成效。坚持“惩前毖后、治病救人”方针和“违纪必究、宽严相济”理念，积极运用监督执纪“四种形态”，既盯住“关键少数”，又管住“绝大多数”，着力构建风清气正的政治生态。坚持抓早抓小，出台《关于规范谈话函询办理工作的暂行规定》等制度，全面开展廉政谈话提醒制度，采取任职廉政谈话、信访谈话、审计谈话、整改谈话、廉政责任谈话等五类谈话，对党员干部出现的苗头性、倾向性问题主动出击，使谈话对象在破纪之初就受到深刻警醒，严防小错酿成大祸。各级纪检监察机关以“六项纪律”为标尺，把违纪问题作为执纪的主要内容，无论轻重，动辄得咎，防止党员干部由“破纪”滑向“破法”。对反映的一般性或者较为笼统的问题线索，及时通过谈话函询方式进行处理，早提醒、早纠正，把问题解决在萌芽状态；对具有可查性的问题线索，及时跟进，抓紧初核，及时处理。持续紧盯“微权力”“微腐败”，对群众反映强烈的不正之风和腐败问题，以批评教育、诫勉谈话、轻处分等方式，及时由党组织出面“咬咬耳朵”“扯扯袖子”，让违纪人员“红红脸”“出出汗”；对严重损害群众利益的行为，及时采取党纪轻处分、组织调整甚至党纪重处分等方式坚决予以纠正。切实保障人民群众的获得感、幸福感、安全感，组织动员人民群众坚定不移跟党走，厚植党的执政根基。坚持无禁区、全覆盖、零容忍，坚持重遏制、强高压、长震慑。重点查处党的十八大后不收敛、不收手，问题线索反映集中、群众反映强烈，政治问题和经济问题交织的腐败案件，违反中央八项规定精神的问题，做到快进快出、快查快结，严肃处理、公开曝光，着力强化不敢、知止的氛围，倒逼推动前三种形态有效落实。2019年1至10月，云南省纪检监察机关共运用“四种形态”处理共计28109人次，第一种形态18997人次，占比67.6%，第二种形态5510人次，占比19.6%，第三种形态1854人，占比6.6%，第四种形态1748人次，占比6.2%。①

有效运用监督执纪“四种形态”，及时发现并纠正苗头性、倾

① 《云南：1至10月运用“四种形态”处理近3万人次》，中央纪委国家监委网站，2019年11月22日。

向性问题，恰当运用批评教育、诫勉谈话、轻处分和组织调整、重处分和重大职务调整、移送司法机关依法处理等方式处理各类违纪行为，实现由“惩治极少数”向“管住大多数”拓展，使遵守党的纪律成为党员干部的日常自觉行为，逐步推进形成“不敢腐”“不能腐”“不想腐”的长效机制。

（四）做实做细日常监督

监督没有捷径可走。切实履行监督第一职责，就要把监督抓在日常、严在经常。监督是纪律建设中的重要环节，在监督工作中，坚持问题导向，探索方式方法，以健全完善监督制度为基础，把重点监督、精准监督、常态监督等方面有机结合，把好监督的重要关口。

健全监督制度。省纪委省监委出台《云南省纪检监察机关监督执纪监察工作办法（试行）》《云南省监察机关调查措施使用规范（试行）》《云南省纪检监察机关监督执纪监察工作流程图（试行）》和《云南省纪检监察机关监督执纪监察工作常用文书格式（试行）》等制度，下发《关于集中开展解决信访举报突出问题专项整治工作方案》，出台《中共云南省纪委云南省监委信访举报件交办督办工作办法（试行）》《云南省纪检监察机关实名举报办理暂行办法》《关于规范信访举报事项不予受理工作的暂行规定》等规章制度，印发整治扶贫领域形式主义、官僚主义突出问题的工作意见。2020年6月，省委办公厅印发《关于深化拓展基层减负工作持续解决形式主义突出问题的通知》。[①]贯彻执行《国家监察委员会特

① 中共云南省委办公厅印发《关于深化拓展基层减负工作持续解决形式主义突出问题的通知》，《云南日报》2020年6月20日。

约监察员工作办法》，实行特邀监察员制度。西双版纳州修订完善《开展走读式谈话工作规定》《西双版纳州领导干部干预监督执纪问责工作报告备案规定》等制度，制定实施《关于纪检监察机关协同推进监督职责的指导意见》和《西双版纳州纪委监委纪检监察监督室与派驻（出）机构协作配合暂行规定》，强化对口联系监督检查室与派驻机构协同配合、室组联动。[①]将制度优势转化为治理效能。在内部权力运行中，修订完善相关制度，强化对口联系监督检查室与派驻机构协同配合、室组联动。[②]以制度创新促提质增效。持续加强制度建设，制定系统完备、有效管用的制度体系，规范纪检监察系统内部管理、提高工作效能。

突出监督重点。突出政治监督，把党中央重大决策部署落实情况作为日常监督的“重音”，把“两个维护”细化实化为日常监督的具体抓手，坚决防止把讲政治停留在表达、表态上，防止“标签式”“浮萍式”的政治敷衍，通过强化政治纪律的监督，督促带动广大党员干部守纪律、讲规矩。突出对公职人员的监督。省、市、县三级监委全部组建后，加强对各类公职人员依法履职、秉公用权等情况的监督检查。积极探索监察职能向乡镇、村社延伸，通过开展谈话、专项监督检查、巡视巡察等方式开展精准监督，把以往处在监督“真空”的基层非党员公职人员、非党员村干部列入监督范围，让基层干部感到“监督就在身边”，真正实现了监督全覆盖。突出对纪检监察干部的监督。信任不能代替监督，监督者也要被监督。把建设一支忠诚、干净、担当的纪检监察干部队伍作为推动党

① 周荣：《西双版纳：持续深化监察体制改革 塑形铸神淬铁军》，云南省纪委省监委网站，2020年9月7日。

② 周荣：《西双版纳：持续深化监察体制改革 塑形铸神淬铁军》，云南省纪委省监委网站，2020年9月7日。

风廉政建设和反腐败工作深入开展的重要抓手，不断加强纪检监察干部监督管理工作。2014年，省纪委成立了纪检监察干部监督室，全省16个州市纪委全部完成内设机构调整，均设立了纪检监察干部监督室，加强对纪检监察干部的日常教育监督管理，强化纪律约束，以零容忍态度消除自身腐败，坚决防止“灯下黑”。

创新监督方式。开创“2+1+1”联动工作法。省纪委监委印发《云南省纪委省监委实行“2+1+1”监督执纪监察联动工作办法（试行）》。“2+1+1”监督执纪监察联动的“2”，指的是省纪委省监委各纪检监察监督室和审查室，两个“1”分别指州（市）纪委监委、省纪委监委派驻机构和省委巡视机构。监督执纪监察联动工作的责任主体是“2+1+1”，四类责任主体各自发挥优势，联动配合，实现工作、责任、奖惩“三捆绑”。开展“飞行点穴式”监督。突出监督检查的即时性、针对性、有效性，组织“飞行点穴式”监督检查组，每年元旦、春节等节日期间，选择重点地区、重点单位、重点问题开展快速、准确的监督检查，精准发现问题，起到对违反中央八项规定精神问题出其不意的监督效果。创新一线监督。探索推行深入基层开展一线监督的方式方法，并出台制度，对“办事式”“座谈式”“嵌入式”等一线监督方式作出明确规定，要求开展一线监督要做到不发通知、不打招呼、不听汇报、不搞陪同，直奔基层一线，力戒形式主义、官僚主义。通过一线监督，促进了精准发现问题及整改问效。实践“蹲点式”谈心谈话监督。省纪委省监委经过试点探索，制定出台《“蹲点式”谈心谈话监督工作办法》《面询工作办法》，各地积极创新体制机制、理顺工作思路、强化监督合力、提升监督质量，逐渐构建起了省、市、县三级实践“蹲点式”谈心谈话制度体系。由过去的被动式接收问题线索到主动走出去开展监督，通过会议、约谈、走访等多种方式，发现问题，深入掌握情况，对干部进行提醒和教育，实现常态化、近距离、可视化日常监督，有效推动了纪检监察工作开展。据不完全统计，两个办法出台以来，各级纪检监察机关已对570个单位开展“蹲点式”谈心谈话776次1344人，发现问题1009个，解决问题677个。①

开展专项监督。加强扶贫领域监督。为做好脱贫攻坚监督执纪问责工作，开展了扶贫领域腐败和作风问题专项治理蹲点监督，围绕“两不愁三保障”，聚焦脱贫政策连续性稳定性，特别是脱贫摘帽后“四不摘”、贫困预警监测等政策措施落实情况加强监督检查，着力防范形式主义、官僚主义等老问题，着眼解决盲目乐观、松懈厌战等新倾向，以强监督促强监管、强落实，督促提高脱贫质效。②制止“舌尖上的浪费”。以遏制铺张浪费问题为切入口，将督促党员干部职工严格落实各项节约措施、坚决杜绝浪费作为纠治“四风”的重要抓手，着力推动各机关单位深入推进制止餐饮浪费工作，切实做到文明节俭用餐。开展驻会监督。成立《生物多样性公约》第十五次缔约方大会云南省筹备办纪律监督部，定期召开会议及时研究安排部署监督工作，结合用好“驻点式”监督、“飞行点穴式”监督，形成“联动式”监督。专项整治借贷问题。省委印发《集中开展领导干部违规借贷问题专项整治工作方案》，集中开展领导干部违规借贷问题专项整治，针对一些领导干部以借贷为名大搞利益输送、变相行贿受贿等问题，开展领导干部违规借贷问题

① 《云南省纪委省监委着力推动监督工作具体化常态化》，《云南日报》2019年1月11日。

② 谢进、张凯峰、曾春：《保山强化监督全力保障脱贫攻坚决战决胜》，云南省纪委省监委网站，2020年9月2日。

专项整治，整治“不良”政商关系。[①]

以更高政治站位、更高质量要求，始终把监督挺在前面，探索创新监督工作格局，以强化政治监督为统领，以开展专项监督为抓手，以做实日常监督为基础，以坚持长期监督为战略，以实施精准监督为保障，全面强化监督职能，做实做细监督职责，不断提升监督质量，使监督检查工作的思路举措更加科学、更加严密、更加有效，为推进全面从严治党发挥了重要职能作用。

党的十八大以来，云南各级党组织把党的纪律建设作为党的建设重要内容加以强化，强调加强纪律教育，重视纪律的贯彻执行，着力解决人民群众反映最强烈、对党的执政基础威胁最大的突出问题，全力推进全面从严治党，极大地提升了党的凝聚力、战斗力，充分彰显了党的先进性和纯洁性。

我们党是用革命理想和铁的纪律组织起来的马克思主义政党，组织严密、纪律严明是党的优良传统和政治优势，也是党的力量所在。历史经验表明，党的纪律执行得好，党的事业就兴旺发达，党的纪律执行不好，党的事业就会遭受挫折。云南地方党组织继承和延续加强纪律建设的优良传统，在新民主主义革命时期，通过强调“加强纪律性，革命无不胜”的纪律要求，严明了党的纪律，形成了遵守纪律的意识和观念。在社会主义革命和建设时期，通过建立纪律检查机关，加强对违反纪律的惩治，各级党组织和广大党员严守党的纪律。在改革开放和社会主义现代化建设时期，恢复重建了纪律检查机关，勇于创新思路，党内纪律体系建设更加健全，党内监督得到有效开展，扭转了党内纪律废弛、党员自行其是等问题，在实践中不断推进党的纪律建设向前发展。党的十八大以来，进一

① 《临沧把监督挺在防汛救灾一线》，《云南日报》2020年8月29日。

步发扬纪律严明这一党的光荣传统和独特优势，把党的纪律建设置于突出位置，坚持纪严于法、纪在法前、纪法分开，重点强化政治纪律和组织纪律，带动廉洁纪律、群众纪律、工作纪律、生活纪律严起来，各级党组织和广大党员始终将纪律和规矩挺在前面，党员的纪律意识不断提高，有效推进了全面从严治党向纵深发展，为实现高质量跨越式发展提供了坚强的纪律保障。

第六章　制度固边

党的制度是党内各种行为规范的总和，是党的整体意志的反映，具有调整党内关系，规范党内行动，维持党内秩序，保持党的活力，发扬党的优良传统，实现党的整体意志的功能。云南地方党组织在团结带领全省各族人民干革命、搞建设、抓改革的伟大实践中，积极践行和完善党的组织制度、领导制度、工作制度、监督制度和党员教育管理制度等，有效保障了各项工作的顺利推进，较好发挥了制度固边的重要功能。

一、建立党内制度规范

中国共产党从诞生之日起，就开始了自身的制度建设。在新民主主义革命时期注重建立健全以党章为根本遵循，民主集中制原则为核心的各项规章制度体系。在领导革命斗争的过程中，云南边疆地方党组织对制度建设重要性的认识有一个发展的过程，在艰苦的环境中对开展制度建设进行了有益的探索，初步形成并执行了党的一些规章制度。

（一）执行党内民主集中制

民主集中制是党的制度建设的核心问题。1922年，党的二大第一次对民主集中制的基本思想进行了表述。1927年6月，党的五大指出党的指导原则为民主集中制。1928年7月，党的六大通过的党章规定“中国共产党的组织原则为民主集中制”。1938年，党的六届六中全会通过了《关于各级党部工作规则与纪律的决定》，首次概括了民主集中制的基本原则，即“四个服从”原则：个人服从组织，少数服从多数，下级服从上级，全党服从中央，党的一切工作由中央集中领导。这是对民主集中制原则的精辟概括，并且要求所有党员不管是领导干部还是普通党员，都必须无条件地绝对执行。

在云南地方党组织成立早期，云南党组织的省级机构曾两度出现只有一人主持工作的局面，为了实行集体领导，曾召开扩大会组成特委，召开第一次党代会选举产生新的临时省委，以便更好地贯彻执行民主集中制。省里“各种提案经省常委先期准备，在各小组充分讨论，对于政治、组织、宣传、职工、农运、军事、青年、妇女等皆严密注意到，经过热烈讨论，作成决议”①。基层斗争“都是在党领导之下发动的，要求的条件都是党讨论决定后，经过支部的同志在群众中提出，成为群众所拥护的斗争目标”②。这种民主集中制的领导制度充分体现了集体领导的原则，增强了党的凝聚力，使云南党组织具有较强的战斗力。大革命失败后，云南党组织注重了组织建设，强调“从斗争中发展党员……为云南党目前组织上第一等重要任务”，但“不要因为数量上的发展而破坏了无产阶级政党

① 中共云南省委党史资料征集委员会：《云南地下党早期革命活动》，云南民族出版社1989年版，第348页。

② 中共云南省委党史资料征集委员会：《云南地下党早期革命活动》，云南民族出版社1989年版，第325页。

的组织”[①]，“只能吸收有相当认识的勇敢的积极分子”[②]。对于不符合条件的党员，对于因大革命失败而灰心丧气、动摇、传播流言蜚语的人，或执行纪律，开除出党；或教育整顿，重新登记，不够条件的就劝其退党。

通过执行民主集中制，使云南党组织逐步站稳了脚跟，并在工作重点转移到农村后经受住了艰苦斗争的考验。

（二）确立党组织工作制度

建立和完善党组织工作制度，能够保证党的各项工作的规范性、系统性、科学性，同时也有利于发挥各级党组织和党员工作的主动性、积极性和创造性。云南地方党组织成立后，就注重通过制度来加强自身建设。省特委要求党的活动制度化，以加强党员的组织观念，并使组织决策更为准确和得到及时贯彻。明确规定支部会、支书联席会、党团员全体会议每周坚持1次，特委会每周2次，遇有突发情况，均召开临时会议。通过制度保证党员的理论教育。特委每周发讨论大纲1次，每半月发政治分析材料1次，并规定了党员必读的书报。

通过制定和执行党组织的相关工作制度，党员和积极分子的政治思想觉悟得到了不同程度的提高，党的各项工作得到了有效推动。

① 中共云南省委党史资料征集委员会：《云南地下党早期革命活动》，云南民族出版社1989年版，第222-223页。

② 中共云南省委党史资料征集委员会：《云南地下党早期革命活动》，云南民族出版社1989年版，第383页。

（三）实施党内请示报告制度

解放战争时期，党中央发布了《关于建立报告制度的指示》，对定期请示和报告做了明确的规定，要求广大党员干部听从党中央的统一领导，党的下级的重要决议必须呈报党的上级组织批准以后方准执行；党的各级领导机关必须将不同意见的争论及时地、真实地向上级报告，其中重要的争论必须报告中央。通过建立健全请示报告制度，对于统一全党的意志和行动，加强党的层级领导，贯彻落实党的方针政策，起到重大的促进和保障作用。党内存在的无纪律、无政府状态得到了有效的克服和改善，党的战斗力、号召力和凝聚力明显增强，为赢得战争胜利奠定了坚实的制度基础，发挥了巨大的历史作用。

在新民主主义革命时期，云南各级党组织通过探索和执行党内相关制度，克服了工作中的一些错误倾向，减少了工作上的许多盲目性，维护了党的团结统一，增强了党的战斗力和凝聚力。

二、逐步形成党的规章制度

不断健全和完善党的规章制度，可以确保党的路线、方针、政策的执行。云南解放以后，扎实开展制度建设，通过确立党的领导体制，贯彻执行党的代表大会制度等，推进了各级党组织工作的制度化、程序化和规范化，为党的建设提供制度保障，切实推进了党的建设各项工作顺利开展。

（一）确定党委领导制度

民主集中制作为党内政治生活的重要法宝，为加强党的建设提供重要制度保障。加强党的建设，必须以民主集中制为根本遵循。省委坚持以民主集中制为核心，建立健全党委制，加强地方党委领导制度建设。

条块结合加强领导。早在1948年9月，在全国即将解放的形势下，中央政治局会议即指出，健全党委制是实现全党民主集中制的重要环节。会后，中央发出《关于健全党委制》的决定，要求今后从中央局至地委，从前委至旅委以及军区党组、政府党组、民众团体党组、通讯社和报社党组，都必须建立健全党委会议制度，一切重要问题均须提交委员会讨论。根据中央《关于健全党委制》的决定，省委对各级党组织的管理采取“条块”结合的方式。“条”即是按系统和部门管理，“块”即是按行政区划建制管理。在1956年以前，为适应党的一元化领导，党委工作机构设置比较多，并根据需要不断调整。通过各部门分级管理干部，干部管理工作逐步规范，实现了党对干部的统一管理，使得党能够根据形势发展需要，统一调配干部力量，党委制得到加强。各地、州、县党委也随着全省行政区域的多次调整而不断建立健全。

完善机构加强领导。中共云南省委成立之初，有省委委员9人，实行全委会集体领导。1954年10月，经党中央批准，省委设立常务委员会。1955年6月，按照中央《关于建立省、市委书记处的决定》，经中央批准，省委设立书记处，作为省委处理日常工作的机构，执行省委决议和检查执行情况，对常委会负责。各级党委也先后设立常委会，作为日常决策机构。[①]1956年6月，随着中共云南省第一次代表大会召开，党的建设进入一个新的阶段，党的领导体制和组织制度有了新的变化。云南开始实行党员代表大会制度，中共云南省第一次代表大会选举产生了首届中共云南省委，省委领导班子由上级任命制转变为代表大会选举制，辅以届期内领导班子调整的任命制。加强了省委工作部门建设，第一届中共云南省委由5名书记处书记（包括第一书记）、11名常委、27名委员、9名候补委员组成，书记处书记分管各口业务，加强了对政府系统相对应的经济工作部门的指导和监督，并随着工作开展的需要进行适当的增减。加强了党的监察机关建设，中共云南省委首届监察委员会由中共云南省第三次代表会议选出，报经党中央批准正式成立，向中央监委和省委负责并报告工作。

通过建立健全党委领导制度，地方党委领导体制得到了确立和不断完善，有力巩固了人民政权，促进了社会主义事业的发展。

（二）全面实行党的代表大会制度

党的代表大会制度是党的一项根本性的组织制度，是党内民主的重要体现形式。1948年9月，中央发出《中共中央关于召开党的各级代表大会和代表会议的决议》，要求正常召开代表大会。1950年7月20日至31日，中共云南省第一次代表会议召开。1954年3月16日至4月14日，中共云南省第二次代表会议召开。1955年6月16日至30日，中共云南省第三次代表会议召开。三次党的代表会议的顺利召开，为召开党的代表大会奠定了基础，积累了经验。1956年6月25日

① 中共云南省委党史研究室：《中国共产党云南历史　第二卷（1950—1978）》，云南人民出版社2018年版，第194页。

至30日，中共云南省第一次代表大会在昆明召开，标志着党的代表大会制度在云南的确立。此后，均按中央要求并结合云南实际，开展各级党代会代表的选举工作。

通过实行党的代表大会制度，明确了党代会的职权、组织程序等，保证了党内决策和党内监督的有效实施，党内民主得到了很大的发展。

（三）推行宣传员和报告员制度

为加强对思想舆论的引导，按照中央的部署，1951年4月，省委发出《关于执行中央〈关于在全党建立对人民群众的宣传网的决定〉》，在全省建立了宣传员和报告员工作制度。在党的每个支部设立宣传员，在党的各级领导机关设立报告员，并建立相应的工作制度。宣传员的任务是在党组织领导下，向人民群众宣传党和政府的政策、国内外时事、当前面临的生产工作任务及模范经验；批驳反动谣言和群众中流传的错误思想；将人民群众反映的情况向党组织报告，以便适时改进党的宣传内容和宣传方法。报告员既是高级宣传员，也是宣传员的领导者。他们的主要任务是直接地经常地向人民群众作关于时事、政策、工作任务、工作经验的报告。每个报告员每两个月必须至少作一次政治报告。宣传员深入农村，深入基层，宣传动员群众，群众生动地把宣传员称为“活的报纸和黑板报”。报告员给各级机关党员上党课，并轮流下乡，向基层党员讲解党的政策和当前的形势任务。据不完全统计，仅43个省级报告员在1951年半年时间就向社会各界做报告177次，听众达20万人。

宣传员和报告员工作制度的建立，对于从上至下系统地建立起遍及各地的经常性宣传网，广泛而深入地对人民群众进行社会主义思想教育起到了积极的推动作用。

（四）实施组织员制度

在内地公开建党过程中，为了保证建党工作顺利开展，在干部少任务重的情况下，根据中央有关决定，云南各级党委建立了组织员制度，选择和训练了一批可靠称职的专门从事组织工作的党务干部负责发展、管理党员工作。他们的主要任务是审查党员是否符合条件，监督、帮助、检查支部建党工作；根据审查新党员的情况，代表组织进行谈话。在各级党委开展统一培训后，组织员奔赴各地农村和厂矿，协助当地党委进行建党工作。在内地建党期间共培训建党干部1596人，其中组织员964人，能够独立负责一个乡的建党工作的骨干250—300人。组织员制度的实施，弥补了解放初期组织发展制度不健全、组织干部缺乏的问题。①

在社会主义革命和建设时期，逐步建立了党委领导制度，全面实行党的代表大会制度，相继推行宣传员、报告员和组织员等制度，保障了党的队伍和组织迅速发展壮大，有力巩固了新生的人民政权。

三、不断巩固党的制度成果

改革开放以来，我们党深刻总结党和国家的历史经验，把制度建设作为一项重要基础性建设贯穿于党的建设的各个方面，既用制度建设来促进党的思想建设、组织建设、作风建设和反腐倡廉建设

① 中共云南省委党史研究室：《中国共产党云南历史　第二卷（1950—1978）》，云南人民出版社2018年版，第190页。

的深入发展，又用制度建设来巩固党的建设取得的成果，努力探索注重从制度上建设党的新经验新路子。为推进党的制度建设，云南坚持以党章为根本，以民主集中制为核心，坚持和完善党的领导制度，完善党的代表大会制度和民主决策机制，保障党的团结统一，为各项事业的发展夯实了制度保障。

（一）建立健全学习培训制度

为加强对党员干部的培训，提高工作能力和理论水平，必须建立对党员进行学习培训的制度。1982年以来，各地坚持开展一年一度的农村党员轮训，并形成制度长期坚持下来。工矿企业也从实际出发，坚持开展党员轮训工作。[①]1990年3月，为提高党员干部的理论素养，省委下发《中共云南省委关于建立健全在职干部学习制度和轮训县以上领导干部的通知》，提出建立在职干部学习制度和轮训制度，重点解决广大干部社会主义、共产主义的信念问题。[②]为加强各级党委（党组）学习，促进领导干部提高知识和理论水平，全省建立了以党委（党组）理论学习中心组为重点的学习制度。[③]省委中心学习组率先垂范，联系实际开展学习。省第七次党代会以来，省委中心学习组坚持学习制度，带头学习马克思主义中国化的理论创新成果。党中央出台重大方针政策后，省委中心学习组都及时进行学习。在省委的带动下，全省各州市县、省级机关、大专院校、各大型企业的党委（党组）理论学习中心组都能够坚持好学习制

① 中共云南省委宣传部、中共云南省委党史研究室：《中国改革开放全景录·云南卷》，云南人民出版社2018年版，第368页。

② 中共云南省委宣传部、中共云南省委党史研究室：《中国改革开放全景录·云南卷》，云南人民出版社2018年版，第361页。

③ 中共云南省委宣传部：《谱写中国梦云南篇章——砥砺奋进的五年》，人民出版社、云南人民出版社2017年版，第188页。

度，有力地促进了各级领导干部特别是领导班子的政治、理论和业务等各方面的学习，促进了学习型党组织、学习型机关、学习型干部的建设。

（二）巩固发展党内民主制度

为加强党内民主，规范党内生活，省委在贯彻中央制定的党的规章制度的同时，结合实际，制定了一系列制度。推行民主评议党员工作。1988年10月，省委下发《关于妥善处置不合格党员试点的安排意见》。随后，省委组织部印发《关于坚持民主评议党员制度的意见》，将妥善处置不合格党员工作转为民主评议党员，每年进行一次。1988年至1990年间，5万多个基层党支部和97万多名党员先后参加了民主评议。[①]按照中央组织部《关于建立民主评议党员教育制度的意见》，民主评议党员形成制度，各基层支部每年年终结合各地各部门工作情况开展党员评议工作。[②]规范党员民主生活会。党的十二大以后，云南各级党组织逐步得到恢复、建立，党内各项组织生活制度逐步得到完善。各级党员领导干部都要严格按照党章和《关于党内政治生活的若干准则》的规定，参加党的组织活动，过严格的组织生活，加强党性锻炼，自觉接受党组织和党内外群众的监督。[③]2004年，《中国共产党党内监督条例（试行）》对党组织应当坚持和健全党员领导干部民主生活会制度、按照规定开好民主生活会作了明确规定，使民主生活会步入了制度化轨道。2005年，省

① 中共云南省委宣传部、中共云南省委党史研究室：《中国改革开放全景录·云南卷》，云南人民出版社2018年版，第368页。

② 《云南省情》编委会：《云南省情（2008年版）》，云南人民出版社2009年版，第574页。

③ 中共云南省委宣传部、中共云南省委党史研究室：《中国改革开放全景录·云南卷》，云南人民出版社2018年版，第367页。

委印发《〈关于建立健全云南省各级党委（党组）科学民主决策制度的意见〉的通知》，为加强党的执政能力建设，认真贯彻民主集中制原则，提高各级党委（党组）科学决策、民主决策、依法决策水平提供了遵循。同时，明确了决策议事规则，规范了决策程序，完善了决策保障机制。认真贯彻执行《中国共产党地方委员会工作条例（试行）》，并在原来的16项制度和相关工作程序的基础上，制定并形成了22项工作规则。

（三）恢复完善纪检监察制度

1978年9月，中共云南省委纪律检查委员会重新建立；1983年，改称中共云南省纪律检查委员会。1979年，中央制定《中共中央纪律检查委员会关于工作任务、职权范围、机构设置的规定》。1987年7月，中纪委印发《关于对党员干部加强党内纪律监督的若干规定（试行）》。1987年，云南行政监察机关重新恢复建立，12月15日，省监察厅正式挂牌办公。根据党的十四大提出的“加强党的纪律和纪律检查工作”“强化行政监督机关职能”的精神，按照中央纪委、国家监察部关于纪检、监察机关“一个机构、两块牌子、两种职能”，实行合署办公的统一部署，1993年3月8日，省纪委、省监察厅机关正式合署办公。1999年，省委出台《关于落实党风廉政建设责任制的实施办法》；2000年，省委、省政府下发《云南省关于实行党风廉政建设责任制考核和追究的试行办法》；2001年，省委批转省纪委《云南省领导干部廉洁自律若干规定》。建立巡视制度。为保证制度真正得到贯彻落实，省纪委从1999年起建立巡视制度，先后派出20个巡视组进行巡视，加强对各项制度贯彻落实的巡视检查。2004年3月，省委组建了巡视组，设立巡视工作机构，开展巡视工作。[①]通过恢复纪检监察制度，完善纪检监察体系，建立巡视制度，为纪检监察工作和党风廉政建设的顺利开展提供了制度保障。

（四）不断优化基层党建制度

1991年4月，云南总结基层党组织在制度建设方面的创新做法，制定出台《党的基层组织建设十项制度》，即党委工作制度、议事表决制度、民主生活会制度、“三会一课”制度、民主评议党员制度、党员和党员干部轮训制度、党员联系群众制度、党员目标管理制度、换届选举制度、“创先争优”表彰制度。十项制度的建立，标志着云南基层党组织建设开始步入制度化轨道。[②]2007年，云南牢固树立基层党建常抓不懈的思想，以深化拓展“云岭先锋”工程和实施“边疆党建长廊”建设为抓手，认真贯彻中央《关于加强党员经常性教育的意见》《关于做好党员联系和服务群众工作的意见》《关于加强和改进流动党员管理工作的意见》《关于建立健全地方党委、部门党组（党委）抓基层党建工作责任制的意见》4个长效机制和云南《乡镇干部民情恳谈制度》《农村党员和村民代表议事听证制度》等涉及农村、机关、城市社区、国有企业、高校、“两新”组织、医疗卫生行业等7个领域的18项基层党建工作制度。扎实推进“农村党的建设三级联创”活动，巩固和发展先进性教育活动成果取得了新进展。[③]

① 《云南省情》编委会：《云南省情（2008年版）》，云南人民出版社2009年版，第580页。

② 中共云南省委宣传部、中共云南省委党史研究室：《中国改革开放全景录·云南卷》，云南人民出版社2018年版，第369页。

③ 中共云南省委党校、云南行政学院：《七彩云南40年·党的建设篇》，云南人民出版社2018年版，第41页。

在改革开放和社会主义现代化建设时期，各级党组织对制度建设的认识不断深化，重视用制度建设推进党的经常性工作，把制度建设贯穿于党的建设的全过程，推进党的制度建设发展与创新，党的制度建设逐步走向科学化、规范化。

四、坚持和强化党的制度建设

制度建设是全面从严治党的重要保障，制度治党是党的十八大以来我们党加强自身建设的突出亮点。进入新时代，云南边疆党的建设着力健全完善制度建设，以党章为根本遵循，本着于法周延、于事有效的原则，制定新的法规制度，完善已有的法规制度，废止不适应的法规制度，健全党内规则体系，进一步扎紧党纪党规的笼子，为推进全面从严治党提供了坚实的制度保障。

（一）不断完善党内法规体系

党内法规制度作为中国特色社会主义制度中的重要制度和国家治理体系中的重要组成部分，是管党治党的制度遵循，在完善党的领导制度，提高党科学执政、民主执政、依法执政水平，保障全面依法治国有序推进，实现国家治理现代化等方面具有独特的作用。云南不断加强党内法规制度建设，完善党内法规体制机制，形成配套完备的党内法规制度体系。

集中清理党内法规。2012年6月，中央部署对新中国成立以来发布的党内法规和规范性文件进行集中清理，旨在维护党内法规制度的统一性、系统性和权威性，进一步提高党的制度建设科学化水平，这在中国共产党历史上是第一次。按照中央要求，省委于2012

年9月正式启动党内法规和规范性文件集中清理工作。清理工作分两个阶段进行，第一阶段清理1978年至2012年6月出台的省委党内法规和规范性文件，第二阶段清理云南解放至1977年出台的省委党内法规和规范性文件。第一阶段需清理的党内法规和规范性文件828件，其中308件同党章和党的理论路线方针政策相抵触、同宪法和法律法规不一致、明显不适应现实需要、已被新规定涵盖或者替代的文件，予以废止；对139件调整对象已消失、适用期已过的文件，宣布失效，其余381件继续有效，其中40件需作修改。第二阶段共清理出规范党组织工作、活动和党员行为的党内法规和规范性文件1071件。经过清理，废止418件，宣布失效271件，二者共占64.3%；继续有效382件，其中40件需要适时进行修改。通过开展清理工作，凡废止、宣布失效的党内法规和规范性文件，自发布之日起一律停止执行，不再作为规范党组织工作、活动和党员行为的依据。同时，按照档案管理、保密工作有关规定，做好相关文件的存档、查档、利用等工作，发挥好这些文件的历史资料价值和资政育人作用。对继续有效的党内法规和规范性文件，抓好贯彻落实。各地区各部门及时清理本地区本部门出台的相关配套文件，作出废止、宣布失效等处理，并把及时清理作为制定或者修改党内法规和规范性文件的必经环节，建立健全工作制度和工作程序，在党内法规建设过程中同步维护党内法规制度的协调统一。

加强权力运行制约和监督机制建设。强化党内监督。把民主基础上的集中和集中指导下的民主有机结合起来，把上级对下级、同级之间以及下级对上级的监督充分调动起来。用好批评和自我批评这个武器，做到自我批评一日三省，相互批评随时随地，真正让批评和自我批评成为党内政治生活的常态。纪委作为党内监督的专门机关，加大改革完善党内监督领导体制的力度，强化纪委的监督执纪问责职能。认真落实“两个为主”，下级纪委接受上级纪委的领导和监督，并对其负责，按党章规定对同级党委成员的违纪行为实施及时的监督。理顺各监督主体的关系。廓清党的纪检监督和巡视监督、人大的权力监督、政府的行政监察和审计监督、检察院和法院的司法监督、民主党派监督和社会监督、舆论监督等在整个监督体系中的地位、功能、责任，以及所担负的监督任务内容、方式和程序，完善监督运行工作流程，凝聚全党全社会监督的合力。明确专门监督机关的职能定位，建立权力清单和责任清单，做到有权必有责、权责要对等、履责须到位、失责受追究。建成以党的纪检监督为主导，人大监督、民主监督、行政监督、司法监督、审计监督、社会监督、舆论监督等各司其职、协调沟通、紧密配合、严谨周密的监督机制，充分发挥监督体系的综合优势和整体效应。

通过加快形成内容科学、程序严密、配套完备、运行有效的党内法规制度体系，有效回应了从严治党、依规治党、制度治党的现实需要，有效提高了党内法规制度建设的规范化、制度化水平，有效推动了全面从严治党不断向纵深发展。

（二）全面加强干部管理制度

干部管理制度是加强对干部的管理与监督，健全和完善监督约束机制，防止和克服管理干部使用上的不正之风的有效措施。健全完善干部管理制度，切实把从严管理干部作为一项经常性、基础性、关键性工作，列入重要议事日程，贯穿到干部管理工作全过程，真正把干部队伍管住、管好。

健全完善选拔任用制度。制定出台《云南省领导班子和领导干部政治素质考察考核办法》，把政治素质考察与干部考核、选拔任用、综合调研等结合起来，对领导班子突出政治领导、政治生态等方面的“四考核四了解”，细化为18项具体指标；对领导干部突出政治忠诚、政治担当等方面的“五考核五了解”，细化为19项具体指标，列出15条负面清单，使考察考核内容鲜明起来、落得下去。制定出台《各地各单位党委（党组）向省委推荐干部办法》等“1+8”干部工作配套文件，严格落实考察对象廉洁自律情况“双签字”制度和个人实名推荐干部制度，在分析研判和动议、民主推荐、考察、决定任用等各环节强化政治把关，对政治上有问题的不得作为动议人选，不得作为会议推荐参考人选，不得列为考察对象，坚决把政治上的“两面人”挡在门外，已在领导岗位的坚决调整。制定《关于适应新时代要求大力发现培养选拔优秀年轻干部的实施意见》，明确规定各层级优秀年轻干部应占本层级干部10%左右，努力形成有利于优秀年轻干部脱颖而出的良好环境和体制机制。出台《关于在脱贫攻坚第一线考察识别干部的意见》，形成了干部在一线了解、在一线发现、在一线考察、在一线使用的常态化机制。出台《关于在疫情防控阻击战一线考察识别领导班子和领导干部的通知》，要求各级组织人事部门深入了解领导班子和领导干部在疫情防控阻击战一线实际表现，认真分析研判，精准识别评价，对表现突出、堪当重任的大胆提拔使用。

健全完善谈心谈话制度。健全完善经常性的干部谈心谈话制度和任职前廉政谈话制度，加大提醒、函询和诫勉力度，经常扯扯袖子、咬咬耳朵，做到了党委书记、纪委书记、组织部长与新提拔调整干部、州市县党政一把手、重要岗位干部、有苗头性问题干部的谈话“四个全覆盖”。对在工作效率、工作方法、群众满意度、遵守纪律等方面存在轻微问题的，或者班子内部不协调、群众有重大信访反映的领导干部，采取“一对一”开展警示性谈话，始终遵循实事求是的原则，以事实为依据，指出不足和缺点，做好耐心的开导工作，做到以情感人，以理服人，使被谈话人能虚心接受批评，真心改进不足。对遇到挫折畏难不前，思想有波动，一年内变动工作岗位等领导干部，开展勉励性谈话。以勉励或提示为主，鼓励他们树立信心、再接再厉，认真履行好职责。特别是对于因客观原因，造成工作难以有效推进的干部，一方面充分肯定成绩，一方面帮助其分析原因，提出意见和建议，寻求解决问题的办法。对干部以平等式、同志式开展谈心谈话，做到以诚相待，推心置腹，使其能讲真话、讲心里话，更好地了解掌握领导干部工作、思想、家庭以及生活情况。结合班子运行和调研收集到的情况对其进行谈话，对领导干部本人及家庭在工作、生活等方面存在的实际困难，一方面进行心理疏导，一方面在政策、条件许可的范围内尽力帮助解决，切实体现组织关怀。

建立健全容错纠错制度。从最早的个别县市先行先试，到部分州市出台规定、案例逐渐积累、研究制定省级制度性文件，云南出台《关于进一步激励广大干部新时代新担当新作为的实施意见》。通过突出思想引领，大力教育引导干部担当作为、干事创业；落实好干部标准，树立重担当重实干重实绩的用人导向；完善考核机制，充分发挥干部考核评价的激励鞭策作用；建立健全容错纠错机制，切实为敢于担当的干部撑腰鼓劲；加强培训锻炼，着力增强干部适应新时代发展要求的本领能力；体现组织温暖，满怀热情关心关爱干部；强化党的领导，凝聚形成创新创业的强大合力等，进一步激励广大干部新时代新担当新作为。云南各地也积极采取措施，如昆明市将14种情形作为可容之错，同时明确“造成严重社会危害和政治影响的”等8种情形不得容错；临沧市规定了11类可容错的情形、6类不能容错的情形，干部干事创业中出现偏差和失误的，按照申请、核实、认定、暂缓、反馈5步程序进行容错；保山市明确了符合党纪国法、出于公心、先行先试、民主决策等容错工作的9种具体情形和违反党规党纪和触犯国家法律法规等方面不予容错的7种具体情况。从制度层面调动干部积极性，营造良好干事创业氛围。2020年，出台《云南省容错纠错办法（试行）》，从省级层面建立起责任明晰、措施具体、程序严密、配套完善的容错纠错体系。

健全完善基层干部关爱保障制度。制定出台《云南省加强乡镇干部队伍建设的实施意见》《关于进一步稳定乡镇干部队伍落实乡镇干部待遇有关问题的意见》，多元激励、多种举措，融入干部日常管理之中，促进关爱激励的规范化、制度化、科学化。制定印发《关于开展清理乡镇机关空编充实工作力量专项工作的通知》，开展清理乡镇空编充实乡镇工作力量专项工作，拓宽来源渠道，改善队伍结构，加强培养锻炼，提高能力素质，严格控制从乡镇借调工作人员，及时补充乡镇工作人员，努力改善乡镇干部学习、工作、生活条件，进一步激发了乡镇干部队伍干事创业活力。建立职务与职级并行制度，制定出台贯彻落实《关于县以下机关建立公务员职务与职级并行制度的意见》的实施办法，统筹研究完善工资待遇政策向乡镇倾斜的具体办法，有效缓解基层公务员因职务晋升难、待遇得不到提高的矛盾，极大地调动了基层公务员工作积极性。各地也采取了一些调动基层干部队伍积极性的措施和办法。同时，注重为担当者担当，为负责者负责。2018年以来，全省纪检监察机关以反馈会的形式，公开为受到不实举报的党员干部澄清正名。把严管和厚爱、激励和约束结合起来，既表明了为忠诚履职、勇于任事的干部说公道话的态度，又彰显了为改革发展稳定营造良好环境的决心；既整治了不实举报歪风邪气，又激发了基层党员干部的主观能动性和干事创业激情。

通过全面加强干部管理制度，有效推进了干部管理和问题治理的常态化和长效化，切实解决了重选拔、轻管理，重使用、轻监督，失之于宽、失之于软，带病提拔、带病上岗等问题，形成了管理全面、标准严格、环节衔接、措施配套、责任分明的干部管理新常态。

（三）建立健全监督制度体系

增强监督法规制度的科学设计和安排，一方面及时查漏补缺、修订完善，围绕责任设计制度，围绕制度构建体系，提高适应性、针对性和可操作性；另一方面加强党内法规与国家法律的有机衔接，正确把握运用监督执纪“四种形态”，做到纪在法前、纪严于法，提高监督效能。

修订完善相关制度。以制度创新促“提质增效”，在“管长久”和“有实用”上下功夫，持续加强制度建设，制定系统完备、有效管用的制度体系，规范纪检监察系统内部管理、提高工作效能。省委协调省委政法委牵头，组织制定《省委政法委支持配合监察体制改革试点工作办法（试行）》《司法行政机关支持配合监察委员会查办案件工作办法（试行）》等“2+8”系列制度，从制度机制层面较好解决“法法”衔接问题。省纪委省监委出台《云南省纪检监察机关监督执纪监察工作办法（试行）》《云南省纪检监察机关监督执纪监察工作流程图（试行）》《中共云南省纪委云南省监委信访举报件交办督办工作办法（试行）》等规章制度，完善移送审查起诉审批流程，实现党委对反腐败工作全过程领导。在内部权力运行中，修订完善相关制度，强化对口联系监督检查室与派驻机构协同配合、室组联动，进一步规范问题线索督办工作，切实提高问题线索处置效率。

探索搭建“互联网+监督”平台。运用数据库技术等，把过程控制理念引入对权力运行实施监督的制度设计、监督信息资源共享、监督工作流程再造之中，实现不同渠道、不同手段、不同方式的衔接配合，在各种监督主体和力量之间形成新的工作形态，加快从传统监督向科学、全程、全面监督转变，切实增强监督合力和实效，为监督插上科技的翅膀。

完善巡视巡察制度。认真贯彻执行《州（市）、县（市、区）党委巡察制度实施办法（试行）》和《省委巡视工作规划（2017—2021年）》。遵循新修改的《中国共产党巡视工作条例》，推进巡视工作的制度化、规范化。坚持问题导向，紧盯关键岗位人员和要害部门，开展机动巡视，实现快速、高效、精准突破重点问题。通过制度明确巡察工作重点。将巡察工作重点放在对巡察对象在尊崇党章、党的领导、党的建设和党的路线方针政策落实情况进行监督，重点是执行党的政治纪律、组织纪律、廉洁纪律、群众纪律、工作纪律、生活纪律等方面的情况，着力发现巡察对象党的领导弱化、党的建设缺失、全面从严治党不力，党的观念淡漠、组织涣散、纪律松弛，管党治党宽松软问题，落实中央八项规定精神、党风廉政建设和反腐败工作以及选人用人方面存在的问题。

健全巡视巡察联动机制。坚持发现问题、形成震慑不动摇，建立巡视巡察上下联动的监督网。坚决贯彻落实中央巡视工作方针和全面从严治党战略部署，坚持巡视巡察一体谋划、一体部署、一体推进，横向到边“织纬线”，纵向到底“织经线”。瞄准巡视整改这后半篇文章，坚持强化巡视成果综合运用，健全问题线索办理情况定期跟踪、汇报、督办、问责机制，健全完善巡视组对巡视反馈问题整改情况评价、干部群众满意度评价和被巡视单位对巡视组评价“双向三评价”机制。

实践表明，只有抓好制度建设才能从根本上实现从严治党。云南边疆积极适应新形势新要求，不断健全完善监督制度，从完善监督的各环节、各流程着手，打通纪法贯通、法法衔接的脉络，确保广大党员干部养成尊崇制度、遵守制度、捍卫制度的良好习惯，真正使制度成为硬约束，不断将制度优势转化为治理效能。

（四）持续深化党建制度改革

党的十八大以来，省委党的建设制度改革专项小组始终坚持党的领导，聚焦管党治党，有力推动以组织工作法规制度为重点的党建制度改革各项任务落地生根，推动全面从严治党向纵深发展。

不断完善党的组织法规制度，把党的政治建设摆在首位。在党的组织法规制度建设过程中，始终坚持以党的政治建设为统领，为全面从严治党提供根本制度保障。坚持和加强党的全面领导，牢牢把握政治方向。以习近平新时代中国特色社会主义思想为指导，维护党章统领地位，推动党的建设制度和国家法律紧密衔接，全面清理党内法规制度和规范性文件。制定《关于坚定维护以习近平同志为核心的党中央集中统一领导的若干具体规定》等制度，把“四个意识”贯穿始终，坚决维护习近平总书记的核心地位。针对中央巡视组反馈的问题，抓牢管党治党责任制建设，建立健全长效机制，不断肃清白恩培、仇和等余毒，着力构建风清气正政治生态。认真贯彻落实民主集中制，制定出台《贯彻〈中国共产党党组工作条例（试行）〉实施细则》，为健全党委（党组）运行机制、发挥领导核心作用提供了重要支撑。进一步加强和规范党内政治生活，坚定站稳政治立场。严格落实党章和《关于新形势下党内政治生活的若干准则》，制定出台《云南省县以上党和国家机关党员领导干部民主生活会实施办法》，不断增强党内政治生活的政治性、时代性、原则性、战斗性。坚持以问题为导向建章立制，对主题党日、每月1日“党费日”、党员政治生日等作出制度化安排，全面整顿不按期足额交纳党费、不按期进行基层党组织换届、不按规定开展“三会一课”等问题，切实增强云南边疆党员党的意识、党员意识、宗旨意识，牢牢站稳人民立场这一根本政治立场。

不断完善基层党建法规制度，推动全面从严治党向基层延伸。基层党建法规制度建设始终坚持全面从严要求，推动基层党组织管党治党水平全面提升、能力全面过硬。坚持问题导向，聚焦主业回到原点抓基层基础。从2016年起，先后以规范性文件形式，出台基层党建“推进年”“提升年”“巩固年”“创新提质年”活动实施方案，以提升组织力为重点，突出政治功能，推动全省基层党建工作质量和水平整体不断提升。坚持标准化建设，开展党支部规范化建设达标创建。制定《农村党支部规范化建设标准（试行）》等9类党支部规范化建设标准，出台《党支部规范化建设达标创建办法（试行）》，以健全基本组织、建强基本队伍、开展基本活动、落实基本制度、强化基本保障为重点，全面提升各领域党支部规范化建设水平。不断加强党员队伍管理，提高党员发展质量。严格执行《党员发展条例》，出台《云南省从严从实管理党员若干规定》，严把党员“入口关”“出口关”“日常管理关”；印发《关于加强贫困村驻村工作队选派管理工作的实施意见》，优化驻村队伍，加强队员管理，助力脱贫攻坚；印发《关于建立健全村务监督委员会的实施意见》，不断健全基层治理体系。建立健全责任制，层层压实基层党建责任。制定《关于健全完善基层党建工作责任落实体系的意见》，建立党组织书记抓基层党建工作年度述职评议机制；制定州市、省直机关、高校、国资委、“两类”组织5类党（工）委书记抓基层党建责任清单，把责任清单落实情况作为党建述职评议的重要内容；建立县委书记工作交流会制度，实现述职评议州市县乡全覆盖，推进基层管党治党责任规范化、制度化。

不断完善人才工作法规制度，广泛汇集云南高质量跨越式发展英才。持续创新人才工作机制，补齐人才工作制度短板，不断激活人才队伍活力。加强政治引领和吸纳。出台《关于深化人才发展体制机制改革的实施意见》《关于进一步加强党管人才工作的实施意见》《关于创新体制机制加强人才工作的意见》及其系列配套文件，印发《省委联系专家服务管理办法》《云南省引进高层次人才绿色通道服务办法》，形成引才育才留才服务人才的制度保障体系，不断加强党对人才工作领导。改革创新人才机制体制。制定支持高等院校和科研院所专业技术人员在职或离岗创业的指导意见，完善高校科研院所担任领导职务科技人员获得现金和股权激励办法，支持用人单位突破编制聘用高层次人才、对优秀人才实行协议工资制，推进职称制度改革，逐步下放高级职称评审权，进一步激励人才干事创业。整合和创新人才工作载体。针对人才项目繁杂、政策统筹不够、支持措施分散等问题，制定出台《云南省高层次人才引进计划（试行）》《云南省高层次人才培养支持计划（试行）》，整合归并人才项目、政策、品牌，创新实施云南高层次人才引进和培养的工作载体，不断推动云南人才工作迈上新台阶。积极搭建人才创新创业平台。研究出台《云南省高层次人才创新创业园建设支持方案》《云南省柔性引进人才办法（试行）》《云南省科学家工作室实施细则》，探索对创新创业高层次人才推行“人才绿卡”制度，出台《人才扶贫行动计划》，为贫困地区、民族地区和革命老区培养乡土实用人才，积极为各类人才投身云南经济社会发展主战场搭建平台。

通过持续深化党建制度改革，努力把党中央关于党建制度改革的各项任务对接好、落实好，实现与党中央的改革部署步调一致、制度衔接、政策配套，云南边疆党的建设科学化水平不断提高，全面从严治党逐步实现制度化、规范化。

党的十八大以来，云南坚持依规治党，不断加快党的制度建设步伐，深化党的建设制度改革，坚持以党章为根本遵循，统筹推进各位阶、各领域、各层面、各环节的党内法规制度建设，形成了较为完善的党内法规制度体系，广大党员干部的法规制度意识普遍增强，党的团结统一更加巩固。

党的制度建设是正确贯彻党的路线、方针、政策和顺利推进国家各项事业的重要保障。加强党的制度建设，有利于保证党的全面领导，有利于党的决策的科学化、民主化，有利于党的路线的贯彻执行，有利于发挥各级党组织和党员的积极性、创造性。云南各级党组织在领导革命、建设、改革的伟大实践中，充分发挥制度的根本性、全局性、长远性作用，用制度巩固各项事业发展的成果。在新民主主义革命时期，云南地方党组织在艰苦的斗争环境中对制度建设进行了有益的探索，克服了工作中的一些错误倾向，减少了工作上的许多盲目性，有效保障了革命斗争取得胜利。在社会主义革命和建设时期，各级党组织扎实开展制度建设，对克服党内存在的自由主义、分散主义思想，增强各级组织和党员的党的观念、组织观念、纪律观念，严肃党内的工作程序，形成统一意志、统一行动，起到了规范和保障作用。在改革开放和社会主义现代化建设时期，各级党组织对制度建设的认识不断深化，把制度建设贯穿于党的建设的全过程，推进党的制度建设的发展与创新，党的制度建设逐步走向科学化、规范化，为云南各项事业的发展夯实了制度保障。党的十八大以来，云南把加强党内法规制度建设作为全面从严治党的长远之策、根本之策，全方位扎紧扎牢制度笼子，坚持以党章为根本遵循，深化党的建设制度改革，构建完善的党内法规体系，提高党内法规制定质量，狠抓制度执行，制度建设的整体水平不断提升，为推进全面从严治党提供了坚实的制度保障。实践充分证明，要使党中央的重大决策部署在云南边疆民族地区得到准确迅速的贯彻执行，必须有一系列与之相适应的制度体系，才能防止执行党中央决策部署的主观随意性。

第七章　反腐净边

腐败是人类社会面临的共同敌人。中国共产党的性质和宗旨，决定了党同各种消极腐败现象是水火不相容的。我们党对腐败的危害有着极为清醒的认识，始终保持定力与恒心，坚决遏制腐败滋生蔓延势头，不断深化标本兼治。在不同历史时期，云南各级党组织始终把反腐败作为一项重要工作，坚决惩治腐败，体现了反腐净边的良好效果，取得了反腐败斗争的压倒性胜利，进入到了巩固发展反腐败斗争压倒性胜利的新的历史阶段。

一、惩治贪污腐化现象

在新民主主义革命时期，干部面对的革命任务艰巨繁重，党对干部更重在理想教育和廉洁教育。中共云南特别支部建立后，在党中央的领导下领导革命斗争的同时，在党员中开展廉洁教育，坚持以马克思主义为指导，严惩贪污浪费，努力建设一个廉洁清正的组织。

（一）持续开展廉洁教育

一个组织的先进性，首先体现在自身的廉洁上。特别是马克思主义在中国大地传播之初，要唤醒广大群众，带领人民群众为自己的翻身解放而斗争，必须要表现出先进性，体现出时代性，才能把一切先进的力量团结在组织的周围。云南地方党组织在成立之初，就注重在中国共产党的领导下加强廉洁思想教育，将组织建设成为具有先进思想的新型组织。省特委成立后，即在发展组织的同时加强自身建设，开办党团员训练班，[①]对党团员灌输先进的马克思主义思想，加强党组织以及组织外围力量的廉洁思想教育。这一时期的廉洁教育，对云南党组织的发展壮大以及团结群众奠定了良好的基础。

（二）依法惩治贪污浪费

第一次国内革命战争时期，随着党的事业迅猛发展，党员队伍得到迅速扩大。这时，一些品质不好的人混进党内，发生了“吞款、揩油的情弊”。1926年8月，中央发出《关于坚决清洗贪污腐化分子的通告》，要求各级党部把经济上的腐败分子“务须不容情的洗刷出党”。这是中国共产党发布的第一个反腐败文件。文件发出之后，不仅有效遏制住了刚刚出现的腐败苗头，而且为中国共产党人敲响了第一声洪亮的反腐倡廉警钟。1933年12月15日，中央执行委员会颁布了《关于惩治贪污浪费行为的训令》，规定凡苏维埃机关、国营企业及公共团体的工作人员，贪污公款500元以上者，处以死刑。陕甘宁边区政府1938年公布的《惩治贪污暂行条例（草

① 中共云南省委党史研究室：《中国共产党云南历史　第一卷（1926—1950）》，云南人民出版社2016年版，第58-59页。

案）》规定，克扣或截留应发给或缴纳的财物、敲诈勒索、收受贿赂等10种行为均为贪污，还规定了判处死刑、有期徒刑和苦役的具体标准及追缴办法。

在新民主主义革命时期，云南各级党组织在中国共产党的领导下，在党内开展廉洁教育，提高党员反对贪污腐化的自觉性；开展反对贪污腐化的斗争，遏制住了腐败苗头，依据相关制度反对腐化，保持党组织的先进性与纯洁性；按照中央的部署开展一系列的学习，严惩贪污，禁止浪费，并严格执纪执法，取得了十分明显的成效。

二、坚决与腐败行为做斗争

云南解放后反对腐败的工作，主要通过建立反腐机构，形成监督力量，着手制度建设，开展“三反”“五反”等运动进行，进一步与党内的腐化堕落现象作斗争。

（一）加强监督力量

设置监督机构，加强监督力量。党中央作出《关于成立中央及各级党的纪律检查委员会的决定》后，云南相继成立了中共云南省委员会纪律检查委员会（1955年6月由中共云南省委监察委员会取代）、云南省人民监察委员会（1955年2月改为云南省人民委员会监察厅，1959年7月撤销）。[①]“文化大革命”中，省委监委遭受冲击瘫痪。1978年5月，按照党的十一大通过的《中国共产党章程》规定，省委决定筹组省委纪委，10月1日省委任命了省委纪委机构组成

① 中共云南省委宣传部：《辉煌云南七十年》，人民出版社2019年版，第565页。

人员。[1]虽然机构设置在“文化大革命”中经历了一些曲折，但监督力量得到加强，一定程度上发挥了党内监督作用。

（二）形成反腐制度

新中国成立后，党中央制定了《关于惩治贪污浪费行为》《中华人民共和国惩治贪污条例》等法律法规，并严格执纪执法，惩处了黄克功、刘青山、张子善等腐败分子。[2]在探索社会主义建设的过程中，云南省委日益重视反腐制度的建设。先后出台了《关于严禁私分多占请客送礼的六条规定》《关于执行〈中央关于厉行增产节约和反对贪污盗窃反对投机倒把反对铺张浪费反对分散主义反对官僚主义运动的指示〉的部署》等制度，通过反腐制度来约束党员，反对党内的贪污浪费等腐化行为。

（三）开展运动式反腐

云南积极落实党中央的部署，通过“三反”“五反”运动、“四清”运动等，纯洁了各级党组织，有巩固了工人阶级的领带地位，同时也挽救了一批国家干部。

开展“三反”“五反”运动。1951年10月起在全党号召开展的增产节约运动，暴露出各级党政机关内部存在着贪污、浪费和官僚主义的现象。12月1日，中央发出《中共中央关于实行精兵简政、增产节约、反对贪污、反对浪费和反对官僚主义的决定》。遵照中央和西南局的指示精神，省委在全省范围内发动了反贪污、反浪费、

① 云南省地方志编纂委员会总纂、中共云南省委员会办公厅编撰：《云南省志·卷四十三·中共云南省委志》，云南人民出版社2000年版，第219页。

② 冯新舟：《深入推进反腐败斗争的理论和实践思考》，《马克思主义政党建设》2019年第8期。

反官僚主义的“三反”运动和反行贿、反偷税漏税、反盗窃国家财产、反偷工减料、反盗窃国家情报的“五反”运动。“三反”运动按普遍检查、围攻“老虎”、定案追赃和思想建设4个阶段进行，至1952年8月30日结束。1952年1月26日，中央发出《关于在城市中限期展开大规模的坚决彻底的“五反”斗争的指示》，规定“五反”的范围、斗争的方针和任务，从2月开始，省委相继在个旧、下关、开远、蒙自等城市启动了“五反”运动。①

开展“四清”运动。1962年，中央决定在全国城乡发动一次普遍的社会主义教育活动。在城市开展“五反”运动，在农村则主要是以清理账目、清理仓库、清理财务、清理工分为主要内容，简称“四清”。省委从1962年10月开始训练干部，为农村社会主义教育做准备。这次“四清”运动于1963年下半年开始试点，1964年初省委发出《关于县委书记必须亲自参加和领导社会主义教育运动的通知》。1964年4月，“四清”运动基本结束。

在社会主义革命和建设时期，成立了纪检监察机构，通过开展“三反”“五反”“四清”等运动，查处了党内违纪案件，整顿了党内存在的不良倾向，对全体党员进行了一次反对腐败、坚持廉洁的教育，端正了党风，维护了党纪，教育了广大党员。

三、推进党风廉政建设和反腐败斗争

改革开放以来，云南积极探索和发展中国特色云南特点反腐倡廉建设新路子，党风廉政建设和反腐败斗争在继承中发展，在改革

① 中共云南省委党史研究室：《中共云南省委大事纪略（1950年2月—2013年12月）》，第42—43页。

中创新，取得了丰硕成果。

（一）不断加强廉政教育

开展廉政教育是从源头上杜绝腐败的重要一环。云南通过增强廉政教育的吸引力、感染力、说服力，强化党员干部的廉政意识，筑牢党员干部拒腐防变的思想防线。

坚持以上率下。省委省政府发出《关于贯彻执行中共中央〈关于党和国家机关必须保持廉洁的通知〉的通知》，要求领导干部以身作则，廉洁从政，做好表率。强调廉洁奉公，勤政为民，保持共产党人政治本色；搞好廉洁，坚决清除腐败现象。[①]2004年7月，《云南日报》全文刊登省委常委会向全省人民郑重做出的6项廉政承诺，诚请全省各级党组织、干部群众和社会各方面监督，并要求县以上领导班子参照此做法向社会做出公开承诺。[②]省委在警示教育基地召开了专题常委会议，带头接受警示教育，研究反腐倡廉有关工作。2006年11月，省纪委八届常委会第一次会议要求常委班子成员必须始终严于律己、以身作则，做到学习进取、务实创新、团结干事、遵纪守法、勤政廉洁"五个表率"，确保反腐倡廉工作扎实深入开展。[③]

针对领导干部开展廉政教育。通过开展党风党纪检查工作，促

① 中共云南省委党史研究室：《云南改革开放二十年》，云南民族出版社1998年版，第402—403页。

② 当代云南编辑部：《当代云南大事纪要（增订本）1949—2006》，当代中国出版社2007年版，第790页。

③ 当代云南编辑部：《当代云南大事纪要（增订本）1949—2006》，当代中国出版社2007年版，第866—867页。

进和推动本地区本部门惩治腐败、加强党风和廉政建设。[①]认真落实《中共云南省委关于建设学习型领导班子的意见（试行）》精神，完善《中共云南省委关于建立健全干部学习制度的若干规定》，把反腐倡廉理论作为各级党委（党组）理论学习中心组、党组织民主生活会学习的重要内容，每年至少安排一次专题学习。重点学习《“三个代表”重要思想反腐倡廉理论学习纲要》《江泽民论党风廉政建设和反腐败斗争》、胡锦涛同志关于反腐倡廉的一系列重要论述等，领导干部个人撰写学习心得体会，新闻媒体开展专题征文活动。[②]在全省厅级干部和县级党政主要领导中开展了算清“七笔账”的专题教育活动。[③]

针对其他群体开展廉政教育。1989年7月，《云南日报》发表系列评论员文章，助推党风廉政建设工作。[④]加强对公务员的反腐倡廉教育培训，要求在新录用公务员的初任培训，晋升职务公务员的任职培训，公务员的业务培训和招考公务员的试题中都必须有反腐倡廉方面的内容。[⑤]结合“三讲”教育和“三个代表”重要思想的学习教育、先进性教育等，有针对性地开展“党风廉政教育月”活动、党纪党规教育、先进典型教育、案例警示教育等，开展整治空谈、浮夸、吃喝、攀比、作风粗暴“五股歪风”的教育活动。创新教育

① 云南省地方志编纂委员会总纂、云南省地方志编纂委员会：《云南省志·卷四十三·中共云南省委志》，云南人民出版社2000年版，第112页。

② 中共云南省委宣传部、中共云南省委党史研究室：《中国改革开放全景录·云南卷》，人民出版社、云南人民出版社2018年版，第387—388页。

③ 《云南省情》编委会：《云南省情（2008年版）》，云南人民出版社2009年版，第593页。

④ 中共云南省委党史研究室：《云南改革开放二十年》，云南民族出版社1998年版，第412—414页。

⑤ 中共云南省委宣传部、中共云南省委党史研究室：《中国改革开放全景录·云南卷》，人民出版社、云南人民出版社2018年版，第390页。

载体和方式，在全省范围内建立了一批警示教育、传统教育基地，组织党员干部接受廉政教育、培训。

（二）全面开展监督监察

加强廉政建设、防止腐败，既要靠制度建设，也要靠党内严格、自觉的自我监督。严格监督目的是使各级党员领导干部的行为适应发展社会主义商品经济的需要，将其纳入规范化、公开化的轨道，从根本上消除权力与金钱交易的温床。1978年9月，省委恢复成立了因“文化大革命”影响被撤销的纪律检查委员会。通过建立党的纪律检查委员会和监察委员会，明确了专门监督机构的职责，全面开展监督监察，推动反腐倡廉建设不断向前发展。

实行全方位监督。省委要求各地州市县纪委书记原则上都要补进同级党委常委；各级党委副书记兼任纪委书记或暂缺纪委书记的地州市县，主持纪委日常工作的副书记应列席同级党委常委会议。[①]省委讨论监察部门工作，强调加强执法监督，使各级监察部门在党和政府联系群众的工作中起到“黏合剂”作用，在反腐败的斗争中起到“防腐剂”作用。[②]省政府提出各级政府必须坚持“两手抓，两手都要硬”的方针，要将73个贫困县、506个扶贫攻坚乡扶贫项目资金的落实和使用情况等作为执法监察重点，加大监督检查力度。要加大对建设项目的执法监察。[③]省纪委要求各级党委、政府和纪检监察机关把党风廉政建设和反腐败斗争置于经济建设和党的建设的大

① 中共云南省委党史研究室：《云南改革开放二十年》，云南民族出版社1998年版，第440—442页。

② 中共云南省委党史研究室：《云南改革开放二十年》，云南民族出版社1998年版，第440—442页。

③ 当代云南编辑部：《当代云南大事纪要（1949—2006）》，当代中国出版社2007年版，第627页。

局之中，紧紧围绕调整优化经济结构、提高对外开放水平以及加强党的建设3项重点工作，全面履行纪检监察机关的职责，寓监督于经济建设之中，在建设中实施监督。并提出全省反腐倡廉工作要求：各级领导干部要有强烈的责任感，做抓好党风廉政建设责任制的模范。①

（三）创新完善反腐体制

随着经济社会的向前发展，腐败的表现方式也日益多样化，旧有的体制机制制度已难以解决和铲除现实中呈现出的多样化的腐败，迫切需要体制机制制度的创新完善。不断完善反腐相关制度，创新发展反腐体制机制，取得了良好效果。

完善反腐制度。省委先后制定和完善各项反腐制度，要求各级党委要带头执行《关于党内政治生活的若干准则》，②先后出台《关于坚决查处走私贩私、贪污受贿、侵吞国家财产等违法犯罪活动的部署意见》《关于实现云南党风根本好转的规划意见》《关于严禁借机构改革之机滥发钱物和突击提干的通知》《关于党政机关及其工作人员在公务活动中严禁接受和赠送礼金、有价证券的通知》《关于认真清理公费出国（境）情况的通知》以及贯彻执行中央办公厅、国务院办公厅转发财政部“关于治理乱收费的规定”精神的通知等，保证了云南省纪检监察工作和反腐败斗争有效而有序地进行。③省政府系统组成反腐败斗争联席会议专题研究政府系统反腐

① 当代云南编辑部：《当代云南大事纪要（1949—2006）》，当代中国出版社2007年版，第643页。

② 云南省地方志编纂委员会总纂、中共云南省委员会办公厅编撰：《云南省志·卷四十三·中共云南省委志》，云南人民出版社2000年版，第92页。

③ 中共云南省委党史研究室：《云南改革开放二十年》，云南民族出版社1998年版，第588—589页。

败工作，印发了《关于进一步加强勤政廉政建设的补充规定》《云南省各级领导干部“五不准”》《云南省领导干部廉洁自律若干规定》。建立完善对“一把手”监督制度，要求以李嘉廷严重腐败案件等为鉴，提高对新形势下腐败问题严重性、复杂性和危害性的认识，下最大决心，加大反腐败斗争的力度，把建立和完善对党政“一把手”的监督制度作为重点，努力建立健全科学的权力运行机制，建立上级党委对下级党政“一把手”的监督制度，坚持和改进党内民主生活会制度，建立党内外联合监督制度，认真落实好党风廉政责任制，完善领导干部配偶及子女经商的监督检查制度，加大从源头上治理腐败的力度。

完善反腐工作机制。省委成立由省委书记担任组长的廉政建设领导小组，负责组织和领导对大案要案的查处，使各监督部门密切配合、充分发挥整体效能；督促有关部门结合云南实际，研究制定治理腐败、加强廉政建设方面的有关规定和制度。[①]制定云南省建立惩治和预防腐败体系规划，各级各部门制定实施方案，明确工作任务和责任，有计划有步骤地抓好落实，初步形成教育、制度、监督并重的惩治和预防腐败的工作机制。成立反腐败领导小组，领导反腐败斗争的深入开展。[②]成立党风廉政建设责任制领导小组，制定下发《关于落实党风廉政建设责任制的实施办法》，明确各级党政一把手是党风廉政建设的第一责任人，要求切实担负起党风廉政建设和反腐败斗争的领导责任。从2007年开始，省委组织考核组对全省16个州市和有关省直单位进行责任制考核。省委对在考核中被评为

① 中共云南省委宣传部、中共云南省委党史研究室：《中国改革开放全景录·云南卷》，人民出版社、云南人民出版社2018年版，第367—368页。

② 中共云南省委宣传部、中共云南省委党史研究室：《中国改革开放全景录·云南卷》，云南人民出版社2018年版，第369—370页。

优秀和合格等次的地区和单位给予表彰奖励，对被评为基本合格、不合格等次的地方和单位要求限期进行整改，对部分被评为基本合格等次单位的党政主要领导进行了调整，切实维护了党风廉政建设责任制的严肃性。[①]省委纪检、监察机关合署办公，加强案件的检查工作，部署全省县级以上领导干部过好民主生活会、进行自查自纠，抓紧处理一批大案要案，刹住国家机关乱收费三项任务；召开“深入开展反腐败斗争研讨会”，对反腐败斗争的理论和实践进行研究，有力地推动云南省纪检、监察工作的开展。[②]成立省预防腐败局，省纪委副书记、省监察厅厅长兼任省预防腐败局局长，内设综合处、监督检查处。[③]

建立巡视机构。2004年3月，省委正式组建巡视组和省委巡视工作领导小组办公室，坚持和完善“三个汇报”机制，不断加强对巡视工作的领导力度、研究深度、推进速度。明确巡视职能定位，聚焦坚持党的领导、全面从严治党，坚决贯彻落实中央深化政治巡视战略部署。[④]认真整改中央巡视反馈意见，整改落实一些需要进一步重视和加快解决的问题，加强党风廉政建设。[⑤]

（四）坚决惩治腐败行为

有效惩治贪腐行为、净化党风政风和社会风气，为全省经济

① 中共云南省委宣传部：《辉煌云南七十年》，人民出版社2019年版，第590页。

② 中共云南省委党史研究室：《云南改革开放二十年》，云南民族出版社1998年版，第581页。

③ 《云南日报》，2012年8月30日。

④ 中共云南省委宣传部、中共云南省委党史研究室：《中国改革开放全景录云南卷》，人民出版社、云南人民出版社2018年版，第417页。

⑤ 当代云南编辑部：《当代云南大事纪要（1949—2006）》，当代中国出版社2007年版，第852—853页。

社会发展提供坚实的基础，这充分反映了全省人民的共同愿望。云南坚持重拳惩治腐败，严查违纪违法案件，形成了对贪腐的强有力威慑。

完善惩治腐败工作机制。省委对深入持久地开展惩治腐败做出部署。全面落实《建立健全教育、制度、监督并重的惩治和预防腐败体系实施纲要》和党风廉政建设责任制，健全责任考核和追究机制，将每年的反腐倡廉任务分解到各级领导班子和有关职能部门，层层签订责任书，并切实加强责任考核。每年年初，省委及时把全年反腐倡廉任务分解细化为工作项目，明确各级领导班子和领导干部、有关业务主管部门、纪检监察机关在反腐倡廉工作中担负的责任。各地各部门对所承担的任务进一步具体化，并层层签订责任书，形成了横向到边、纵向到底、齐抓共管、上下联动的工作格局。

严格依纪依法办案。严格执行党中央和中纪委的有关规定，正确使用案件检查措施，做到安全、文明办案。严格办案纪律，规范办案程序，加强对办案工作关键环节的监督管理，推行了“一案三卡”制度，实行检审分开、审复分设、公开审理等，及时开展办案质量和处分落实情况的检查，严把案件质量关。加强对案件的总结剖析，推行“一案双报告”等制度，有针对性地提出建章立制、规范管理的意见建议，较好地发挥了办案的治本功能。[①]

坚决纠正损害群众利益的突出问题。坚持把惩治腐败作为维护改革发展稳定大局的重要手段，始终保持查办案件的强劲势头，突破了一批有影响的大案要案。对人民群众反映突出的上学难、看

① 《云南省情》编委会编：《云南省情（2008年版）》，云南人民出版社2009年版，第593—594页。

病贵以及坑农害农等问题开展专项治理。对教育、卫生、环保、地税、广电、电信、旅游、质监等系统开展行风评议。畅通群众诉求渠道，开通了省州市政风行风热线，一些州市推行了网上信访、定期下访、信访听证、吸收群众代表参与信访调查等制度。认真解决征收征用土地、城镇房屋拆迁、企业重组改制和破产中损害群众利益，以及拖欠建设工程款和农民工工资等问题。加强了对粮食流通体制改革、矿产资源开发和金融秩序的监督检查，认真清理纠正违规投资入股煤矿问题，参与环境保护专项整治以及安全生产检查和重特大事故调查处理等，维护了群众利益。全省纪检机关集中力量，强化措施，突破了一批有影响的大案要案，先后惩处了一批腐败分子。仅1991—2000年，全省各级纪检机关共立案查处党内各种违纪案件2.99万件。①

在改革开放和社会主义现代化建设时期，通过在反腐倡廉建设方面展开富有成效的工作，探索出中国特色云南边疆特点的反腐倡廉新路，这是一条适合云南边疆实际的反腐倡廉建设道路，在实践中逐渐显示出特有的优势和旺盛的生命力。

四、巩固发展反腐败斗争压倒性胜利

党的十八大以来，云南的反腐败斗争更加深入，更加落在实处，通过做深做细做实警示教育、严格落实“两个责任”、持续深化纪检监察体制改革、全面巡视巡察、一体推进不敢腐、不能腐、不想腐的体制机制，党风廉政建设和反腐败斗争进入了巩固发展压

① 中共云南省委宣传部、中共云南省委党史研究室：《中国改革开放全景录·云南卷》，人民出版社、云南人民出版社2018年版，第381—382页。

倒性胜利成果阶段。

（一）做深做细做实警示教育

要巩固反腐败斗争压倒性胜利，根除腐败土壤，警示教育是必不可少的一个重要环节。各级纪检监察机关主动顺应党风廉政建设的新情况新变化，做细做实警示教育，把廉政文化做出特色，把廉洁教育机制做成长效，保持反腐教育警钟长鸣。

廉政文化做出特色。以《中国共产党廉洁自律准则》和《中国共产党纪律处分条例》的修订颁布实施为契机，在全省广泛开展党纪党规宣讲解读。要求全省广大党员干部特别是领导干部切实改进作风严格廉洁自律，确保风清气正。总结廉政文化示范点创建工作经验，组织开展省级廉政文化示范点创建活动。①开展纪检监察特色文化长廊展览。邀请全省16个州市轮流打造具有鲜明云南特色纪检监察辨识度的廉政文化走廊，以“固边疆、奔小康、感党恩、促团结”为主题，强化“以廉为荣、以腐为耻”的浓厚文化氛围，形成“人人思廉、全民崇廉”的党风廉政建设新格局，引导广大党员干部牢记初心和使命，激发干事创业、跨越奋进的精气神；全方位、多角度、立体式呈现民族地区切实担起全面从严治党主体责任，营造风清气正、干事创业的良好政治生态，促进经济社会高质量发展的生动实践。据不完全统计，截至2020年8月，共有66个单位（部门）1100人次参观展览。②纪检干部带头抓清廉家风。在领导干部中开展警示教育和家风教育“三个一”系列活动，对干部职工开展廉

① 中共云南省委宣传部、中共云南省委党史研究室：《中国改革开放全景录·云南卷》，人民出版社、云南人民出版社2018年版，第412页。

② 谢进、路曼玲、陈伟孝：《我省纪检监察机关以文化长廊激发干事创业精气神》，《云南日报》2020年8月6日。

政家访，以廉政警示教育到家庭、廉洁家风进万家、廉政家访到家人、廉洁创建进讲堂等为载体，通过组织领导干部及家属集中观看警示教育片、参观警示教育和廉政文化展厅、学习党纪法规以及开展家风建设专题辅导、分享家风故事、撰写廉政家书、廉政亲情寄语等，不断筑牢思想防线，厚植社会土壤。[①]

廉洁教育机制做成长效。全省各行业都建设了廉洁教育长效机制。省纪委加强对典型案件的剖析，编印严重违纪省管干部忏悔录，录制《激浊扬清在云南》专题片，作为反面教材警示党员领导干部。省交通运输厅在高速公路重点工程建设中创建“阳光工程·廉洁通道”长效机制，出台《云南高速公路“能通全通”和“互联互通”工程创建“阳光工程·廉洁通道”长效机制》文件，强化监督和风险防控，廉洁高效推进高速公路建设，促进廉洁思想、廉洁纪律、廉洁教育、廉洁制度、廉洁文化、廉洁机制、廉洁活动融入高速公路建设全方位全过程。[②]

党的十八大以来的警示教育，将廉政文化建设结合边疆地区的实际做出了特点，以优秀廉政文化引导广大党员干部牢记初心使命；抓好家风教育，不断筑牢思想防线，厚植社会土壤；把廉洁教育机制做成长效，融入云南边疆党的建设的各个方面。

（二）严格落实“两个责任”

始终坚持“有权必有责、有责要担当、失责必追究”，把问责作为管党治党的利器，切实落实管党治党政治责任，倒逼各级党组织和

① 黎付顺、茹婷婷：《普洱：把“廉洁清风”吹到纪检监察干部家中》，云南省纪委省监委网站，2020年9月17日。

② 李承韩、赵学康：《我省将在高速公路重点工程建设中创建“阳光工程·廉洁通道”长效机制》，《云南日报》2020年7月29日。

党员领导干部做到守土有责、守土尽责，为闯出一条高质量跨越式发展路子营造了良好的政治生态和干事创业环境。

厘清责任清单，压实责任担当。省委深入落实主体责任，推动各级党委全面领导、组织、主抓党风廉政建设。制定实施云南省落实主体责任的规定，出台进一步落实主体责任的措施。充分发挥省委反腐败协调小组作用，加强反腐败工作组织领导和统筹协调。认真贯彻中央关于在查办案件中加强协作配合的意见，制定云南省实施细则，完善案件通报、线索移送、信息共享、应急联动等执纪办案协作机制，形成依纪依法推进反腐败斗争合力。[①]省纪委通报落实全面从严治党主体责任不力被问责的典型案例。针对一些党组织和党员领导干部在党的建设和党的事业中失职失责的共性问题，总结历史和实践经验，将监督检查、目标考核、责任追究等有机结合，从制度层面对相关工作进一步细化完善，确保明责有理有据、履责有规有矩，实现了问责内容、对象、事项、主体、程序、方式的制度化、程序化。出台关于落实主体责任的规定，将党委落实主体责任的内容和要求细化为28项，以清单明责定规。出台关于落实监督责任的规定，明确12种履行监督责任不到位的情形，并把责任追究情况作为各级纪检监察机关领导班子评价和领导干部业绩评定、奖励惩处、选拔任用的重要依据。省纪委省监委督促指导各级党委（党组）和纪委（纪检组）落实《关于落实党风廉政建设主体责任的规定》《关于落实党风廉政建设监督责任的规定》等制度，对照党委落实主体责任的28项责任清单和纪委监委履行监督责任不到位的12项“负面清单”，耕好各自“责任田”。制定印发《贯彻〈中

① 中共云南省委宣传部、中共云南省委党史研究室：《中国改革开放全景录·云南卷》，人民出版社、云南人民出版社2018年版，第410页。

国共产党问责条例〉实施办法》，形成用制度规范“两个责任”落实的责任链条，确保问责工作有章可循。与此同时，将管党治党的责任压实到每一级，通过自上而下逐级签订责任书，督促各级党组织真正把从严治党责任扛起来，做到责任覆盖无盲区。[①]制定党委书记履行全面从严治党主体责任专题报告会反馈问题整改方案，落实整改任务分工，确保专题报告会反馈问题整改落实到位。

紧盯“关键少数”，上紧责任发条。贯彻落实《中国共产党问责条例》和云南省《贯彻〈中国共产党问责条例〉实施办法》，坚持“开展问责要抓住‘关键少数’。落实管党治党政治责任，关键在党委、要害在一把手，根本要靠以上率下，层层传导压力”。以落实党风廉政建设责任制为抓手，紧盯“关键少数”，通过强化约谈，层层传导压力，推进各级党组织和党员领导干部把责任担起来，让压力传下去。书记抓、抓书记，层层压实全面从严治党政治责任。实行党委书记向上一级纪委常委会专题报告履行全面从严治党主体责任情况，围绕加强和改善党的全面领导、履行全面从严治党主体责任和第一责任人职责、持之以恒抓好纪律作风建设、管好班子、带好队伍以及上年度专题报告会议反馈问题的整改落实情况等作汇报，进一步压紧压实党委主体责任、强化党内监督特别是对“一把手”的监督。

强化履责监督，倒逼责任落实。开展作风建设“回头看”，深挖细查隐形变异的“四风”问题线索，同时用好问责利器，对“四风”问题多发频发的，严肃追究主体责任、监督责任和领导责任。为了进一步压实责任，织密“问责之网”，建立常态化的督查机制，适时开展专项检查。通过强化日常监督和专项督办、巡视巡

① 中共云南省委宣传部：《辉煌云南七十年》，人民出版社2019年版，第628页。

察等方式，重点检查是否按照《中国共产党问责条例》的原则、标准和程序开展问责工作，是否体现了全面从严治党的要求等。通过严肃问责倒逼责任落实，切实解决不会监督、不敢监督、不愿监督的问题。[①]自上而下逐级签订责任书，督促各级党组织扛起全面从严治党责任，努力做到责任覆盖无盲区、压力传导无衰减。“地毯式”检查考核各地各单位落实党风廉政建设责任制工作情况。强化责任落实，通过专项督办、巡视巡察，对所辖地区和部门党组织履行全面从严治党责任情况进行监督检查，着力发现和解决党的领导弱化、党的建设缺失、全面从严治党不力，党的观念淡漠、组织涣散、纪律松弛、不担当不负责等问题。

通过厘清责任清单，压实责任担当；紧盯“关键少数”，上紧责任发条；强化履责监督，倒逼责任落实，有力地保障了全面从严治党向纵深发展。

（三）深化纪检监察体制改革

深化纪检监察体制改革，是新时代纪检监察工作高质量发展的先导和动力。通过深入开展纪检监察体制改革，有力解决反腐败力量分散、纪法衔接不畅、监督对象覆盖不全等制约反腐败工作深入开展的问题，全面加强党对反腐败工作的集中统一领导，切实提高纪检监察工作的质量和效果。

创新纪律检查体制。省委纪律检查体制改革专项小组紧紧围绕“两责任”“两为主”“两覆盖”“权力制约与监督”“党内法规制度体系建设”等改革重点，坚持以问题为导向，立行立改，完善

① 中共云南省委宣传部：《辉煌云南七十年》，人民出版社2019年版，第628—629页。

制度，创新举措，全力推动纪律检查体制各项改革措施的落实。省委纪律检查体制改革专项小组先后召开九次专项小组会议，已完成“内设机构调整、议事协调机构清理”等27项推动落实工作和中央出台的党内法规条例的贯彻落实工作，已研究出台《关于落实党风廉政建设主体责任的规定》等26项重要制度成果，全省纪检体制改革工作取得阶段性成效。[①]有的州市建立领导干部廉政档案，全面掌握领导干部的基本情况，规范廉洁从政行为，切实增强对领导干部廉洁自律的日常管理和监督检查。有的州市对各级纪检监察干部提交的个人廉政档案进行定期抽查审核，作为干部提拔使用、年度考核、评先评优等方面的重要依据，并在廉政档案的“建”“管”并举上下功夫，建立完善监督责任体系。[②]

深化监察体制改革。2017年11月24日，云南全面推开省、州（市）、县（市、区）三级监察委员会改革试点工作。作为边疆少数民族地区，既要推进监察体制改革又要保持民族地区繁荣稳定，任务艰巨，责任重大。为积极稳妥地推进全省监察体制改革，在省委的坚强领导下，省纪委加强协调，以迪庆州为改革试点，为全省监察体制改革积累经验。2017年12月，迪庆州率先完成全省州市级监察委员会的组建。2018年1月，县（市、区）级的河口县监察委员会在全省首家挂牌成立。由此，云南深化监察体制改革已转入全面推进阶段。2月，省监察委员会组建挂牌。全省16个州市129个县（市、区）全部完成监察委员会组建挂牌，进入实质运转阶段。仅2018年1—8月，全省各级纪检监察机关共立案审查4456件，给予党

① 中共云南省委宣传部：《谱写中国梦云南篇章——砥砺奋进的五年》，人民出版社、云南人民出版社2017年版，第218页。

② 谢进、伍晓慧：《普洱建立廉政档案助力自我监督》，云南省纪委省监委网站，2020年9月7日。

纪政务处分4316人，其中厅级干部34人，县处级干部233人，乡科级干部1004人，其他人员3045人。①

落实党风廉政建设责任制。2014年，省委深入落实主体责任，推动各级党委全面领导、组织、主抓党风廉政建设，出台进一步落实主体责任的16项措施。为认真贯彻落实全面从严治党要求，深入推进党风廉政建设和反腐败斗争，每年年初，省委省政府对全省各州（市）、省直单位、大专院校、省属企业进行上一年度党风廉政建设责任制进行检查考核。按照中央《关于实行党风廉政建设责任制的规定》和云南的实施办法，根据对各州市和单位检查考核情况、平时工作情况、有关部门反馈情况，省党风廉政建设责任制工作领导小组办公室形成了等次评定初步意见，经省委常委会研究审定考核等次。对于党风廉政建设责任制落实不到位的问题，暴露出来的相关地区和单位全面从严治党主体责任落实不力、制度执行不严，管党治党失之于“宽松软”等情况，省党风廉政建设责任制工作领导小组办公室加强对各单位整改落实情况的督促检查，及时对整改落实情况进行复查验收。对整改不重视、不到位，责任不落实、效果不明显的，进行严肃追究责任。②

通过加大纪检监察改革力度，有效推进了党的纪律检查体制改革、国家监察体制改革和纪检监察机构改革有机融合、一体推进，为巩固和发展反腐败斗争压倒性胜利发挥了重要作用。

---

① 《云南：查处受贿与查处行贿同步部署实施》，中央纪委国家监委网站，2018年9月18日。

② 中共云南省委宣传部：《辉煌云南七十年》，人民出版社2019年版，第627—628页。

（四）巡视巡察全面覆盖

巡视巡察是党内监督战略性制度安排。巡视巡察全覆盖彰显了全面从严治党的坚强决心，体现了监督无禁区的鲜明立场。深刻认识巡视巡察的战略地位和重要作用，认真贯彻落实中央关于加强巡视巡察工作的部署和要求，进一步明确职能定位，把巡视巡察全覆盖作为全面从严治党的规定动作、硬性任务来落实，不断深化和创新工作方式方法，扎实做好巡视巡察工作，积极构建横向到边全覆盖、纵向到底全衔接的巡视巡察一体化监督格局。

抓实对中央巡视工作的整改。省委成立中央巡视“回头看”反馈意见整改落实工作领导小组，按照“条条要整改、事事有回应、件件有着落”要求，认真研究制定巡视“回头看”反馈意见整改方案，建立问题清单、任务清单和责任清单，明确整改目标、整改原则、整改要求，细化整改任务和时限，从严从实做到清责、认责、问责；围绕巡视反馈指出的问题，进一步细化实化整改方案。进一步严肃整改纪律，坚决查处整改工作中的形式主义、官僚主义问题，加大扶贫领域腐败和作风问题整治力度。完善整改落实长效机制，举一反三、标本兼治，促进脱贫攻坚整体工作和全面从严治党向纵深发展，为打赢打好脱贫攻坚战提供有力保障。省委、各州（市）和省级行业扶贫主管部门主要负责同志向省委、省政府递交脱贫攻坚工作目标和中央专项巡视整改责任状。省委常委班子、省政府党组根据中央第十二巡视组对我省脱贫攻坚专项巡视反馈意见召开巡视整改专题民主生活会，对照巡视反馈意见，结合思想和工作实际，开展批评和自我批评，明确努力方向，落实整改措施，确保巡视整改取得实效，坚定攻坚信心，确保脱贫任务如期完成。脱贫攻坚百日总攻，是省委针对中央脱贫攻坚专项巡视“回头看”反馈问题推出的整改重拳之一。经过脱贫攻坚百日总攻行动，全省剩余44.2万贫困人口、429个贫困村、9个贫困县全部达到脱贫退出标准，“户户达标、村村提升、县县清零”目标任务总体实现。[①]

加大巡视整改力度。近几年，省委每一轮的巡视都聚焦专题开展专项巡视。仅2019年，云南巡视工作开展3轮巡视，巡视62个党组织，发现各类问题1356个，发现领导干部违纪违法问题线索493件，其中省管干部问题线索106条，推动查处的省管干部数约占查处总数的40%。[②]在基层，组织开展发展党员违规违纪、党员领导干部落实组织生活制度不经常不认真不严肃等问题专项整治，开展村组活动场所管理使用问题和基层党建工作中的形式主义、官僚主义问题等专项整治，把中央、省委巡视发现问题的整改要求落实到位。[③]

巡察纵向到底。各州（市）、县（市、区）党委建立巡察制度，成立巡察工作领导小组，州（市）党委建立60人左右的巡察人才库，县（市、区）党委建立40人左右的巡察人才库，在一届任期内对下一级党组织实现巡察全覆盖。2019年6月，文山州被列入全国对村（社区）党组织巡察的试点地区。文山州分边境村、山区村、民族村、城镇社区四种类型，边巡察、边实践、边探索、边完善，积极探索“怎么巡”，规范对村（社区）巡察工作，探索出“背包队”驻村巡察；巡察干部亮身份、亮证巡察；围绕基层党建、脱贫攻坚、产业发展、环境优美、文明和谐“五面红旗”创建

---

① 赵振宇：《抓实巡视整改 决胜最后总攻》，《中国纪检监察杂志》，2020-09-08。

② 谢进、张雨：《发现问题与整改落实并重 我省坚定不移深化政治巡视》，《云南日报》2020年1月11日。

③ 郎晶晶、尹瑞峰：《我省启动实施“基层党建创新提质年” 以改革创新精神全面提高基层党建质量》，《云南日报》2019年1月24日。

标准开展巡察；以巡察巩固拓展边疆“红旗飘飘”工程，增强边民的家国意识等巡察方式。全州对村（社区）党组织开展巡察覆盖率超过80%，解决群众反映的操心事、烦心事上万件，移交问题线索297个，整治软弱涣散党组织240个，责令辞职、调整撤换村干部232人。[①]西双版纳州统筹部署巡察全覆盖任务，科学制定巡察工作方案，统筹将脱贫攻坚、意识形态、扫黑除恶、生态环境、整治形式主义和官僚主义等纳入监督重点，积极探索“提级巡察”“交叉巡察”，充分发挥上下联动优势，剑指基层突出问题。[②]德宏州各县市积极探索实践推进村级党组织巡察全覆盖，将监督“探照灯”照进村（社区），着力发现和推动解决一批群众反映强烈的突出问题，注重立行立改、边巡边改、全面整改。[③]

充分发挥巡视巡察“探照灯”“显微镜”“传感器”作用，坚持问题导向，准确发现问题、找准问题症结、靶向解决问题，巡视巡察全覆盖的质量和实效切实提高，对权力运行的制约和监督不断强化，为加强云南党的建设、推动高质量跨越式发展提供了坚强保障。

（五）“三不”一体有力推进

保持反腐高压态势，一体推进不敢腐、不能腐、不想腐，不仅是反腐败斗争的基本方针，也是新时代全面从严治党的重要方略。致力于构建一体推进的不敢腐、不能腐、不想腐体制机制，强化不

① 谢进、王庆波：《文山州做细做实对村（社区）巡察工作》，《云南日报》2019年9月18日。

② 周荣：《西双版纳：上下联动使巡察利剑直插到底》，云南省纪委省监委网站，2020年7月2日。

③ 杨正涛：《德宏：推进村级巡察全覆盖 将监督“探照灯”照进村居》，云南省纪委监委网站，2020年9月9日。

敢腐的震慑，扎牢不能腐的笼子，增强不想腐的自觉。

强化不敢腐的震慑。坚决严厉惩处大案要案，重点查处政治问题、经济问题交织的腐败案件。保持惩治腐败的高压态势，形成不敢腐的震慑。出台《中共云南省委关于落实全面从严治党要求建设忠诚干净担当高素质干部队伍的决定》《中共云南省委关于认真贯彻落实党的十八届六中全会精神深入推进全面从严治党的决定》等，强调要严明党的纪律和规矩，一刻不停歇地推进党风廉政建设和反腐败斗争，严肃党内政治生活，强化对权力运行的制约和监督，从思想上、政治上、组织上、纪律上、作风上彻底肃清白恩培、秦光荣、仇和等腐败案件造成的不良影响，推动全面从严治党向纵深发展，重构风清气正政治生态，建设忠诚干净担当高素质干部队伍。2019年，全省各级纪检监察机关围绕修复净化云南政治生态，保持惩治腐败高压态势，深化以案为鉴、以案促改，筑牢思想防线、堵塞监管漏洞，清“流毒”、拔“烂树”、疗“内伤”。全年共处置问题线索30497件，同比上升41.2%，立案审查11949件，同比上升41%，给予党纪政务处分11543人。[①]

扎牢不能腐的笼子。反腐更重要的还是要坚持“把权力关进笼子里”的原则，让权力相互制约，公开透明。查处的腐败问题中，“一把手”现象比较突出，这对云南政治生态的破坏非常大。除了有腐必反，强化监督建设外，还要织密制度的笼子，强化权力制衡制度的建设。[②]规范权力运行，通过制定合理制度实现事、财、人的科学管理，强化权力监督尤其是强化对“一把手”的监督以及上级

① 谢进、张晓敏：《我省“以案促改” 着力修复净化政治生态》，《云南日报》2020年1月13日。

② 周群辉：《解码：云南式反腐》，《中国新闻周刊》2019年6月22日。

对下级的监督，严肃问责，完善领导干部个人事项报告制度，探索建立对“裸官”的监督管理制度等。通过完善体制机制，构建科学合理的权力制约监督体系，铲除腐败生存的土壤，实现不能腐。不断构筑起不想腐的思想堤坝。迪庆州出台《在领导干部中开展警示教育和家风教育“三个一”系列活动实施方案》，深入开展组织一次集中学习，进行一次廉政家访，组织开展一次座谈会“三个一”系列活动。从每名干部、每个家庭做起，强化“严以修身”意识和“以德齐家”理念，督促引导党员干部特别是领导干部带头树立良好的家风家教，进一步增强廉洁自律意识，加强自我监督，构筑起拒腐防变的家庭思想道德防线，推动党风廉政建设和反腐败斗争向纵深发展。

增强不想腐的自觉。坚定理想信念，通过深入开展党内集中教育坚定马克思主义信仰，坚定对中国特色社会主义共同理想和共产主义远大理想的信念，坚定“四个自信”；践行社会主义核心价值观，尤其是践行忠诚老实、光明坦荡、公道正派、实事求是、艰苦奋斗、清正廉洁等共产党人价值观；充分发挥党性教育和政德的教化功能，广泛开展警示教育等。通过宣传教育，促使党员干部提高自身修养，涵养品德，增强法治意识，形成不想腐的自觉。大理州将廉政教育关口前置，定制多样化“廉政套餐”嵌入党员干部管理监督各个环节，实现纪律教育常态化、制度化。在各级党员领导干部中开展“三个一”系列活动，即开展一次肃流毒警示教育、拍摄一部好家风微视频、进行一次“廉政家访”，全州各级纪检监察机关充分挖掘本土廉政文化和优秀传统文化资源以及身边典型案例，有效整合反腐倡廉警示教育基地、廉政文化示范点、勤政廉政教育基地等现有资源，精心烹饪廉政教育“营养餐”，以“警示教育+家风教育”持续增强不想腐的自觉。组建廉政宣讲队伍，深入机关、企业、农村、社区、学校“送教上门”，针对部门差别和岗位特点“量体裁衣”，分层分类分岗靶向施教，持续释放廉政教育效应。[①]针对保山市原副市长、隆阳区委原书记耿梅涉嫌严重违纪违法案，保山市纪委监委认真落实“三个区分开来”政策，对涉案的多名知错悔过、在脱贫攻坚战场上奋勇担当、做出成绩的干部运用“第一种形态”进行批评教育和提醒谈话。

党的十八大以来，反复强调有腐必反、有贪必肃，坚持无禁区、全覆盖、零容忍，坚持重遏制、强高压、长震慑，始终保持惩治腐败高压态势，不敢腐的目标初步实现，不能腐的笼子越扎越牢，不想腐的堤坝正在构筑，反腐败斗争压倒性态势已经形成并巩固发展。

反腐倡廉建设是关系党和国家生死存亡的大事，既是党的建设的重要组成部分，同时又为推进党的建设提供良好环境。云南各级党组织一以贯之高度重视党风廉政建设、坚决反对腐败，对腐败的认识从简单作为一种思想、作风问题，发展到对权力的监督和制约的思考；反腐的路径从单一的查办案件，发展到惩防并举、建立和完善惩治和预防腐败体系；反腐的思维也从防范堵漏，发展到通过改革来解决深层次治理问题，同各种腐败行为展开殊死斗争，一举夺取了反腐败斗争压倒性胜利。在新民主主义革命时期，针对党员广泛开展廉洁教育，严惩贪污腐化、肃清贪污浪费，有效遏制住了腐败苗头。在社会主义革命和建设时期，设立纪检监察机构，打击贪污腐败，抵制旧社会的恶习和资产阶级腐朽思想的侵蚀，查处了一批党内违纪案件，形成了清正廉洁的党风政风和健

① 陈春裕：《多样化“廉政套餐”实行靶向施教》，《云南日报》2020年9月17日。

康的社会风气。在改革开放和社会主义现代化建设时期，坚持一手抓改革开放、一手抓惩治腐败，把反腐败贯穿于改革开放全过程，不断深化对党风廉政建设和反腐败斗争特点和规律的认识，以建立完善惩治和预防腐败体系为重点，统筹推进教育、制度、监督、改革、惩治等各方面工作，切实增强了反腐倡廉建设的系统性、协调性和时效性，增强了广大党员干部拒腐防变和抵御风险的能力，有效遏制了腐败现象滋长的势头。党的十八大以来，强调有腐必反、有贪必肃，坚持无禁区、全覆盖、零容忍，坚持重遏制、强高压、长震慑，始终保持惩治腐败高压态势，坚决打赢党风廉政建设和反腐败斗争这场攻坚战、持久战，强化不敢腐的震慑，扎牢不能腐的笼子，增强不想腐的自觉，重点查处党的十八大以来不收敛、不收手，问题线索反映集中、群众反映强烈，政治问题和经济问题交织的腐败案件；着力解决选人用人、行政审批、工程项目、矿产资源、土地出让等重点领域和关键环节的腐败问题，聚焦环境治理、生态修复领域重点工程，深挖严查污染防治、环境保护问题背后的腐败行为，推动反腐败斗争取得突破性进展和压倒性胜利。

第八章　云南边疆党的建设的有益启示

党旗迎风飘扬，云岭凯歌嘹亮。中国共产党成立一百年来，云南不断深化对党的建设规律的认识，形成了具有云南特色的边疆党建的有益启示。

一、以“讲政治”为根本，做到对党绝对忠诚

旗帜鲜明讲政治是我们党作为马克思主义政党的根本要求。党的政治建设是党的根本性建设，决定着党的建设方向和效果。始终坚持以政治建设为统领，把政治标准和政治要求贯穿于党的思想建设、组织建设、作风建设、纪律建设、制度建设、反腐败斗争的始终，做到始终坚定政治信仰、贯彻政治路线、执行政治决策，不断提高政治判断力、政治领悟力、政治执行力，确保边疆党的建设质量全面提高。

坚定政治信仰。自1926年云南建立第一个地方党组织开始，就把为共产主义事业奋斗终身的政治信仰当作建立及发展地方党组织的目标追求，用马克思主义理论武装党员思想、指导革命斗争、凝聚人民群众，指引广大党员带领人民群众投入水深火热的革命斗

争中，迎来了各族人民彻底解放的伟大胜利。云南解放后，以政治信仰指引社会主义制度在边疆民族地区的全面建立，按照党中央制定的大政方针，通过强化自身的思想、组织、制度、作风、纪律、反腐倡廉建设，推动带领各族人民投入轰轰烈烈的社会主义建设事业中，巩固了党在边疆民族地区的执政地位。党的十一届三中全会后，以政治信仰指引改革开放的伟大实践，带领各族人民投入改革开放伟大事业中，科学谋发展、全力干事业、努力出成果，体现了党在边疆民族地区的执政优势。进入新时代，以政治信仰指引谱写中国梦的云南篇章，通过一以贯之推进党的建设新的伟大工程，推动云南主动服务和融入国家发展战略，各方面建设取得显著成效。正因为始终坚定党的政治信仰，为实现中国特色社会主义共同理想和共产主义远大理想一往无前、矢志不渝、不懈奋斗，云南才向着党旗引领的方向，一路风雨兼程，一路披荆斩棘，一路高歌前进，阔步迈入社会主义现代化建设新征程。

贯彻政治路线。在新民主主义革命时期，云南在党的领导下进行无产阶级革命斗争，执行了党的的思想路线、全面抗战路线、组织路线，保持了党的无产阶级政党属性。在社会主义革命和建设时期，根据党的社会主义建设的总方针，结合边疆实际开展各项工作，有力保证了党的方针政策的贯彻实施。在改革开放和社会主义现代化建设时期，坚持党在社会主义初级阶段的基本路线，各地区各部门紧紧围绕党的政治路线确定工作思路、谋划工作部署、制定政策措施，确保了各项工作的开展。中国特色社会主义进入新时代，按照新时代党的建设总要求，把政治建设这一党的根本性建设摆在首要位置，自觉同党的政治路线对标对表、及时校准偏差，强化各级党组织的政治属性和政治功能，切实提高了各级党组织把握方向、把握大势、把握全局的能力，以及党员领导干部辨别政治是非、保持政治定力、驾驭政治局面、防范政治风险的能力，确实履行政治担当和政治责任。

执行政治决策。在新民主主义革命时期，通过执行党关于革命斗争的各项决策部署，有力保证了云南的革命武装斗争采取了正确的行动，最终赢得伟大胜利。在社会主义革命和建设时期，通过执行党关于社会主义“四化”建设的各项决策部署，使社会主义制度落地生根，使生产生活逐步恢复和大力兴建。在改革开放和社会主义现代化建设时期，通过执行党关于改革开放及中国特色社会主义事业建设的各项决策部署，各级党组织和广大党员积极推动云南各项事业和各项工作加快发展。进入中国特色社会主义新时代，广大党员干部在学习和工作实践中不断增强“四个意识”、坚定“四个自信”、做到“两个维护”，不断增强拥护核心、跟随核心、捍卫核心的思想自觉政治自觉行动自觉，始终同以习近平同志为核心的党中央保持高度一致，做到党中央提倡的坚决响应、党中央决定的坚决执行、党中央禁止的坚决不做。

历史经验表明，把政治建设作为党的建设的统领，是确保云南始终沿着正确方向前进的根本保证，保证了党和国家大政方针在边疆民族地区的落地生根和开花结果。

二、以“强组织”为主题，发挥战斗堡垒作用

党的力量来自组织，组织能使力量倍增。一个坚强的党组织就是一个有力的战斗堡垒，组织力就是战斗力。各级党组织必须按照党的组织路线，以提升组织力为重点，突出政治功能，确保党的路

线方针政策和决策部署得以贯彻落实。特别是要在基层党组织的建设上下深功夫、花硬功夫和显真功夫，激活基层党组织的“神经末梢”，发挥基层党组织的强大组织力。云南党的组织建设始终遵循组织路线，充分结合边疆民族地区的具体实际，争取发展满足入党条件的党员，持续加强各级党组织的全面整顿，不断壮大了各级党组织的队伍和力量。随着时代发展，云南结合现实条件开展了基层党组织的创新建设，打造了以“边疆党建长廊”、基层党建“四个主题年”等为代表的、在全国具有一定影响力的边疆党建品牌，不断夯实了党在边疆民族地区的组织基础。

基层党组织特色化建设，凸显战斗力。在新民主主义革命时期，云南地方党组织的成立和壮大为取得革命斗争的胜利发挥了坚强的战斗堡垒作用，为此后基层党组织的建设奠定了良好基础。新中国成立后，着眼于边疆民族地区的特殊性，结合少数民族的历史文化和现实条件开展组织建设，切实提升了各级党组织的战斗力。进入改革开放和社会主义现代化建设时期，基于自身民族地区特色，围绕建设一个好阵地、打造一支强队伍、创建一批鲜明载体、实施一批民生工程、培养一批特色产业、建立一套快速反应机制、出台一批扶持政策，在提升组织力、加强阵地建设、强化队伍建设、推动经济发展、完善服务功能等方面下功夫，培育出了一批立得住、叫得响、推得开的基层党建品牌，重点打造了以“强组织、建阵地、聚人心、固边疆”为切入点的“边疆党建长廊”建设；通过项目化推进、清单式管理、多元化创新、制度化巩固、典型化示范等一系列举措，顺利推进了以“统筹谋划、分类实施、无的要有、有的要强、强的要优”为总思路的基层党建“四个主题年”的实施。云南基层党建品牌，是特色化党建与边疆治理有机融合的创造性举措，体现出对边疆基层党组织建设的规律性认识，凸显出紧扣守土固边、脱贫攻坚、服务开放、维护团结、凝聚人心的职责，强化了基层党组织的政治功能和服务功能，卓有成效地提升了基层党组织的战斗力，为全省取得脱贫攻坚全面胜利、全面建成小康社会、实现高质量跨越式发展凝聚了磅礴力量。

基层党组织规范化建设，增强凝聚力。云南始终高度重视基层党组织的规范化建设。省委按照中央《关于发展和巩固党的组织的指示》，在中共云南省第一次代表会议上强调："要保证党的高度统一，加强党的组织纪律性，结束过去独立分散、各自为政的状态，树立整体观念、全局观念，按照稳步前进的方法发展党的组织。"[①]此后，全省就按照积极慎重的方针集中力量整顿党的基层组织，除少数沿边境一线地区外，乡一级均成立了党支部，形成了党的坚强领导核心，为基层组织的规范化建设打下有利基础。党的十一届三中全会以后，省委对软弱涣散的基层党组织开展了全面整顿。通过调整领导班子、加强思想教育、完善体制机制、严肃纪律教育等途径，推动了基层党组织的规范化建设；通过选树典型、强化领导、营造氛围、争先创优等举措强化了基层党组织的规范化建设。党的十八大以来，省委按照"一年典型引领作示范、两年全面规范强基础、三年巩固深化见成效"的思路，全省分阶段、分批次推进党支部规范化建设。从基本组织、基本队伍、基本活动、基本制度、基本保障建设标准化五个方面细化了各类党支部的建设标准，形成了一套覆盖全省各行业、各领域基层党组织的党建工作标准化体系，促使基层党支部建设建有标尺、抓有方向、评有依据。

① 中共云南省委党史研究室：《中国共产党云南历史 第二卷（1950—1978）》，云南人民出版社2018年版，第189页。

随着各级党组织的规范化建设深入推进，基层党组织的凝聚力显著提升，不仅在党内凝聚了广大党员，增强了广大党员的组织认同感和归属感，而且在基层人民群众中发挥了团结凝聚作用，赢得了广泛认可和真心拥护。

基层党组织智慧化建设，提升创造力。进入互联网时代，信息技术也逐渐融入党的建设的各个方面和各个环节，大数据、人工智能、社交网络等前沿技术与党的工作开展、阵地建设的互动也日趋频繁。在基层党组织建设的工作实践中，“互联网+党建”成为夯实党在边疆民族地区的执政基础的必然选择和关键举措，推动了云南边疆党建与新媒体的融合发展，“云岭先锋”网上党支部应运而生。依托“云岭先锋”进一步整合融合媒介资源，先后形成了“云岭先锋”网、“云岭先锋”手机报、“云岭先锋”微信公众号、“云岭先锋”APP等一体化的“党务+政务+服务”的综合网络平台，打通了各级党组织相互联系和服务群众的“最后一公里”，提升了基层党组织建设的智慧化水平，显示出基层党组织的创新创造。党的十八大以后，省委将建设“党建云”平台、大数据项目作为“基层党建提升年”重点任务，运用大数据技术对党建信息进行量化和实时智能分析的举措，形成了党建大数据体系，使基层党建工作的决策实施、考核管理、服务群众实现了实时化、智能化、精准化。基层党组织建设从过去通信不便、信息闭塞的状态走向拥抱互联网、融入大数据的浪潮，着力推动了基层党组织的智慧化建设，实现了基层党建工作从“互联网党建”到“智慧党建”的跃升，极大地激发了基层党组织的创造力。

历史经验表明，把党组织建设与现实需要、发展诉求、自身特色充分结合、有效融合、多方整合起来的建设发展，是彰显党组织坚强堡垒作用的必要途径。只有积极适应时代要求，深刻把握边疆实际，开拓挖掘边疆资源，推动实现党组织在边疆的特色化、规范化、智慧化建设，才能充分发挥基层党组织的功能和作用，不断体现边疆基层党组织的战斗力、凝聚力、创造力。

三、以“建阵地”为载体，夯实边疆执政基础

阵地建设是党的组织发挥战斗堡垒作用的平台和载体，阵地建设强，党组织的战斗力、凝聚力、创造力就能得到更好发挥。云南充分利用自身区位优势，在阵地建设上围绕思想阵地、组织阵地、活动阵地的建设，朝着做实、做强、做优的目标，实施各类思想宣传教育，开创“党建+”模式，建立党群服务站等举措，不断建强做优党组织的各类阵地。

做实思想阵地，增强凝聚力。云南始终以马克思主义为根本指导，运用马克思主义理论及党的创新理论成果武装头脑，巩固了全省各族人民团结奋斗的共同思想基础。从革命斗争年代到中国特色社会主义新时代，按照党在不同时期的思想建设要求，积极马列主义、毛泽东思想、邓小平理论、“三个代表”重要思想、科学发展观、习近平新时代中国特色社会主义思想的学习教育，实现了党的理论学习教育在全省党员干部中的全覆盖，促进全省党员干部在思想上始终与党同心同德。为更好地凝聚思想共识，云南立足自身实际，运用边疆民族地区人民群众喜闻乐见的活动形式和话语方式，传播阐释党的理论主张，强化了党员干部的理论素养，提升了党员干部的思想觉悟，凝聚了人民群众的广泛共识，团结了人民群众的强大力量，巩固了党的思想阵地，为党的建设及各项事业的发展奠

定了牢固的思想基础。

做强组织阵地，增强同心力。云南早期党组织在进行革命斗争时就创造性地把组织建在铁路沿线、山区田坝、矿山等革命斗争需要的地方，形成“游击”阵地，灵活开展斗争。云南解放后，在全面整顿组织中以相对固定的形式规范了组织建设，极大提升了党员的归属感。改革开放以后，党的组织建设不断拓展新领域、不断扩大覆盖面，不断融入机关企业学校、城市社区、农村基层、边境地区，整体推进了党的基层组织建设，取得显著成效。党的十八大以来，云南各级党组织坚持“一把钥匙开一把锁”，针对不同类别的基层党组织，分类别具体指导、分领域统筹推进、分层次组织实施。省委组织部每年年初召开基层党建工作重点任务推进会，分领域、分专题研究部署，梳理形成基层党建重点任务，以项目化形式，一项一项抓落实。在具体的基层组织建设中，以“党建+”为引领，科学把握不同领域、不同层次党建工作的特点，按照因地制宜、分类指导的原则，进一步明确和深化各个领域、各个层次党组织开展活动、发挥作用、实现功能的切入点和着力点，使党的组织阵地建设越来越扎实、越来越强劲，使党员干部的组织归属感越来越强烈、越来越激发斗志。

做优活动阵地，增强吸引力。充分利用现有条件，不断进行资源整合，依托各种各样的活动推进阵地建设做好做优。从新民主主义革命时期到中国特色社会主义新时代，基于各个历史时期党的建设要求和实际情况，积极开展了阵地建设，特别是在党的十八大以后大规模高标准建设活动场所，把阵地建到村民小组，实现了村民小组活动场所的全覆盖，切实满足了各类基层党组织和便民利民的需要。一是学习活动阵地建设。建立起党员学习室、党员阅览室、党员主题活动展等，以党员教育为主题，将支部基本情况、党内规章制度、“三会一课”的活动开展按时间规定持续推进、按主题内容分类开展、按专题教育重点实施，活动场所全部达到“七有”标准①。二是工作活动阵地建设，以支部为单位，立足生产要求和工作要求，以亮明党员身份明确主体意识和主体责任，在生产线上或工作岗位上设置了党员名片、党员责任书、党员形象等，把阵地建设直接体现到具体的工作和具体的负责人身上。三是生活活动阵地建设，以打造社会组织党组织的活动场所、交流平台、教育园地、展示舞台、精神家园为目标，通过成立“党员之家”开展健康积极的业余活动，丰富业余生活，建立相互关心的同志关系，让党员干部感受到组织大家庭的温暖。四是党群活动阵地建设，依照“党委领导、区域统筹、多方参与、共驻共建”的思路，云南组建了大大小小的“党群服务站”“党群服务中心”“党群服务平台”，包含提供党建指导、党群服务、教育管理、创业服务、人才联络、志愿帮扶、干部下沉挂钩以及文化、便民、医疗、养老、教育、助老等党政联系服务基层的内容，更好地发挥了基层党组织政治引领、加强治理、为民服务的功能，进一步凝聚党心、政心与民心。

历史经验表明，阵地建设是服务组织建设的重要载体，充分调动阵地建设的主体、开拓阵地建设的思路、打通阵地建设的模式、打造阵地建设的平台、创新阵地建设的形式、整合阵地建设的资源，可以更有效地激活基层党组织的引领功能、服务功能、保障功能。

① 辛桂梓编：《云南边疆党建创新之路》，云南人民出版社2011年版，第73页。

四、以“固边疆”为核心，筑牢稳边固边基石

边疆稳定是国家稳定的基础，边疆人民安居乐业是国家长治久安的基石。云南作为边疆民族大省，各项工作与民族工作息息相关，并长期处于反西化、反分化、反渗透、反颠覆的前沿地带。云南既立足身处边疆的实际，又承担固守边疆的职责，以组织强边、开放活边、守土固边、富民兴边、和谐稳边的“五边行动”为抓手和载体，大力实施“红旗飘飘”工程，深化“国门党建”，推进“军警地共建”，夯实了固边、稳边、兴边的坚实基础。

“红旗飘飘”固边疆。随着党建工作的深入推进，各级党组织及广大党员对云南边境的具体实际和突出问题有了深刻认识和精准把握，把维护边境稳定作为工作重点，用党的建设构筑起稳边固边的坚强防线。以“夯实群众基础，破解发展难题、增强发展动力、厚植发展优势”为目标和动力，在边境线上大力建设“红旗飘飘”党建工程，建立了边境地区“网格化”管理机制，打造了“扶贫富边、自治稳边、服务固边、文化活边、教育安边、共建强边、合作兴边、党建立边”8类党建示范点。在村级活动场所全部悬挂党支部牌子，在每户党员家门前挂党旗及共产党员门牌。党员在日常劳动和生活中都要佩戴党徽，以此亮明共产党员身份，彰显身份认同。通过开展“听广播、看新闻、知时事、升国旗、唱国歌、知荣辱”“红旗村寨飘”“村村寨寨广播响”“党的声音进万家”等活动，形成“红旗升起来、党建抓起来、形象树起来”的良好氛围，有效提升了党员干部的党员意识、宗旨意识、大局意识、责任意识、服务意识，有力增强了边境地区党员干部和人民群众的国家、国土、国门、国民、国防意识，同时激发了边疆各族群众爱祖国、

爱人民、爱党、爱社会主义、爱家乡的强烈热情。

“国门党建”固边疆。在推进守土固边，维护边境和谐的过程中，云南始终把加强“国门党建”当作边境党建工作的重要任务，在边境地区建立国门“大党（工）委”，不断提升服务质量和开放水平。目前，全省25个口岸、边境城市、开发开放试验区、边境合作区、跨境合作区等沿边重点区域，通过整合区域内党建资源，全面推行了“大党（工）委”制度，实现党建工作联创、思想工作联做、口岸管控联防、服务通关联检、紧急救助联动、国门文化联建，构建起“党建一体化”格局。积极开展“云岭先锋”示范窗口单位、和谐社区（单位）、诚信企业、和谐贸易市场（点）等系列创建活动，创建了29对跨境“友好乡镇”和40对“友好村寨”，“国门学校”“国门书社”等不断涌现。在边境线上的各级党组织把“国门党建”作为贯穿社会治理和基层建设的主线，积极构建“全区域统筹、多方面联动、各领域融合”的基层党建新格局，大力提升了“国门党建”的品牌效应。

“军警地共建”固边疆。在边境线上的各级党组织始终以固边守边为目标，深化联建共创，开展“军警地共建”。坚持以“两套班子联建，两条战线齐走”为总体思路，选派边防派出所所长兼任驻地乡镇党委班子成员，边防民警兼任村（社区）党组织副书记，边境乡镇党委书记兼任边防派出所编外指导员，成立由边防民警、农村党员干部群众组成的“党员突击队”“党员先锋队”，带领群众积极开展扶危济困、抗旱救灾、植树造林等义务劳动和急难险重任务，尤其是在边境小康村建设、乡村振兴等实践中，警民团结，相互依靠，心手相连，共叙为民情怀，实现了组织联建、党课联讲、活动联谊、党员联管、警民联防、边防联固，打造了一批“红色根据地”，实现了军警民“一家亲”，编织了一道“安全防控网”。同时，在跨省区、跨州市、跨县市、跨乡镇、跨村寨地区，推行基层党组织双边或多边联建共建机制，探索“轮值书记+联席会议”方式，形成了突发事件跨地区沟通交流和应急响应机制。在定期研判维稳形势、分析治安状况、商讨边境管控事宜的“军警地共建”工作中，有效地推进了云南边境的维稳工作。“军警地共建”打造了边境党建的“烽火台”，对坚决维护边防稳固起到了保障作用。

历史经验表明，民族团结和边境稳定是云南边疆党建的重中之重。一方面，只有把准确掌握民族实际需要、结合民族文化特色、解决民族矛盾冲突作为党建工作的重要内容，才能确保党的民族政策落到实处、取得实效，保持民族大团结大繁荣。另一方面，只有从维护边疆安宁和国家安全的高度认识边疆党建的重要意义和重要任务，以高度的政治敏感性抵御敌对势力在边境地区实施的渗透、分裂、破坏、颠覆等图谋及行径，把维护边疆民族地区的和谐稳定作为基层党组织的责任和任务，才能筑牢边境地区各个方面的安全屏障，从而巩固党的执政基础。

五、以“聚人心”为关键，服务群众保障民生

人民群众是历史的创造者，是社会变革的决定性力量，是决定党和国家前途命运的根本力量。坚持和发展习近平新时代中国特色社会主义，必须紧紧团结和依靠人民，奋力实现人民群众对美好生活的向往和期待。云南各级党组织和广大党员始终牢记全心全意为人民服务的根本宗旨，始终站稳以人民为中心的根本立场，始终把

边疆人民美好生活向往当作根本追求，把实现好、维护好、发展好各族人民的根本利益作为边疆党的建设的出发点和落脚点，通过团结群众、服务群众、引导群众，为边疆各族人民群众的利益和幸福而努力工作，建立起与边疆各族人民群众的深厚感情，不断厚植了党在云南执政的群众基础。

体现全心全意为人民服务的根本宗旨。中国共产党自成立起，就把全心全意为人民服务确立为党的根本宗旨，就把为中国人民谋幸福，为中华民族谋复兴当作党的初心使命。广大党员干部积极践行党的根本宗旨和初心使命，始终坚持人民利益高于一切，不断增进民生福祉。在新民主主义革命革命时期，为了云南各民族解放不畏艰苦、顽强斗争、忘我奋斗、英勇牺牲。在社会主义革命和建设时期，各级党组织和广大党员帮助边疆民族地区发展生产，推动边疆民族地区社会事业进步，与全国一起走上社会主义康庄大道。进入改革开放和社会主义现代化建设时期，各级党组织和广大党员带领全省各族人民迈入全面建设小康社会的快车道，城乡居民人均可支配收入大幅提升，建成了包括养老、医疗、低保、住房在内的社会保障体系，民生福祉得到极大改善。进入新时代，省委积极贯彻和认真落实脱贫攻坚战略决策，按照“党建带扶贫、扶贫促党建”的思路，团结带领全省各族人民群众决战决胜脱贫攻坚，努力为边疆群众铺设致富发展的小康之路。2020年以来，省委、省政府统筹抓好新冠肺炎疫情防控和经济社会发展，扎实开展决战决胜脱贫攻坚百日总攻行动，把“优先稳就业保民生，坚决打赢脱贫攻坚战，努力实现全面建成小康社会目标任务”[①]放在突出位置，表明了高质量打赢脱贫攻坚收官战的必胜信心和强大实力。全心全意为人民服

① 《2020年政府工作报告》，云南省人民政府门户网站，2020年5月14日。

务的根本宗旨在边疆党的建设中得到了切实体现。

保持党同人民群众的血肉联系。密切联系群众是我们党克敌制胜的重要法宝，也是我们党永葆青春活力的优良作风。云南从改进思想作风、抓实学风建设、转变工作作风、改善领导作风、大兴调查研究之风等方面，以上率下、以身作则，雷厉风行抓作风，持之以恒强作风，不断赢得民心，改善民风。同时，通过严格执行党的群众纪律，切实整治和严肃查处了优亲厚友、吃拿卡要、虚报冒领、雁过拔毛、强占掠夺、执法不公、小官巨贪、宗族宗教势力干扰等发生在群众身边的违纪违法问题，始终成为人民群众信赖的主心骨。云南努力探索干部直接联系群众制度，在县以上机关全面实行领导蹲点联户、部门挂钩联户、干部结对联户、建卡经常联户的“四联户”制度，实行省直机关“挂县包乡联户”、州市机关“挂乡包村联户”、县（市、区）机关“挂村包组联户”，依靠制度将领导、机关、干部和群众长期有效地联系在了一起，在创新群众工作方面探索开创了有益做法。在云南武定县插甸乡，干部与群众“同吃同住同劳动，真情融入‘面对面’；同苦同乐同分担，真心做事‘手拉手’；同创同建同发展，真诚服务‘心连心’；同心同德同命运，真正感知‘亲上亲’”，形成了做好群众工作的“插甸经验”。

坚持以人民为中心的根本立场。人民立场是中国共产党的根本政治立场。广大党员干部始终站稳以人民为中心的根本立场，从新民主主义革命时期到中国特色社会主义新时代，切实做到深深地扎根人民，紧紧地依靠人民，真心地服务人民。在新民主主义革命时期，云南地方党组织就充分认识到民族工作在云南党组织的群众工作中占有十分重要的地位，制定了《少数民族问题大纲》，把为少数民族群众摆脱封建压迫、实现自身解放当作革命斗争的目标和任务，积极团结带领少数民族群众加入革命斗争中。在社会主义革命和建设时期，为了实现各族人民群众的利益和幸福，各级党组织和广大党员不遗余力地解决历史遗留下来的民族矛盾和民族冲突。在改革开放和社会主义现代化建设时期，广大党员干部经常深入基层，深入群众，及时地听取群众的意见、要求和批评，努力做为群众着想和为人民服务的公仆。党的十八大以来，各级党组织和广大党员干部始终牢固树立以人民为中心的发展思想，做到财力向民生倾斜、政策向民生聚焦、服务向民生覆盖，有效解决了人民群众的生存、生计、生活难题，不断把“蛋糕”做大切好，让广大人民群众更加体面地劳动，更有尊严地工作，更加幸福地生活，把以人民为中心的理念写在了云岭大地上。

历史经验表明，不管在什么时候、什么条件下，坚持马克思主义的群众观，坚持党的根本宗旨和群众路线，站稳以人民为中心的根本立场，始终把人民放在心中最高位置，保持同人民群众的血肉联系，是我们党始终立于不败之地的执政之基和力量之源。只有始终如一地坚持以人民的需要为需要，以人民的追求为追求，以人民的幸福为幸福，时刻把人民的冷暖挂在心上、把人民的安危放在心上，在各种困难与挑战中始终坚持与群众面对面、手拉手、心贴心、实打实，才能赢得人民群众的真心拥护和大力支持，依靠各族群众共同书写新时代的云岭答卷。

六、以“领发展”为要务，助推转型跨越发展

发展是第一要务，也是云南边疆繁荣兴盛的第一要务。基于云

南经济发展先天基础相对薄弱、民族众多且问题复杂、基层党组织建设挑战多重的客观实际，加快边疆民族地区经济社会发展，逐步缩小边疆民族地区与发达地区发展水平的差距，既是边疆各族人民群众的强烈愿望，也是云南边疆党的建设的工作任务。

社会变革的千年跨越。云南解放后，在党中央的领导下，以“团结、生产、进步”为长期工作方针，因地制宜地制定适合云南边疆民族地区的扶持政策和发展措施，坚持经济发展与社会发展相结合、开发式发展与开放式发展相结合，着重解决“一步走”与“千百步走”的关系，团结带领全省各族人民开展了广泛而深刻的社会变革，在云南这片土地上建立了人民政权，确立了社会主义基本制度，构建了社会主义新型民族关系，维护了边疆安全稳定，实现了“直过民族”从原始社会到社会主义社会的千年跨越。

改革开放的沧桑巨变。进入改革开放和社会主义现代化建设时期后，在党的领导下，云南改革从农村到城市、从边境到内地，从经济领域到政治、文化、社会以及生态文明领域，实现了从高度集中的计划经济向中国特色社会主义市场经济的根本性转变。同时，按照地理环境和民族特点进行分类指导，实施有针对性的发展策略，实施扶持7个特有民族22万人的温饱和农业产业化扶贫工程、基础设施建设扶贫工程、科教扶贫工程、民族文化扶贫工程、人才培养扶贫工程等特殊政策，实现了贫穷落后向富裕文明的伟大转变。随着改革开放的深入推进，生产力空前发展，综合实力显著增强，发展质量不断提高；固定资产投资高速增长，基础设施极大改善，发展基础不断夯实；全方位推进改革，重点领域改革不断深化，社会主义市场经济体制基本建立；从开放末梢到开放前沿，外向型经济快速发展，辐射中心建设稳步推进；各族人民生活实现总体小康，城乡面貌发生了翻天覆地的变化。

更高质量的跨越发展。按照习近平总书记对云南的殷殷嘱托，主动服务和融入国家发展战略，奋力闯出一条跨越式发展的路子来。在推动产业优化升级上下功夫。推进烟草、旅游、能源、生物、有色金属等传统支柱产业转型升级，培育壮大生物医药和大健康、旅游文化、电子信息、现代物流、高原特色现代农业、新材料、先进装备制造、食品与消费品制造等八大重点产业，打好绿色能源、绿色食品、健康生活目的地这“三张牌”。在创新驱动发展上下功夫。推进创新型云南建设，实施“云岭英才计划”，推进信息化产业融合发展，大力发展区块链、数字云南、智慧云南建设，深入推进“科技入滇”，大力支持科技创新园建设。在加快基础设施建设上下功夫。扎实推进路网、水网、能源保障网、互联网、物流网等“五网”基础设施建设，加快与周边国家互联互通国际大通道建设步伐。在决战决胜脱贫攻坚上下功夫。聚焦怒江州、迪庆州、昭通市等深度贫困地区，聚焦“直过民族”和人口较少民族地区，聚焦解决“两不愁三保障”突出问题，脱贫攻坚取得全面胜利。以“弱鸟先飞”、勇争一流的意识，以舍我其谁、责无旁贷的精神，以真抓实干、求真务实的作风，实现了跨越式发展，赢得了各族人民群众对党的信任和依赖，坚定了各族人民群众跟党走感党恩的信念。

历史经验表明，围绕云南经济社会发展推进党的建设，是实现“围绕中心、服务大局”这一政治要求的重要抓手。只有把党的政治优势转化为发展优势，把组织活力转化为发展活力，把党建人才转化为发展人才，把党建成果转化为发展成果，在发展中开阔思路和视野、开放窗口和平台、开发资源和优势，才能不断提高党建工作的优势和效能，才能推动实现更高水平、更高质量、更高成就的跨越式发展。

七、以“促清廉”为重点，深化正风肃纪反腐

加强党的建设，必须营造一个良好的从政环境，要有一个好的政治生态。政治生态污浊，从政环境就恶劣；政治生态清明，从政环境就优良。政治生态和自然生态一样，稍不注意，就很容易受到污染，一旦出现问题，再想恢复就要付出很大代价。在边疆党的建设过程中，以惩治贪腐为重点开展廉洁建设，以查处党员干部违纪违法为重点加强反腐倡廉建设，以大力整治群众身边不正之风为重点深入推进反腐败斗争，有效推动了干部清正、政府清廉、政治清明，将反腐败斗争压倒性态势一步步转化为压倒性胜利，在深化正风肃纪反腐的过程中努力净化政治生态。

作风建设永远在路上。云南始终把作风建设当作党的建设的重要组成部分，在新民主主义革命时期就培育形成了理论联系实际、密切联系群众、批评与自我批评的三大优良作风，把党风问题提到党的性质、宗旨和世界观的高度，为革命斗争的胜利提供了保证。在社会主义革命和建设时期，通过整党整风推动党的作风转变，加强了系统的党性党风教育，有力遏止了吃喝浪费、贪污腐败、骄傲自满、官僚主义、主观主义、宗派主义、投机主义等不正之风的蔓延。在改革开放和社会主义现代化建设时期，云南改进思想作风、抓实学风建设、转变工作作风、改善领导作风、大兴调查研究之风等方面，以上率下、以身作则，雷厉风行抓作风，持之以恒强作风，不断改善了党风政风，以此带动了社风民风。党的十八大以

来，云南把作风建设作为“先手棋”牢牢抓在手上，破积弊、除痼疾，立规矩、扬正气，领导带头以上率下，突出重点破解问题，立足长效建章立制，驰而不息，久久为功，推动作风建设真正从宽松软走向严紧硬，切实做到抓作风真管真严、敢管敢严、长管长严，以永远在路上的决心和毅力保持党的优良作风、塑造党的良好形象。

纪律规矩挺在前面。纪律建设是我们党管党治党的治本之策。纪律严明是党的优良传统和政治优势，也是我们的力量所在。在云南党的建设历史上，一直按照党的纪律建设的要求将党的建设各方面纪律化，坚持用严明的纪律管全党治全党。在革命斗争年代，以党的“三大纪律八项注意”为典范，在革命工作中树立起讲规矩守纪律的意识，形成了严明纪律规矩的观念，促进了严守纪律规矩的行动。在社会主义革命和建设时期，随着纪律检查机关在云南相继建立，纪律规矩制度也得到重视和建设。在改革开放和社会主义现代化建设时期，云南继续推进党的纪律建设，恢复重建了纪律检查机关，完善了纪检监察体系，建立了巡视制度，在纪律建设与制度建设的相互融合中推动了纪律的制度化建设，为有效开展纪律教育和纪律惩治提供了制度保障。党的十八大以来，云南立足本土实际、聚焦本土问题，积极探索了一套纪律严边的好办法，使纪律教育更加深入人心、“四种形态”有效运用、日常监督做实做细、遵规守纪成为常态。

保持反腐高压态势。云南各级纪检监察机关在各个历史时期，主动顺应党风廉政建设的新情况新变化新要求，坚定不移刹风正纪，力度不减、尺度不松、节奏不变，依据党纪党规发现一起、查处一起、震慑一片、挽救一片，决不姑息迁就，用实际行动持续保持反腐败高压态势。尤其是党的十八大以来，紧紧围绕全面从严治党这条主线，坚持无禁区、全覆盖、零容忍，坚持重遏制、强高压、长震慑，坚持受贿行贿一起查，深化纪检监察体制三项改革，监督体系运转更加健全高效；加强反腐倡廉教育，“不想腐”的防线更加牢固；加强制度建设和体制机制创新，“不能腐”的笼子更加紧实；坚持有腐必惩、有贪必肃，“不敢腐”的震慑更加强化，推动形成了反腐败斗争压倒性态势，推动形成了风清气正、崇廉尚实、遵纪守法的良好政治生态。

历史经验表明，必须从政治高度深刻认识到腐败是我们党和人民的大敌，党风廉政建设和反腐败斗争事关党和国家生死存亡。必须运用标本兼治、综合治理的方针，通过体制机制创新，加大从源头上预防和惩治腐败的力度，努力铲除滋生腐败的土壤和条件，不断巩固反腐败斗争胜利成果，营造风清气正的政治生态，推动边疆党的建设持续向好发展。

回首百年来路，云南边疆党的建设历尽艰辛、成果不易，我们倍感荣光、倍感珍惜；展望长久未来，云南边疆党的建设任重道远、充满希冀，我们坚定信心、砥砺奋进。在全面建设社会主义现代化的新征程上，我们将更加紧密团结在以习近平同志为核心的党中央周围，深入贯彻落实新时代党的建设总要求和新时代党的组织路线，持续推进党的建设新的伟大工程，努力把各级党组织建设得更加坚强有力。在党的旗帜指引下，以坚如磐石的信心、只争朝夕的劲头、坚韧不拔的毅力，不断开创云南高质量发展的新局面，不断创造建设社会主义现代化的新辉煌。

后　记

在庆祝中国共产党成立100周年的重要历史时刻，我们谨将《飘扬——云南边疆党的建设一百年》奉献给广大读者。

本书的编写坚持以马列主义、毛泽东思想、邓小平理论、“三个代表”重要思想、科学发展观和习近平新时代中国特色社会主义思想为指导，以时序为经，大事为纬，聚焦云南革命、建设、改革伟大实践中加强和改进党的建设的大事要事，全方位、多角度、全景式集中展示云南边疆党的建设百年来的光辉历程、伟大成就和宝贵经验。突出展示党的十八大以来，在以习近平同志为核心的党中央坚强领导下，云南边疆各级党组织不忘初心、牢记使命，贯彻落实新时代党的建设总要求和组织路线，切实增强抓好党建工作的责任感和使命感，以自我革命的精神推进新时代党的建设，把各级党组织建设得更加坚强有力，为推动经济社会高质量发展提供了坚强政治和组织保证。

在编写过程中，本书编委会多次召开研讨会，认真听取相关领导、专家的意见建议。本书的编写工作由杨正权、何祖坤主持，黄小军具体负责，主要负责写作提纲的拟定和全书的修正工作。参与编写的人员有刘雪璟（第一、八章），蒋坤洋（第二章），张戈（引言，第三、四、六章），黄颖琼（第五章），张秀芬（第七章），最后由黄小军、吴莹、张戈同志负责统稿。

在编写过程中，本书得到了中共云南省委组织部党建研究所、中共云南省委党史研究室的大力支持，何祖坤、杨正权、杨林兴、王福其、吴莹、鲁彩荣、石先来、马维聪、段剑林、郭柏炎、张睿莲、张德兵等同志提出了很多好的意见和建议，在此一并表示衷心的感谢。

限于撰稿和编辑水平，书中难免存在不足之处，恳请广大读者批评指正。

编　者

2021年6月